D1755238

SCHÄFFER
POESCHEL

Jürgen Janovsky/Carsten Gerlach/
Thomas Müller-Schwemer

Innovationen erfolgreich kommerzialisieren

Geschäftsfeldentwicklung in Technologiebranchen

2016
Schäffer-Poeschel Verlag Stuttgart

Bibliografische Information der Deutschen Nationalbibliothek
Die Deutsche Nationalbibliothek verzeichnet diese Publikation
in der Deutschen Nationalbibliografie; detaillierte bibliografische
Daten sind im Internet über <http://dnb.d-nb.de> abrufbar.

Gedruckt auf chlorfrei gebleichtem,
säurefreiem und alterungsbeständigem Papier

Print: ISBN 978-3-7910-3747-9 Bestell-Nr. 10187-0001
ePDF: ISBN 978-3-7910-3748-6 Bestell-Nr. 10187-0150

Dieses Werk einschließlich aller seiner Teile ist urheberrechtlich
geschützt. Jede Verwertung außerhalb der engen Grenzen
des Urheberrechtsgesetzes ist ohne Zustimmung des Verlages
unzulässig und strafbar. Das gilt insbesondere für Vervielfältigungen, Übersetzungen, Mikroverfilmungen und die
Einspeicherung und Verarbeitung in elektronischen Systemen.

© 2016 Schäffer-Poeschel
Verlag für Wirtschaft · Steuern · Recht GmbH
www.schaeffer-poeschel.de
service@schaeffer-poeschel.de

Umschlagentwurf: Goldener Westen, Berlin
Umschlaggestaltung: Kienle gestaltet, Stuttgart
Lektorat: Traudl Kupfer, Berlin
Satz: Claudia Wild, Konstanz
Druck und Bindung: BELTZ Bad Langensalza GmbH,
Bad Langensalza

Printed in Germany

Oktober 2016

Schäffer-Poeschel Verlag Stuttgart
Ein Tochterunternehmen der Haufe Gruppe

Inhaltsverzeichnis

Abkürzungsverzeichnis IX

1 **Einleitung** 1
   1.1   Die zentralen Botschaften im vorliegenden Buch 1
   1.2   Wichtigste Termini, Schwerpunktsetzungen und Vorgehen 4

2 **Beiträge aus der Literatur zu Erfolgsfaktoren im Innovationsmanagement** 9
   2.1   Einführung 9
   2.2   Erfolgsfaktor Strategie 12
   2.2.1 Strategiedimensionen im Innovationsprozess 12
   2.2.2 Die Relevanz für das Innovationspotenzial 13
   2.2.3 Gestaltungsansätze 14
   2.3   Erfolgsfaktor Topmanagement-Support 16
   2.3.1 Beschreibung 16
   2.3.2 Die Relevanz für das Innovationspotenzial 17
   2.3.3 Gestaltungsansätze 19
   2.4   Erfolgsfaktor Projektmanagement 20
   2.4.1 Beschreibung 20
   2.4.2 Die Relevanz für das Innovationspotenzial 20
   2.4.3 Gestaltungsansätze 22
   2.5   Erfolgsfaktor Netzwerke 23
   2.5.1 Beschreibung 23
   2.5.2 Die Relevanz für das Innovationspotenzial 25
   2.5.3 Gestaltungsansätze 26
   2.6   Erfolgsfaktor Informationsversorgung 30
   2.6.1 Beschreibung 30
   2.6.2 Die Relevanz für das Innovationspotenzial 30
   2.6.3 Gestaltungsansätze 31
   2.7   Erfolgsfaktor Kultur 37
   2.7.1 Beschreibung 37
   2.7.2 Die Relevanz für das Innovationspotenzial 39
   2.7.3 Gestaltungsansätze 41
   2.8   Empfehlungen aus der Literatur im Spiegelbild praktischer Anwendung 43
   2.8.1 Erfolgsfaktor Strategie: Typische Probleme in der Praxis 45
   2.8.2 Erfolgsfaktor Topmanagement-Support: Typische Probleme in der Praxis 46

2.8.3	Erfolgsfaktor Projektmanagement: Typische Probleme in der Praxis	48
2.8.4	Erfolgsfaktor Netzwerke: Typische Probleme in der Praxis	49
2.8.5	Erfolgsfaktor Informationsversorgung: Typische Probleme in der Praxis	51
2.8.6	Erfolgsfaktor Kultur: Typische Probleme in der Praxis	54
2.9	Folgerungen: Gründe für die mangelnde Umsetzung von Knowledge in Know-how	58

3 Einblicke in das Innovationsmanagement international führender Technologiekonzerne ... 63

3.1	Einführung	63
3.2	Die zentralen Erkenntnisse im Überblick	66
3.3	Befunde aus den Interviews	67
3.3.1	Erkenntnisse zu den Erfolgsfaktoren aus der Literatur	67
3.3.2	Einblicke in das generelle Innovationsmanagement	73
3.4	Erkenntnisse aus der schriftlichen Befragung	81
3.5	Folgerungen: Innovationsmanagement als Gravitationszentrum organisatorischer Spannungsfelder	87
3.6	Persönliche Berichte der Interviewpartner	94
	Bericht 1: Dr. Paolo Bavaj	95
	Bericht 2: Dr. Anette Brüne	97
	Bericht 3: Armin Czeppel	99
	Bericht 4: Thomas Eisenbarth	101
	Bericht 5: Dr. Marcella Gagliardo	103
	Bericht 6: Dr. Michael Heckmeier	105
	Bericht 7: Dr. Roman Maisch	107
	Bericht 8: Dr. Reiner Mauch	108
	Bericht 9: Dr. Peter Nagler	110
	Bericht 10: Dr. Patrick Planing	112
	Bericht 11: Dr. Arndt Schlosser	113
	Bericht 12: Burkhard Straube	115
	Bericht 13: Peter Vanacker	116

4 Pain Point Driven Innovation Management ... 119

4.1	Organisatorischer Rahmen	120
4.1.1	Markt- und Kundenorientierung	121
4.1.2	Aufbauorganisatorische Regelungen	133
4.1.3	Organisationskulturelle Rahmenbedingungen	136
4.1.4	Manager und Mitarbeiter	141
4.2	Scouting neuer Märkte und Geschäftsfelder	149
4.2.1	Herausforderungen des Markt- und Geschäftsfeld-Scouting	149
4.2.2	Suchprofil und Fähigkeitsprofil	152
4.2.3	Identifikation von Chancenfeldern durch Outside-in	155

4.2.4	Bewertung von Business Opportunities	158
4.2.5	Business Design	161
4.3	Kommerzialisierung	170
4.3.1	Perspektivwechsel: Von der strategischen, globalen Sicht zur unternehmerischen Markteintrittsplanung	172
4.3.2	Organisation für das Geschäftsfeld: Unternehmensinterner Aufbau versus externer Aufbau des Start-ups	173
4.3.3	Wertschöpfungs-Ecosystem: Realisierung eines wettbewerbsfähigen Produkt- und Leistungsangebots mit Wertschöpfungspartnern	179
4.3.4	Vernetzung im Zielmarkt: Von der externen Marktforschungsbeobachtung zum integralen Bestandteil der Wertschöpfungskette	182
4.3.5	Business Launch: Kommerzialisierungsplanung	184
4.3.6	Markteintritt: Gewinnung erster Kunden im neuen Geschäftsfeld	186
4.3.7	Auslizensierung: Wertbasierter Prozess der Auslizensierung von Technologien/Patenten	188

5 Zusammenfassung und Fazit 195

Literaturverzeichnis 201
Stichwortverzeichnis 211
Über die Autoren 215

Abkürzungsverzeichnis

Abb.	Abbildung	NORAD	Norwegian Agency for Development Cooperation
bspw.	beispielsweise	NY	New York
B-to-B	Business to Business		
B-to-C	Business to Customer	OECD	Organisation für wirtschaftliche Zusammenarbeit und Entwicklung
CAD	Computer Aided Design	OEM	Original Equipment Manufacturers
CFO	Chief Financial Officer	OLED	Organic Light-emitting Diode
COO	Chief Operating Officer		
		p. a.	per annum
DTI	Department of Trade and Industry	P&G	Procter & Gamble
		PM	Produktmanagement
ebd.	ebenda	PMI	Project Management Institute
et al.	et alii (und andere)	Prof.	Professor
FuE	Forschung und Entwicklung	R&D	Research & Development
GmbH	Gesellschaft mit beschränkter Haftung	S.	Seite(n)
		SWOT	Strengths/Weaknesses/Opportunities/Threats
Hrsg.	Herausgeber	TM	Topmanagement
		TU	Technische Universität
IP	Intellectual Property		
IT	Information Technology	Vgl.	Vergleiche
		VOC	Volatile Organic Compounds
KPIs	Key Performance Indicators		
		z. B.	zum Beispiel
M&A	Mergers & Acquisitions		

1 Einleitung

1.1 Die zentralen Botschaften im vorliegenden Buch

Die **Innovationsfähigkeit der deutschen Wirtschaft** war im Laufe der letzten zehn Jahre Gegenstand zahlreicher Untersuchungen. Dabei zeichnete sich ein eher **beunruhigendes Gesamtbild** ab. Hierzu nur einige Beispiele:
- Einem Gutachten der »Kreditanstalt für Wiederaufbau« (KfW, 2011, S. 4) ist zu entnehmen, dass sich der **Anteil der »echten Innovatoren«**[1] während der ersten Dekade des neuen Jahrtausends zumindest im Mittelstand (traditionell das Rückgrat im bundesdeutschen Innovationsgeschehen) **von acht auf vier Prozent halbiert** hat.
- In einer Studie der Universität Bochum[2] wurde festgestellt, dass **nur ein kleiner Teil der Innovationsideen kommerziell erfolgreich umgesetzt** werden konnte: »*Nur etwa 13 Prozent aller Neuproduktvorschläge erreichen das Stadium der Markteinführung und von den neu am Markt lancierten Produkten können wiederum nur rund 50 Prozent die in sie gesetzten Erwartungen zumindest in Teilen erfüllen. Von den ›offiziell‹ vorangetriebenen Ideen wird nur rund jede sechzehnte ein kommerzieller Erfolg (6 Prozent)*«.
- Die Boston Consulting Group (2006, S. 16) kam zu der Folgerung, dass die **Position der deutschen Wirtschaft vor allem in den Sektoren sehr schwach** ist, **in denen eine hohe Innovationsdynamik herrscht**.

Manche, wie die Unternehmensberatungen Arthur D. Little oder DETECON, schätzen die **Erfolgsquote noch viel niedriger** ein, als es aus der Studie der Universität Bochum hervorgeht.[3] Wie kann man Innovationsaktivitäten überhaupt statistisch abbilden? Als Bezugsgrößen gibt es Input- oder Output-Faktoren. Erstere werden in der Regel bevorzugt, da sie leichter zu erfassen sind. Ein klassisches Beispiel hierfür sind Patente oder FuE-Investitionen. Ein Nachteil ist, dass sie nur einen Teil des Innovationsprozesses abdecken, denn die Kommerzialisierungsphase bleibt außen vor.

Viele Unternehmer werden einwenden, dass sie derartige methodische Aspekte zu Statistiken nicht interessieren. Entscheidend sei vielmehr, dass zum Thema Innovation überhaupt etwas passiert. So werden anspruchsvolle Technologiestrategien entwickelt,

---

1 Unternehmen, die »Marktneuheiten« hervorbringen.
2 URL: http://www.uni-protokolle.de/nachrichten/id/130217/
3 Vgl. URL: http://www.wiwo.de/erfolg/management/psychologie-der-kunden-warum-innovationen-scheitern/10910856.html; https://www.detecon.com/sites/default/files/DMR_blue_Alive_Innovationsmanagement_1_01_2014_D.pdf.

neue Forschungsprojekte initiiert, zentrale Innovationsabteilungen eingerichtet und diese damit beauftragt, neue Innovationsvorhaben anzustoßen. Mit all diesen Aktivitäten operiert das **Unternehmen in der Input-Perspektive**, so wie die oben angeführten Statistiken.

Und wie steht es mit der **Output-Seite,** also der Kommerzialisierung? Sie kommt irgendwann später — oder auch nicht, und wenn, dann vielleicht nicht so, wie man es sich ursprünglich erhofft hatte. Die Befunde der Universität Bochum vermitteln ein eindeutiges Signal.

Man kann unterschiedlicher Meinung darüber sein, wie die genannten Statistiken zum kommerziellen Erfolg zu werten sind. Scheitern gehört nun einmal zu allen betriebswirtschaftlichen Wagnissen dazu und das Risiko, dass dies seinen Ausdruck auf der Ebene von Innovationsprojekten findet, ist a priori besonders hoch (Tidd et al., 2005).[4] Wichtiger erscheint die Frage, ob die Möglichkeit bestanden hätte, die Fehlschlagquoten zu verringern. Dazu liegen keine validen Zahlen vor, wohl aber gewisse Orientierungen. In der akademischen Welt gibt es vermutlich niemanden, der sich diesem Thema länger und umfassender gewidmet hat als Robert G. **Cooper**. Er **gelangte nach langer Forschungsarbeit zu folgender Feststellung** (1999):

»*Twenty-five years of research into why new products succeed, why they fail, and what distinguishes winning businesses, and are we any further ahead? Some pundits say no... there is little evidence that success rates of research and development (R&D) productivity have increased very much... after myriad studies... we still make the same mistakes... Recent studies reveal that the art of product development has not improved all that much.*«

Wenn Menschen immer wieder die gleichen Fehler begehen, obwohl inzwischen viele Empfehlungen für deren Vermeidung vorliegen, dann gibt es dafür zwei mögliche Gründe: Die Ratschläge taugen nichts oder die Adressaten weisen nicht die erforderliche Absorptionsfähigkeit auf, um diese richtig umsetzen zu können; im zweiten Fall wären verschiedene individuelle, institutionelle oder systembezogene Faktoren oder deren Zusammenspiel denkbar.

Sind für die Zukunft bessere Perspektiven zu erwarten? Aus unserer Sicht spricht vieles dafür, dass die Fehlschlagquote bei Innovationen eher noch steigen wird. Im vorliegenden Buch wird dies näher erläutert. Selbst die Innovationen, die gemessen an Umsatz und Ertrag ex post als »Success Stories« eingestuft oder gar zelebriert werden, dürften in den wenigsten Fällen über alle Prozessstufen hinweg reibungslos verlaufen.[5] Innovationsprojekte sind, unabhängig vom Ausgang, auch fast immer mit hohen mentalen Belastungen verbunden. **Nach den von uns durchgeführten Recherchen ist damit zu rechnen, dass der Leidensdruck eher zu- als abnehmen wird.**

Für den damit auftretenden »Schmerzfaktor Innovationsprojekt« liegen verschiedene Ursachen vor. Wir werden diese im vorliegenden Buch analysieren und Handlungsempfehlungen für die Bewältigung der daraus resultierenden Herausforderungen formulieren. Ein Patentrezept wird es dafür nicht geben. Allerdings lässt sich auf ein breites

---

[4] Matta/Ashkenas (2003) betonen auf Basis einer Untersuchung, dass dies besonders für große Projekte gilt.
[5] Vgl. hierzu den steinigen Weg von letztlich erfolgreichen Innovationen wie dem Post-it, dem Personal Computer oder dem Telefax.

Spektrum an Erkenntnissen aus Wissenschaft und Praxis zurückgreifen. In der vorhandenen Vielschichtigkeit liegt zugleich ein großes Problem, das die angesprochene Absorptionsfähigkeit tangiert: **Das verfügbare Wissen ist fragmentiert und teilweise schwer zugänglich.** Allein für die zweite Hälfte der 1990er-Jahre liegen zur Frage von Erfolgsfaktoren im Innovationsprozess über 200 englischsprachige Publikationen vor (Ernst, 1999). Mindestens genauso wichtig sind die persönlichen **Erfahrungen einzelner Manager**, die tagtäglich Energien dafür aufwenden, um Innovationsprojekte voranzutreiben. Dieser Wissensbestand ist allerdings **weitgehend nicht dokumentiert**, und falls doch, dann in einer Form, die sich den Zugangsmöglichkeiten der Öffentlichkeit verschließt.

Im vorliegenden Buch werden wir beide Perspektiven analysieren und gegenüberstellen: Eine Auswertung der vorhandenen Literatur sowie Schlussfolgerungen aus Interviews mit innovationserprobten Managern. Überraschenderweise gelangen wir dabei zu sehr unterschiedlichen Sichtweisen. Gleichzeitig stellen wir fest, dass einige Faktoren, die in der Vergangenheit maßgeblich zu (Miss-)Erfolgen mit Innovationsvorhaben beigetragen haben, nun keine (bedeutende) Rolle mehr spielen. Dafür gibt es andere Determinanten, deren potenzieller Effekt von inzwischen entscheidender Bedeutung ist. **30 Interviews mit Managern von zwei Dutzend Konzernen haben bei diesem Vorgehen zu einem überraschenden Perspektivwechsel geführt.**

Insgesamt gelangen wir dabei zu vier Feststellungen, die wir gleichsam als zentrale Botschaften unseres Buches im Merkkasten festhalten wollen.

Zentrale Botschaften dieses Buches
1. Die bisherigen Organisationssysteme sind in entscheidenden Punkten für ein erfolgreiches Innovationsmanagement ungeeignet: Strukturelle und verfahrenstechnische Barrieren erschweren die Realisierung vielversprechender Projekte.
2. Nicht der Mangel an Innovationsideen ist der Engpass, sondern deren Umsetzung in marktgerechte Produkte.
3. In keinem Bereich ist der Optimierungsbedarf derart hoch wie in der Kommerzialisierungsphase, insbesondere bei der Entwicklung neuer Geschäftsfelder.
4. Vielerorts fehlt es an einer klaren Output-Orientierung im Innovationsmanagement, sodass teils erhebliche Investitionen in die Input-Seite viel zu selten von ökonomischem Erfolg gekrönt sind.

Im vorliegenden Buch werden wir erläutern, wie es zu diesen Problemen kommt, ja wie sie im Kontext bestehender Organisationssysteme sogar unvermeidlich erscheinen. Gleichzeitig entwickeln wir **konkrete Ansatzpunkte für leistungsfähigere Strukturen und professionellere Projekte.**

Das hier beschriebene Konzept verkörpert eine **konsequente Output-Orientierung**, d. h., es stellt den kommerziellen **Erfolg beim Aufbau eines neuen Geschäftsfeldes in den Mittelpunkt.** Ausgangspunkt sind stets Pain-Points im Zielgruppensystem. Dabei handelt es sich um nicht oder suboptimal gelöste bzw. bewältigte Probleme und Herausforderungen. Der Fokus liegt auf der systematischen Suche und Bewertung von konkreten, aus Markt- und Kundensicht bestätigten Geschäftschancen. Ist eine solche konkrete Perspektive identifiziert und verifiziert, gilt es nun, die Organisation, die Produktentwicklung und die Markterschließungsstrategie konsequent auf die erfolgreiche Kommerzialisierung hin auszurichten. Man kann dies mit dem Schlagwort »*Structure follows Opportunity*« umschreiben. Für die damit verbundene Vorgehenslogik haben wir ein Konzept entwickelt, das in langjähriger Beratungsarbeit bei über 100 Projekten zur Geschäftsentwicklung von Technologiekonzernen in Europa, Asien und Nordamerika sukzessive verfeinert werden konnte.

Es geht also weniger darum, neue Initiativen für mehr Projekte zu stimulieren, weitaus wichtiger ist unser Bestreben, bessere Realisierungsbedingungen für die Kommerzialisierungsphase bestehender und künftiger Vorhaben zu skizzieren, wobei es insbesondere um die Erschließung neuer Geschäftsfelder geht. Nicht alle Innovationsprojekte können kommerziell erfolgreich werden, aber schon eine geringe Verbesserung der Erfolgsquote kann zu erheblichen Umsatz- und Ertragssteigerungen beitragen.

1.2 Wichtigste Termini, Schwerpunktsetzungen und Vorgehen

Auch ein vom zentralen Anspruch her mehr handlungs- als erkenntnisorientiertes Buch sollte nicht ohne Definitionen auskommen, denn ein falsches Begriffsverständnis führt nicht selten zu Fehlentscheidungen bzw. -entwicklungen. Eine Innovation ist eine Neuerung, die in einem sozialen System (einer Organisation oder einem institutionenübergreifenden Kooperationsgefüge, wie etwa einem Markt) erstmals zur wirtschaftlichen Anwendung gebracht wird. Je nach Bezugssystem kann es sich demnach um eine Neuheit in einer bestimmten Institution, auf einem bestimmten — geografisch, sektoral oder zielgruppenspezifisch abgegrenzten — Markt oder auf globaler Ebene (»Weltneuheit«) handeln.

Der Innovationsbegriff wird meist nach bestimmten Objektsystemen klassifiziert. Man unterscheidet dabei nach
- Produktinnovationen, bei denen ein neues Sachgut entwickelt *und* kommerzialisiert wird;
- Prozessinnovationen, bei denen ein neues Verfahren definiert und implementiert wird;
- Serviceinnovationen, bei denen eine bestimmte Leistung neu konfiguriert und auf dem Markt platziert wird;
- Geschäftsmodellinnovationen, bei denen das Interaktionssystem zwischen einem Anbieter und dessen Zielgruppen grundlegend verändert wird;
- Marketinginnovationen, bei denen neue Methoden mit bedeutsamen Implikationen für die Produktkomposition, die Preisgestaltung, die Kommunikation und/oder die Distribution eingeführt werden;
- sozialen Innovationen, bei denen neue Instrumente zur Steuerung menschlicher Interaktionen in einer Organisation eingesetzt werden.

Die verschiedenen Innovationsarten können zueinander sowohl komplementäre als auch konkurrierende Beziehungen aufweisen. Denkbar sind etwa folgende Varianten:
- Ein Unternehmen konzentriert seine Investitionen zunächst auf neue Produkte, sodass Mittel für innovative Verfahren fehlen. Später, wenn der Wettbewerbsdruck für das ehedem neue Produkt steigt, versucht das Unternehmen die Konkurrenzfähigkeit bei dessen Vermarktung durch neue Abläufe zu sichern.
- Auf diesem Wege kann wiederum der finanzielle Spielraum für Produktinnovationen erweitert werden (Labeaga/Martinez Ros, 2009).
- Ein Unternehmen platziert ein neues Produkt über eine Geschäftsmodellinnovation, die mit Prozess- und Serviceinnovationen einhergeht. Mittelfristig kann dies die Positionierung in der Wertschöpfungskette dergestalt verändern, dass das Unternehmen nicht mehr in eigene Ressourcen für FuE investieren muss.
- Aus sozialen Innovationen entstehen kreative Impulse für Verfahrensinnovationen. Deren effizienzorientierte Realisierung geht dann aber möglicherweise zulasten der Prinzipien, welche die sozialen Innovationen tragen.

Wichtige Entscheidungsfelder zu diesen Innovationsarten sind in Abbildung 1 festgehalten.

Innovationsart	Produkte	Services	Geschäftsmodelle	Prozesse	Management-Systeme
Wichtigste Entscheidungsfelder	• Know-how Entwicklung • Timing des Markteintritts • Kommerzialisierung	• Service Design • Prozess Organisation • Bereitstellung • Erlösmodell	• Kundennutzen • Zielgruppen • Wertkettenorganisation • Erlösmodel	• Effizienz der Wertkette • Sicherheit • Stabilität	• Organisationskultur • Führungsstile

Abb. 1: Zentrale Entscheidungsfelder der verschiedenen Innovationsarten

Ein anderer Klassifizierungsansatz unterscheidet zwischen radikalen und inkrementellen Innovationen. Im ersten Fall handelt es sich um fundamentale Neuerungen, die ein Unternehmen außerhalb der bestehenden Leistungssysteme positionieren. Von inkrementellen Innovationen spricht man hingegen bei der Verbesserung bestehender Produkte oder den zugrundeliegenden Systemen der Leistungserstellung und -bereitstellung auf dem Markt. Auch diese beiden Innovationsarten können in Konkurrenz oder in Komplementarität zueinander stehen. Im vorliegenden Buch werden wir verdeutlichen, warum der Konkurrenzaspekt gegenwärtig dominierend ist und welche Gefahren damit verbunden sind.

Als besondere Ausprägungsform der radikalen Variante taucht in jüngster Zeit immer häufiger der Begriff der »disruptiven Innovationen« auf (Christensen et al., 2011). Davon erwartet man sich grundlegende Veränderungen für soziale und ökonomische Verhaltensmuster. Hier werden gegenwärtig vor allem Neuerungen in den Bereichen erwartet, die in Abbildung 2 dargestellt sind (Manyika et al., 2013).

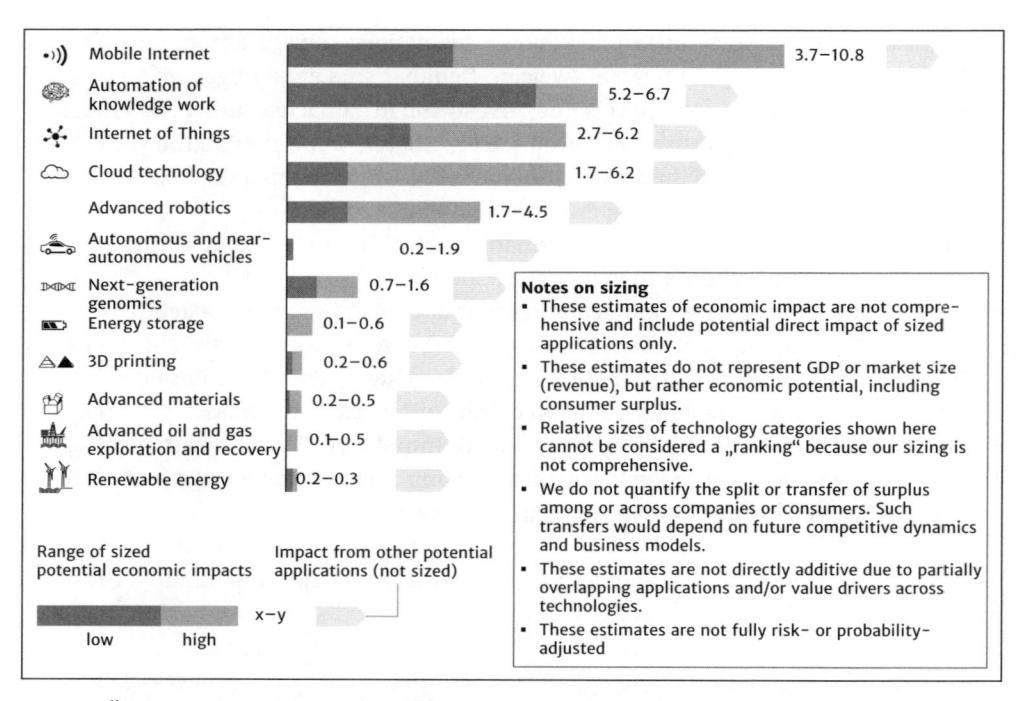

Abb. 2: Übersicht über disruptive Innovationen (Quelle: Manyika et al. (2013), S. 5)

Die Interviews für das vorliegende Buch wurden fast ausschließlich bei Industrieunternehmen durchgeführt. Dort standen weitgehend Produktinnovationen — teils in Verbindung mit Geschäftsmodellinnovationen — im Zentrum der Diskussion. Auf diesen Zusammenhang werden wir daher auch den Fokus unserer Ausführungen legen.

Zu unserer Überraschung spielt der Bereich der Serviceinnovationen bei den meisten unserer Interviewpartner nur eine untergeordnete Rolle. Es ist dabei der Eindruck entstanden, dass die hohen Erwartungen an das Service-Geschäft, die noch vor wenigen Jahren viel Beachtung gefunden (DTI, 2007, Schmidt et al., 2007, Cap Gemini, 2009), ja mitunter eine Euphorie ausgelöst haben, abgeebbt sind. Das Thema ist keinesfalls vom Tisch, wurde aber in fast allen unseren Gesprächen — wenn überhaupt — sehr zurückhaltend angesprochen, gegebenenfalls auch nur in engem Zusammenhang mit Sachgütern, keinesfalls jedoch in der möglichen Perspektive eines eigenständigen Profit-Centers.

Unter dem Begriff des »Innovationsmanagement« verstehen wir das gesamte Spektrum an strategischen und operativen Aktivitäten zur direkten oder mittelbaren Hervorbringung von Neuerungen. Auf der strategischen Ebene geht es in erster Linie um die Komposition des angestrebten Produkt-Portfolios, um die Formen zur Beschaffung von innovationsrelevantem Know-how, um die Selektion und Steuerung geeigneter Kooperationspartner, um die Positionierung der Neuerungen in den Zielmärkten und um den Zeitpunkt des Markteintritts unter Berücksichtigung der Wettbewerbssituation. Zu den Aufgaben im operativen Bereich gehören die Gestaltung der Prozesse für

Innovationsvorhaben und die Bildung eines organisatorischen Rahmens zur Entfaltung einer Innovationskultur.

Letztlich muss noch kurz darauf eingegangen werden, was unter dem Begriff »erfolgreiche Kommerzialisierung« zu verstehen ist. Dabei wollen wir uns an folgendem zeitlichen Kontinuum orientieren:
- Kurzfristig: Die Innovation findet nach Markteintritt erste Abnehmer und es werden positive Deckungsbeträge erwirtschaftet.
- Mittelfristig: Der Break-even wird erreicht.
- Langfristig: Die Innovation führt zu Wachstum und stabilisiert das Unternehmen im Wettbewerb oder bringt es in einen Bereich mit geringerer Wettbewerbsintensität.

Keinesfalls muss jede Innovation alle Stadien durchlaufen, um letztlich als Erfolg gewertet werden zu können. Eine positive Einschätzung kann sogar dann gerechtfertigt sein, wenn ein Innovationsprojekt in der Kommerzialisierungsphase nicht einmal seine Investitionskosten erwirtschaftet. Innovationen dienen bisweilen Zwecken, die nicht direkt in Bezug zu monetären Auswirkungen stehen. Dies wäre etwa dann der Fall, wenn eine Innovation
- einen nachhaltigen Image-Effekt nach sich zieht, der sich indirekt auf die Nachfrage nach anderen Erzeugnissen oder Leistungen der Firma positiv auswirkt;[6]
- technische oder organisatorische Voraussetzungen dafür schafft, dass die Zielgruppen andere Produkte des Konzerns nutzen und damit erwerben;
- bestimmte Kundengruppen (stärker) an den Konzern bindet;
- die Schaffung neuer Markteintrittsbarrieren ermöglicht.

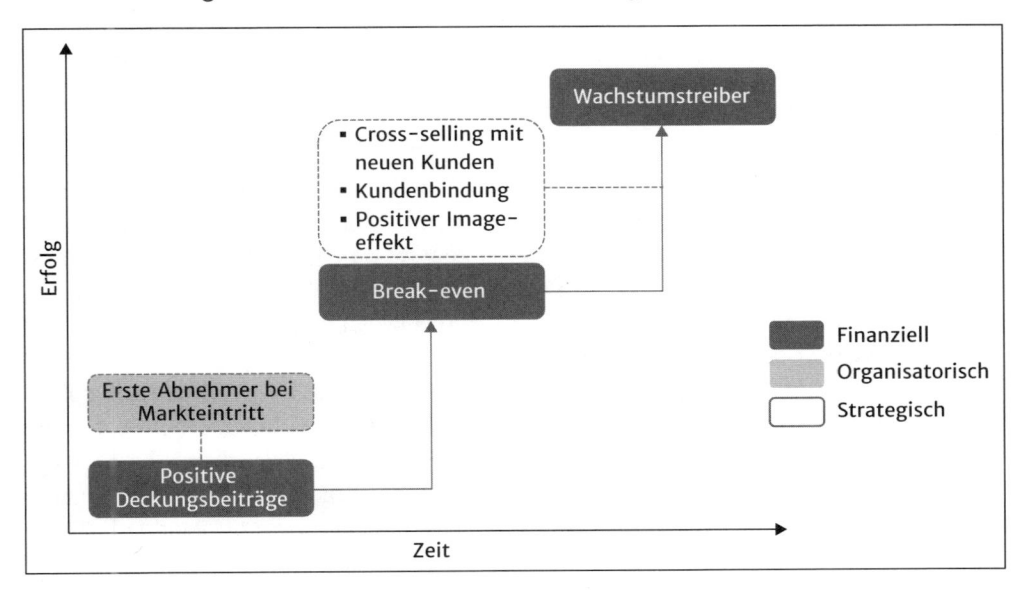

Abb. 3: Arten des kommerziellen Erfolgs mit Innovationen

---

6 Beispiele hierfür sind die Produkte Kindle von Amazon, Phaeton von VW oder einige Flugverbindungen von Ryan Air.

Gerade beim Aufbau von Internet-Plattformen würden Innovationen fast nie einem kritischen Review der direkten ertragswirtschaftlichen Effekte standhalten. Entscheidend in der Beurteilung des kommerziellen Erfolgs sind in der Regel eher die indirekten Wirkungsmöglichkeiten.

Die Parameter zur Messung des Innovationserfolgs können also stark differieren. Wichtig ist, dass sie möglichst früh definiert und schon vor dem Markteintritt kritisch hinterfragt werden. Eine Veränderung der Leistungsbewertungsgrundlagen nach dem Kommerzialisierungsbeginn nimmt stets den Charakter einer ex post Rechtfertigung an. Dann lassen sich für fast jede Innovation Gründe finden, die diese als erfolgreich erscheinen lassen.

Kann man eine Innovation kommerzialisieren? Streng genommen ist das schon aus definitorischen Gründen nicht möglich. Im allgemeinen Sprachgebrauch auf betrieblicher Ebene wird man sich hier »flexibler« zeigen. Dies gilt auch als Leitlinie für das vorliegende Buch.

Die Gedankenführung ist im Folgenden in drei zentrale Abschnitte gegliedert:
- Zunächst rekapitulieren wir wichtige Erkenntnisse zum Stand der Forschung und gehen auch der Frage nach, warum trotz der Vielzahl vorhandener Empfehlungen nach wie vor viele Innovationsvorhaben scheitern.
- Anschließend vermitteln wir Einblicke in das Innovationsmanagement von zwei Dutzend internationalen Technologiekonzernen.
- Aufbauend auf den Folgerungen aus den beiden zuvor angeführten Schritten entwickeln wir ein umfassendes Konzept für ein Output-orientiertes Innovationsmanagement.

2 Beiträge aus der Literatur zu Erfolgsfaktoren im Innovationsmanagement

2.1 Einführung

Zum Thema Innovationsmanagement gibt es »eine erschlagende Menge an Literatur« (Freund, 2013, S. V). Wie bereits erwähnt, liegen allein zum Aspekt der Erfolgsfaktoren für die zweite Hälfte der 1990er-Jahre über 200 neue (englischsprachige) Publikationen vor (Ernst, 1999). Insgesamt wird das Thema entweder sehr breit behandelt oder nach bestimmten Sektoren, Unternehmensgrößen, Ländern oder Zielobjekten differenziert.

Vordergründig betrachtet erlaubt eine erste Auswertung zum vorliegenden Bestand folgende Schlussfolgerung: Obwohl über die Erfolgsbedingungen sehr viel bekannt ist, scheitern viele Innovationsvorhaben, wobei über die Gründe weit weniger Informationen vorliegen als über die (mutmaßlichen) Determinanten erfolgreicher Innovationsarbeit. Bei unseren Recherchen sind wir zu der Erkenntnis gelangt, dass hier ein Umsetzungsproblem vorliegt: Es ist zwar bekannt, womit man erfolgreich sein könnte, man schafft es aber nicht, die dafür notwendigen Voraussetzungen zu realisieren. Wir werden die Gründe hierfür in Abschnitt 2.8 erläutern, bevor wir auf Befunde aus unserer eigenen Erhebung eingehen, die noch eine Reihe weiterer und unerwarteter Schlussfolgerungen erlauben.

Eine Auflistung aller Determinanten zu den Erfolgsbedingungen von Innovationen würde den Rahmen der vorliegenden Arbeit sprengen. Überdies darf nicht erwartet werden, dass es für die Erreichung eines Innovationserfolgs ein allgemeingültiges Muster oder gar Patentrezept gibt (Spath et al., 2003; de Jong et al., 2015). Entscheidend für die richtige Vorgehensweise sind verschiedene situative Faktoren, die mit den Charakteristika des Unternehmens auf Produkt-, Prozess- und Kulturebene und dessen Umfeld einhergehen.

Grundvoraussetzung für erfolgreiche Innovationsarbeit ist zunächst einmal, dass die Projekte mit ausreichend Ressourcen ausgestattet sind. Dies betrifft insbesondere drei Ebenen:
- Personal: Die Projektmitglieder verfügen über die fachlichen, methodischen und sozialen Kompetenzen, um das Vorhaben in professioneller Weise vorantreiben zu können.

- Finanzen: Das Vorhaben ist mit einem Budget ausgestattet, das es ermöglicht, die Maßnahmen zu realisieren, die für die Erreichung der Ziele erforderlich sind.
- Zeit: Es ist sichergestellt, dass für das Projekt genügend Kapazitäten neben dem laufenden Geschäft zur Verfügung stehen und dass der vorgesehene Zeitraum insgesamt realistisch ist.

Allerdings wird es nicht nur auf die Allokation der benötigten Ressourcen ankommen, sondern auch auf die Qualität in der Gestaltung zu deren Einsatz. In der vorliegenden Literatur werden hier vor allem sechs Stellhebel dargestellt (vgl. »Einflussfaktoren für den Innovationserfolg«; vgl. z. B. Trommsdorf, 1990; Cooper et al., 1998; Cooper, 1999; Ernst, 2002; Fey/Denison, 2003; Gommeringer/Auernhammer, 2003; Bullinger et al., 2004; Srivastava/Lee, 2005; Faure, 2006; Spielkamp/Rammer, 2006; Stern/Jaberg, 2007; Barsh et al., 2008; Dobni, 2008; Palacios et al., 2008; Tellis et al., 2009; Goffin/Mitchel, 2010; Brückl, 2011; Fichter/Beucker, 2012; Hochmeier, 2012: Q. Li et al., 2013; Wong, 2013; Camelo-Ordaz et al., 2015).

Einflussfaktoren für den Innovationserfolg
- Strategie
- Organisationskultur
- Einbindung des Topmanagements (TM)
- Netzwerkqualität
- Projektmanagement (PM)
- Informationsversorgung

Diese Faktoren sind eng miteinander verknüpft, sie bilden sogar teilweise erhebliche Schnittmengen. Hierzu einige Beispiele:
- Die Strategie ist oft prägend für die Strukturen in einer Organisation (»Structure follows Strategy«, Chandler, 1962) und damit für die Kultur und Netzwerksysteme, die sich daraus entwickeln.
- Umgekehrt tragen die Kultur und die organisatorischen Netzwerke maßgeblich zum System der Informationsverarbeitung in einer Organisation bei und damit zu deren Kapazität in der Strategieentwicklung.
- Aus der Strategie ergeben sich überdies Anforderungskriterien für die Besetzung der Topmanagement-Position.
- Umgekehrt trägt die Kompetenz und Persönlichkeit eines Topmanagers maßgeblich dazu bei, ob ein Unternehmen überhaupt strategisch operiert.
- Projekte sind häufig Umsetzungskomponenten von Strategien.
- Auf der anderen Seite dienen Projekte oft auch der Informationsverarbeitung und entwickeln damit neue Impulse für Strategien.

Würde man also versuchen, die multiplen Verbindungen und Schnittmengen zwischen diesen sechs Elementen grafisch darzustellen, dann würde ein sehr unübersichtliches Konstrukt mit Pfeilen in jeweils beiden Richtungen zwischen den Komponenten entstehen. Teilweise gehen die gemeinsamen Elemente so weit (etwa zwischen Informationsversorgung und Netzwerken), dass die Frage berechtigt ist, ob man überhaupt eine Trennung vornehmen muss.

Bei Beantwortung der Frage ist zu berücksichtigen, dass mit diesen sechs Elementen Stellhebel bezeichnet werden, die sich hinsichtlich ihres Aktivierungs- und Wirkungspotenzials sehr stark voneinander unterscheiden. Dafür nur zwei Beispiele:
- Eine Innovationsstrategie lässt sich relativ rasch aktivieren, wird allerdings allenfalls indirekt und mittelfristig zu einem Innovationserfolg beitragen (geringes Wirkungspotenzial).
- Bei einer Innovationskultur ist es genau umgekehrt. Es wird sehr lange dauern, bis man eine bestehende Kultur ändert und damit einen Aktivierungsbeitrag für Innovationen leistet. Wenn es dann erfolgreich geschafft ist, darf erwartet werden, dass direkte und dauerhaft prägende Effekte für das organisatorische Innovationsverhalten entstehen (hohes Wirkungspotenzial).

Bei den vier anderen Stellhebeln ist die Abgrenzung nicht so einfach. Hinsichtlich Aktivierungs- und Wirkungspotenzial liegen sie eher in der Mitte zwischen Strategie und Kultur. Punktuell wird sich das Topmanagement rasch einbinden lassen. Netzwerke lassen sich ebenso schnell etablieren wie eine Verbesserung der Informationsversorgung und ein Projektmanagementsystem lässt sich in jeder Organisation quasi aus dem Stand einführen. Bis diese Veränderungen allerdings stabil und überzeugend funktionieren, wird es sehr viel mehr Zeit bedürfen als etwa für die Formulierung einer Strategie. Sie greifen dann aber auch schneller als eine Veränderung der Organisationskultur. So gesehen repräsentieren sie Bindeglieder zwischen Strategie und Kultur im zeitlichen Kontinuum zwischen Aktion und Ergebnis, die jeweils einzeln im Hinblick auf ihren Beitrag zur Innovationsfähigkeit von Unternehmen analysiert werden sollen.

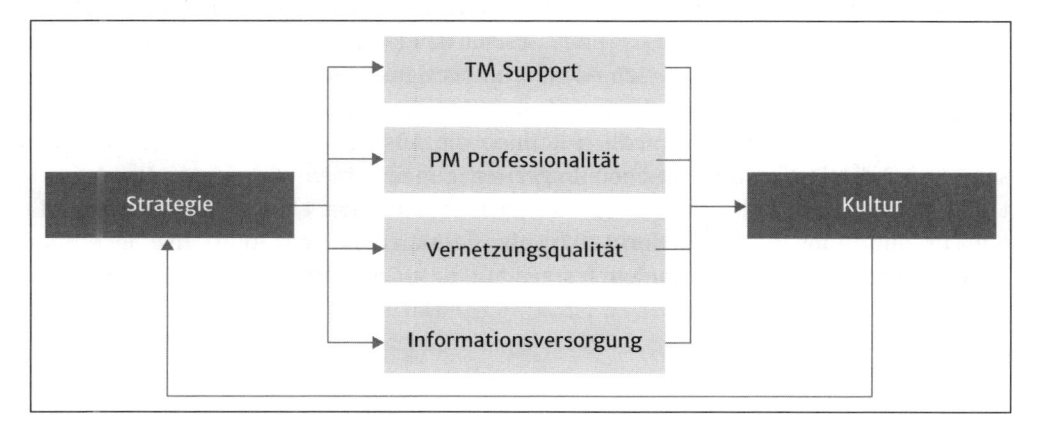

Abb. 4: Erfolgsfaktoren im Innovationsmanagement entsprechend der Literaturanalyse

Auf den folgenden Seiten werden wir eine Auswertung zahlreicher Literaturquellen zu den in Abbildung 4 angegebenen Erfolgsfaktoren vornehmen. Dabei orientieren wir uns jeweils an dem in Tabelle 1 gezeigten Schema.

Beschreibung	Was ist unter dem Stellhebel zu verstehen und welche Bereiche betrieblicher Gestaltung werden dabei abgedeckt?
Relevanz	Warum ist das besonders für das Innovationsmanagement wichtig?
Gestaltungsansätze	Wie können Unternehmen den Stellhebel zur Anwendung bringen?

Tab. 1: Auswertungsschema für Literaturquellen

Gegen die Auswahl dieser Faktoren lässt sich einwenden, dass die Kundenorientierung keine Berücksichtigung gefunden hat. Sie ist bei mangelnder Ausprägung entsprechend Cooper (1999) einer der wichtigsten Gründe dafür, weshalb Innovationen häufig scheitern. Daraus lässt sich allerdings keinesfalls der Umkehrschluss ziehen, dass die Erfolgsperspektiven sich mit zunehmender Kundenorientierung kontinuierlich verbessern. Es kommt hier weniger auf das Ausmaß als auf die Art an. Mit diesem Zusammenhang werden wir uns im Laufe des Buches noch intensiv auseinandersetzen. Die Qualität der Kundenorientierung wird im Übrigen maßgeblich durch die genannten Faktoren bestimmt.

2.2 Erfolgsfaktor Strategie

2.2.1 Strategiedimensionen im Innovationsprozess

Innovationsorientierte Strategien lassen sich einerseits nach den Objekten und andererseits nach der Phase im Neuerungsprozess klassifizieren:

Auf der **Objektebene** unterscheidet man zwischen Strategien für Technologie-,[7] Produkt-,[8] Prozess-,[9] Service-[10] und Geschäftsmodellinnovationen.[11] Wie bereits erwähnt, sind zwischen den verschiedenen Innovationsarten unterschiedliche Verbindungen denkbar. Sie können sich sowohl wechselseitig bestärken als auch untereinander behindern. Recht unterschiedlich können die Auswirkungen auf die Ertragslage sein. So leisten Prozessinnovationen längerfristig meist einen wichtigeren Beitrag zur Stabilisierung und Verbesserung der Wettbewerbssituation eines Unternehmens als etwa Produktinnovationen (Keller, 1997; Labeaga/Martinez-Ros, 2009). In einer empirischen Untersuchung wurde zudem festgestellt, dass Geschäftsmodellinnovationen im

---

7 Gerybadze (2004).
8 Cooper (1984).
9 Hervas et al. (2014).
10 Janovsky et al. (2011).
11 Stampfl (2016).

Durchschnitt eine deutlich höhere Rentabilität erzielen als Produktinnovationen (Gassmann et al., 2013).

Auf der **Phasen-Ebene** sind insbesondere die Strategien zur Know-how-Beschaffung bzw. -Verdichtung und zur Kommerzialisierung von Relevanz. Im ersten Fall geht es um strategische Fragen zur FuE, zur Kooperation mit externen Partnern in der Inventionsphase und zum Zugang zu Know-how durch den Kauf von fertigen Technologien, Nutzungsrechten oder die Übernahme technologieorientierter Einrichtungen. Im Bereich der Kommerzialisierung stehen Teilstrategien zum Timing und zur Form des Markteintritts sowie zum Schutz des intellektuellen Eigentums (Patentstrategien) im Vordergrund. Das Unternehmen hat dabei Lösungen zu strategischen Grundsatzfragen zu finden, wie etwa der Wahl zwischen einer Kostenführerschaft oder eines Differenzierungsmodells (Porter, 1986), wobei es sich an wettbewerbs- oder marktorientierten Strategiemodellen ausrichten kann (Geulen, 2006).

2.2.2 Die Relevanz für das Innovationspotenzial

In einer Erhebung von Huber (2008) werteten 89 % der befragten Unternehmen die Erstellung und Befolgung einer klaren Strategie als zentral für den Unternehmenserfolg. Mit Blick auf das Innovationspotenzial wurde entsprechend einer Untersuchung von Faure (2006) keinem Faktor ein höherer Stellenwert beigemessen als der »Prägnanz der Innovationsstrategie«.[12]

Je nach Prozess- oder Ergebnisperspektive kann eine Strategie die Innovationsfähigkeit eines Unternehmens durch folgende Ansatzpunkte verbessern:

- Auf dem Weg der Strategieentwicklung setzen sich die Akteure in systematischer Weise mit den Rahmenbedingungen des Unternehmens und dessen Reaktionspotenzial auseinander. Es erfolgt demnach ein strukturierter Prozess der Informationsverarbeitung, wie er sonst im Tagesgeschäft nicht oder nur schwer möglich ist. Dies führt letztlich zu einer kognitiven Bereicherung im Unternehmen und verbessert damit die Chancen, dass die gegenwärtige Handlungspraxis gegenüber innovativen Herausforderungen kritischer reflektiert, das Spektrum fundamentaler Neuerungen besser erkannt und die Wahrnehmung des Kundennutzens nicht nur auf Kontakte im Rahmen bisheriger Geschäftsbeziehungen verengt wird. All dies sind zentrale Voraussetzungen für ein dynamisches Innovationsvermögen, bei dem eine Firma nicht nur auf aktuelle Kundenwünsche für inkrementelle Verbesserungen reagiert, sondern im Markt neue Akzente zu setzen vermag. Unter diesem Blickwinkel ist der Weg der Strategiearbeit möglicherweise sogar wichtiger als deren Output.
- Mit der vorliegenden Strategie werden die vorhandenen Ressourcen stärker auf bestimmte Ziele fokussiert. Dies reduziert das Risiko, dass sich das Unternehmen mit Neuerungsvorhaben verzettelt.

---

12 Vgl. auch die Argumentation bei Stewart/Fenn (2006).

Innovationsprozesse können Unternehmen auch mit Herausforderungen konfrontieren, die strategische Grundlagenarbeit quasi als Handlungsimperativ erscheinen lassen:

- Innovationen zwingen Unternehmen bisweilen auf völliges Neuland,[13] was mit den Erfolgsaussichten von Innovationsvorhaben generell negativ korreliert (Trommsdorf 1990, S. 18 ff.). Die Verarbeitung von Lerneffekten benötigt in diesem Fall viel mehr Zeit, und dementsprechend ist auch mehr systematische Vorbereitung erforderlich.
- Zweitens erfordern Innovationsaktivitäten heutzutage meist eine sehr viel offenere und differenziertere Kommunikation mit der Außenwelt als das bewährte Tagesgeschäft, bei dem externe Kontakte einem Routine-System unterworfen sind. Damit steigt das Risiko eines Imageverlusts im Falle einer unsystematischen Bearbeitungsweise. So hat die Reputation vieler Telekommunikationsunternehmen erst dann einen großen Schaden genommen, als diese von der Endgeräteherstellung zum Service übergegangen und dort mit ihren Innovationen oft grandios gescheitert sind. Die mangelnde Anpassung an Kundenbedürfnisse, fehlende Abgrenzungen im internen Kompetenzsystem und eine unzureichende Prozesssystematik (alles Folgen einer mangelnden strategischen Fundierung) waren hier von entscheidender Bedeutung für den Misserfolg von Innovationen.
- Drittens ist die Ermittlung des Ergebnisbeitrags sehr viel komplizierter als bei etablierten Leistungsoutputs. Viele Unternehmen haben Schwierigkeiten, den Break-even bei Innovationen ex ante zu definieren, geschweige denn die Auswirkungen auf *Intangible Assets* klar zu quantifizieren. Ein systematischer Ansatz zur Messung des Innovationserfolgs kann damit weitaus wichtiger sein als im klassischen Geschäft. Dies ist Aufgabe des strategischen Controllings.
- Eine mangelnde strategische Ausrichtung kann zu einem Wildwuchs im Erzeugnisprogramm führen, wie es häufig auch bei Serviceinnovationen der Fall ist; dort finden sich viele Unternehmen in einer »Servicefalle (wieder), die die internationale Wettbewerbsfähigkeit sehr einschränkt« (Ginter/Steinmann, 2009). Pilat und Wölfl (2005, S. 12) verweisen darauf, dass bei der Entwicklung neuer Services häufig das Prinzip der »*Adhocracy*«[14] vorherrscht.[15]

2.2.3 Gestaltungsansätze

Für die Vorbereitung und Implementierung von Strategien für Innovationsprojekte gibt es inzwischen eine Vielzahl von Modellen. Nachstehend sind hierzu einige Beispiele angeführt:

---

13 Wobei es z. B. bei Service-Innovationen synchron zu Neuerungen bei Produkten, Prozessen und Geschäftsmodellen kommen kann (vgl. Bessant/Davies, 2006., S. 125 f.).
14 Das bedeutet, dass der Entscheidungsprozess weniger grundsätzlichen Regelungen als vielmehr situativen Zwängen unterworfen ist.
15 Bei einer Studie von Roland Berger Strategy Consultants (2010, S. 12) haben nur 10 Prozent der befragten Unternehmen angegeben, für Industrie-Services eine strategische Fundierung zu haben.

- **VRIO**[16] (Barney/Hesterly, 2010): Hier steht die Orientierung an einem Kundennutzen, die Einzigartigkeit des Angebots zu dessen Befriedigung, die Schwierigkeiten zur Imitation des Angebots durch andere Wettbewerber und die Kapazität des Unternehmens zur Bereitstellung des betreffenden Angebots im Vordergrund.
- **Roadmapping** (Goffin/Mitchell, 2010): Bei dieser Methode werden Innovationskonzepte ausgehend von den Treibern des Markts in einem Vier-Stufen-Modell entwickelt. Dabei stehen die Qualifikationen der Organisation, die damit verbundenen technologischen Optionen, der daraus abzuleitende Gestaltungsspielraum auf Produktebene und das sich daraus eröffnende Spektrum der Anwendungsmöglichkeiten im Blickfeld. Bullinger et al. (2004, S. 3349) weisen darauf hin, dass Roadmaps ein sehr passendes Instrument zur Steuerung von Kommunikationsprozessen in Innovationsprojekten sein können. Sie empfehlen die Entwicklung separater Produkt-, Prozess- und Service-Roadmaps.
- **Value-Chain Analysis** (Porter, 1985): Wie beim Roadmapping sind auch hier die organisatorischen Kompetenzen der Ausgangspunkt. Als Ergebnis wird formuliert, auf welche Aktivitäten sich ein Unternehmen im Innovationsprozess konzentrieren soll.
- Breiten Raum finden verschiedene **Portfolio-Techniken**, bei denen einzelne Faktoren im Innovationsprozess in einem meist zweidimensionalen Schema (analog zur Boston-Box) gegenübergestellt werden. Dabei werden z. B. die Wettbewerbs- und Technologieposition des Unternehmens, die Technologie-Attraktivität und die eigene Ressourcenstärke, die Wahrscheinlichkeit des technologischen Erfolgs und der zu erwartende Lebenszyklus oder prioritäre Entwicklungstrends des Markts und der Technologie gegenübergestellt (vgl. Pleschak/Sabisch, 1996).

Entsprechend der vorliegenden Modelle gibt es fünf Ansatzpunkte für die Strategieentwicklung[17]:
- interne Kompetenzen
- Wachstumstreiber (wie etwa generelle Trends und regulatorische Veränderungen)
- Bedürfnisse bzw. der Bedarf der externen Zielgruppen
- technologische Optionen
- eine Kombination aus mindestens zwei dieser Faktoren.

Jeder Ansatzpunkt birgt in seiner Anwendung gewisse Risiken in sich:
- Eine einseitige Ausrichtung an den eigenen Kompetenzen führt zu einer Vernachlässigung von Markttrends und resultiert damit in einem eher konservativen Innovationsverhalten. Als Beispiel lassen sich hier viele Energieversorger betrachten, die sich bei Neuerungen lange Zeit auf veränderte Preismodelle beschränkten und damit nur eine geringe Innovationsaktivität erkennen ließen.

---

16 Die Abkürzung steht für Values, Rarity, Imitability und Organization.
17 Vgl. dazu die Argumentation bei Gomeringer/Auernhammer (2003), die darauf hinweisen, dass sich erfolgreiche Innovatoren durch eine Ausrichtung an Wachstum, Strategien, Kompetenzen, Technologie und Kunden differenzieren.

- Eine zu starke Ausrichtung an aktuellen Kundenbedürfnissen kann ebenfalls dazu beitragen, dass bestehende Trends zu lange verfolgt und Möglichkeiten einer grundlegenden Neuaufstellung verpasst werden. Dies geschah in Deutschland für die Mehrzahl der Textilunternehmen, die es versäumt haben, sich in innovativen Bereichen, wie etwa den technischen Textilien, zu positionieren und dann irgendwann ganz aus dem Markt gedrängt wurden. Legendär ist in diesem Zusammenhang das Zitat von Henri Ford: »Wenn ich die Leute gefragt hätte, was Sie wollen, hätten Sie schnellere Pferde verlangt.«
- Unternehmen, die sich hingegen zu stark auf einen potenziellen Bedarf statt auf die aktuelle Nachfrage konzentrieren, riskieren, dass sie zu viele Ressourcen in die Entwicklung eines Angebots stecken, für dessen Nachfrage der Markt noch nicht reif ist.
- Ein entsprechendes Risiko besteht auf der Ebene der technologischen Optionen. Wir sehen seit mehreren Jahren eine Entwicklung im Bereich der digitalen Wirtschaft, bei der fast täglich neue Unternehmen mit anspruchsvollen Innovationen entstehen, von denen die Mehrzahl aber nach kurzer Zeit wieder vom Markt verschwindet (Christensen/Maskell, 2003).

Vermutlich wird kein Unternehmen von sich aus sagen, dass es bei seinen strategischen Entwicklungen nur einen der zuvor genannten Ausgangspunkte berücksichtigt. In der Realität werden alle Aspekte in die Überlegungen einbezogen. Allerdings wird Strategiearbeit damit aufwändiger und komplizierter. Dies führt dann dazu, dass die Prioritätensetzung teils auf der Ebene des Unbewussten erfolgt.

Von zentraler Bedeutung ist entsprechend der vorliegenden Literatur die Integration von Unternehmens-, Geschäfts- und Innovationsstrategien. P&G z. B. hat seinen gesamten Strategiebildungsprozess diesem Schema untergeordnet und hat damit eine Verdreifachung seines Innovationsoutputs bewirkt (Brown/Anthony, 2011, S. 68).

2.3 Erfolgsfaktor Topmanagement-Support

2.3.1 Beschreibung

Das Topmanagement umfasst die oberste Leitungsinstanz eines Unternehmens.[18] Während in der früheren Literatur damit in erster Linie eine einzelne Person assoziiert wurde, stehen inzwischen sogenannte »Topmanagement Teams« im Vordergrund der Betrachtung (Q. Li et al., 2013; C.-R. Li et al., 2014; Carmelo-Ordaz et al., 2015), wobei das Kürzel TMT inzwischen gängiger zu sein scheint als die ausgeschriebene Form (ebd.).

---

18 Eine Aufgabenbeschreibung und eine Übersicht zu verschiedenen Ansätzen hierzu findet sich z. B. bei Dreher (2014).

Diese Betrachtungsweise ist jedoch nicht unumstritten. In einem vielbeachteten Artikel mit dem vielsagenden Titel »The Myth of the Top Management Team« wies Kantzenbach bereits 1997 darauf hin, dass die Besetzung der Topmanagement-Instanz durch mehr als eine Person weder mit den Erwartungen von Aufsichtsräten, Mitarbeitern und externen Kooperationspartnern einherginge, noch funktionieren würde. Auch haftungsrechtliche Fragen können der Umsetzung des Prinzips entgegenstehen. Dabei scheint es keine Rolle zu spielen, wie groß das Team ist. Einige Konzerne, deren Topmanagement zeitweise durch Tandems besetzt war (wie etwa Deutsche Bank, EADS/Airbus oder SAP), sind von diesem System (mehr oder weniger) rasch wieder abgerückt, auch wenn dafür — zumindest in der Außendarstellung — sehr unterschiedliche Gründe maßgebend gewesen sein dürften. Schon vor langer Zeit hatte Henri Fayol (1966, einer der Begründer der modernen Management-Lehre) eine Einheit der Leitung als Wesensmerkmal einer funktionierenden Organisation hervorgehoben.

Wir wollen diesen Diskurs hier nicht weiter vertiefen. Weit wichtiger erscheint die Frage, welche Rolle die oberste Leitungsinstanz im betrieblichen Innovationsverhalten einnehmen kann. Dabei ist es zunächst einmal unerheblich, ob diese mit nur einer oder mehreren Personen besetzt ist. Wichtiger als die Anzahl der dort tätigen Akteure erscheint vielmehr das Commitment in Bezug auf das Verhalten der Organisation in Fragen von Neuerungsprozessen.

2.3.2 Die Relevanz für das Innovationspotenzial

Schon Witte hatte in seinem vielbeachteten Promotorenmodell 1972 darauf hingewiesen, dass Vorhaben, die durch einen sogenannten »Macht-Promotor« flankiert werden, in der Regel erfolgreicher verlaufen als Projekte ohne diesen Aktorentypus. In einem Artikel von McKinsey wird hervorgehoben, dass der Beitrag des Topmanagements im Innovationsbereich eine höhere Bedeutung einnimmt als die individuelle Kreativität einzelner Mitarbeiter (Barsh et al., 2008).

Hinsichtlich des Innovationsprozesses können dem Topmanagement insbesondere vier Rollen zuteilwerden:

Inspiration: Für die dezentralen Einheiten in einem Unternehmen ist es oft nicht leicht, eine hohe Absorptionsfähigkeit gegenüber neuen Informationen zu externen Trends kontinuierlich sicherzustellen. Die Rentabilitätserwartungen der Geschäftsleitung und die regelmäßig neu artikulierten Kundenwünsche zur Verbesserung von Produkten und teilweise auch Prozessen — beides verbunden mit permanentem Zeitdruck — führen oftmals zu einer Priorisierung kurzfristiger Handlungsimperative. Vor diesem Hintergrund ist es hilfreich, wenn eine bereichsübergreifende Instanz immer wieder Impulse zur Wahrnehmung von Innovationschancen außerhalb des laufenden Geschäfts vermittelt. Da die Geschäftsleitungen oft über ein hochdifferenziertes Spektrum an Außenkontakten verfügen, werden sie selbst in besonderem Maße für Ansatzpunkte zu betrieblichen Neuerungsprozessen sensibilisiert (vgl. C.-R. Li et al., 2014), wobei insbesondere das breite Spektrum an Kundenkontakten sich auf die Innovationsaktivitäten der Firma sehr positiv auswirken kann (Szymanski/Henard, 2001).

Integration: Grundlegende Neuerungen entstehen oft durch bereichsübergreifende Kooperationen. Wenn in der Organisation nun ein Klima des internen Wettbewerbs herrscht — verursacht z. B. durch Benchmarkings verschiedener Bereiche —, dann ist dies sicher keine gute Basis dafür, dass derartige Prozesse der Zusammenarbeit sich (spontan) entwickeln können. Von der Geschäftsleitung können bestehende Rivalitäten auf Bereichsebene abgefedert werden, etwa indem die betreffenden Einheiten dazu veranlasst werden, Neuerungschancen gemeinsam in Angriff zu nehmen (vgl. Smith/Tushman, 2005). Im Verhältnis zwischen den verschiedenen dezentralen Einheiten wird die Geschäftsleitung ohnehin permanent nach einer Balance zwischen Wettbewerb und Kooperation suchen müssen. Beide Komponenten können in einem Führungssystem sinnvoll sein, jedoch ist damit zu rechnen, dass eine Kooperationskultur für die Hervorbringung von Neuerungen in der Regel vorteilhafter ist als harter interner Wettbewerb (vgl. Buchner/Schmelzer, 2003, S. 106). Es wird damit auch vom Innovationsdruck eines Unternehmens abhängen, inwieweit die beiden Dimensionen miteinander auszubalancieren sind.

Legitimation: Mit der Unterstützung des Topmanagements finden viele Innovationsideen oft erst die interne Akzeptanz, die zu deren Weiterverfolgung erforderlich ist. In der vorhandenen Literatur gibt es zahlreiche Hinweise dafür, dass das mittlere Management gegenüber neuen Ideen oft reservierter reagiert als das Topmanagement.[19] Die Verfolgung von Innovationen schafft nicht selten Unruhe und gefährdet damit bestehende Machtpositionen. Darauf können Vertreter aus dem Middle Management, die quasi permanent in einer Sandwich-Rolle zwischen Topmanagement und nachgeordneten Mitarbeitern operieren, besonders sensibel reagieren. Von Bedeutung ist in diesem Zusammenhang auch das sogenannte »Peter-Prinzip« (Peter/Hull 1972), das besagt, dass Mitarbeiter so lange aufsteigen, bis sie sich in einer Position befinden, die sie überfordert und in der sie dann jedoch bleiben. Es wäre zu erwarten, dass Menschen in einer solchen Lebenssituation besonders stark dazu neigen, an bestehenden Elementen festzuhalten.

Realisierung: Die beste Idee ist nutzlos, wenn sie nicht umgesetzt wird. Bei halbherziger Realisierung kann sie sogar schaden, da sie Ressourcen bindet und im Falle des Scheiterns zu Frustrationseffekten führt, die der weiteren Innovationsbereitschaft abträglich sein dürften. Mit der Einbindung des Topmanagements wird es leichter, die für die Realisierung benötigten Ressourcen zu erhalten.

Die Rolle des Topmanagements kann sich damit auf alle Phasen des Innovationsprozesses positiv auswirken, von der Ideenentwicklung über die Bewertung bis zur Umsetzung (vgl. auch Luthans et al., 1988; Srivastava/Lee, 2005). Allerdings werden die wenigsten Topmanager kapazitativ dazu in der Lage sein, permanent an Innovationsaktivitäten im Unternehmen mitzuwirken, und wenn dies dennoch der Fall ist, dann ist die Gefahr groß, dass das Unternehmen in der Realisierung seiner Innovationsaktivitäten hektisch und sprunghaft wird.

---

19 Glaser et al. (2015) weisen auf Basis einer empirischen Erhebung darauf hin, dass Middle Manager inkrementellen Innovationen gegenüber fundamentalen Neuerungen eine klare Priorität beimessen.

Es dürfte sehr stark von der Innovationsart abhängen, welche Rolle dem Topmanagement zukommt (vgl. Anthony et al., 2008, S. 48). In einer Studie von Wong (2008, S. 721 ff.) wurde festgestellt, dass der Einfluss des Topmanagements bei organisatorischen Innovationen weit stärker ist als bei technischen Neuerungen (wie Produkten oder Prozessen); zu letzteren konnte er keine signifikante Bedeutung feststellen. Zu berücksichtigen ist allerdings, dass die betreffende Studie in China durchgeführt wurde (und somit nur bedingt Rückschlüsse auf die Situation in Westeuropa erlaubt). Überdies ist auch das Innovationspotenzial im technischen Bereich stark von organisatorischen Rahmenbedingungen abhängig, sodass für die Einbindung des Topmanagements hier zumindest ein indirekter Effekt denkbar wäre.

Es ist zu erwarten, dass die Aktivitäten einen höheren Professionalisierungsgrad erhalten, wenn das Topmanagement eine zentrale Innovationsabteilung bildet, die in den im folgenden Abschnitt dargestellten Rollen kontinuierlich Unterstützung bietet. Diese Instanz wird allerdings im dezentralen Bereich nicht immer die Anerkennung finden, um die genannten Funktionen ausfüllen zu können. Oftmals kann sie sogar selbst vom Topmanagement abhängig werden, etwa dann, wenn sie von ihr selbst initiierte Initiativen auf dezentraler Ebene durchzusetzen versucht.

2.3.3 Gestaltungsansätze

Bislang gibt es nur relativ wenige Studien zur Art und Weise, wie sich das Topmanagement in Innovationsprozesse einbringen kann bzw. sollte (Wong, 2013, S. 710). In dem bereits zitierten McKinsey-Artikel (Barsh et al., 2008) werden einige Grundprinzipien für die Rolle des Topmanagements im Innovationsprozess angeführt:
- **Verankerung**: Innovationen sollten bei der künftigen Strategieentwicklung und bei Management-Meetings eine zentrale Rolle spielen.
- **Führung**: Das Topmanagement sollte die Innovationsorientierung persönlich vorleben, dementsprechend auf das mittlere Management einwirken und Möglichkeiten für Quick Wins schaffen.
- **Realisierung**: Auf der Ebene der Durchführung sollte diese Instanz vor allem die Art der Innovationsprojekte sowie die Instrumente zur Messung von deren Erfolg definieren.

Entsprechend der vorliegenden Literatur ist es entscheidend, in welchem Maß und zu welchem Zeitpunkt sich das Topmanagement in den Innovationsprozess einschaltet. Eine zu starke Kontrolle kann ebenso negativ wirken (vgl. Bonner et al., 2002) wie eine zu geringe Intervention (Karazoglou/Brown, 1993). Während in frühen Phasen des Projekts eher Zurückhaltung vorteilhaft ist, wirkt es sich in späteren Phasen positiv aus, wenn das Topmanagement konsequente Kontrollen zum Zielerreichungsgrad vornimmt (Richtnér/Aalström, 2010).

2.4 Erfolgsfaktor Projektmanagement

2.4.1 Beschreibung

Der Begriff des Projektmanagements ist in Deutschland mit DIN-[20] und ISO-Normen[21] definiert. In anderen Industrieländern ist das ähnlich. So hat etwa AFNOR, das französische Pendant zum deutschen DIN-System, einen komplexen »Corpus Normatif« zum Projektmanagement herausgegeben,[22] in dem unter anderem Verfahrensweisen bei Fristüberschreitungen oder Budgetengpässen festgelegt werden. Überdies gibt es hierzu Normensysteme auf Verbandsebene wie etwa in den USA[23] oder Großbritannien.[24]

Inhaltlich sind diese Regelwerke weitgehend deckungsgleich. Bei Projektmanagementsystemen geht es stets um die Initiierung, planerische Vorbereitung, Realisierung und Erfolgskontrolle zu Vorhaben, innerhalb derer ein bestimmtes Ziel in einem bestimmten Zeitraum mit einem bestimmten Ressourceneinsatz erreicht werden soll.

Zum Thema Projektmanagement bei Innovationen gibt es eine Vielzahl teilweise sehr umfassender Beiträge (z. B. Horsch, 2003; Shenar/Dvir, 2007; Highsmith, 2009). Sie beschreiben Leistungsanforderungen dafür, wie eine Innovation über die Phasen der Ideenentwicklung, -bewertung und technischen Umsetzung bis zur Kommerzialisierung vorangetrieben werden kann. Dazu gehören auch Beiträge zum sogenannten »Projekt-Portfolio-Management«, laut Flippov et al. (2014, S. 819) »*a tool of selecting the right projects and aligning them to the company's strategy.*«[25] Ähnliche Schwerpunkte werden beim Thema technologieorientiertes Projektmanagement abgedeckt (z. B. Bullinger, 1994; Goffin/Mitchel, 2010).

2.4.2 Die Relevanz für das Innovationspotenzial

Braucht man für Innovationen überhaupt ein Projekt oder gar ein Projektmanagement? Diese Frage ist berechtigt, bedenkt man, dass viele bahnbrechende Neuerungen in der Geschichte durch Zufall entdeckt wurden, ohne dass die maßgeblichen Akteure in ein systematisches Projektmanagementsystem eingebunden gewesen wären. Mit etwas Zynismus könnte man sogar kritisch hinterfragen, ob es im umgekehrten Fall überhaupt zu einer Innovation gekommen wäre. Forschung ist eine kreative Aufgabe, Kreativität benötigt für ihre Entwicklung Freiraum und dieser wird zwangsläufig begrenzt, wenn deren Akteure zeitliche, finanzielle und methodische Vorgaben eines Projektmanagements zu respektieren haben.

---

20 DIN 69001.
21 ISO 21500.
22 FD X50 116.
23 PMBOK Guide von PMI.
24 PRINCE 2.
25 Eine umfassende Beschreibung findet sich bei PMI (2006).

Die Chance, dass Ressourcen und Aktivitäten aus der Forschung zu einer Innovation beitragen, steigt sicher, wenn die jeweiligen Akteure aus beiden Aufgabenfeldern in ein gemeinsames Projekt eingebunden werden. Auf diesem Weg werden Voraussetzungen geschaffen, welche die mitunter stark divergierenden Interessen von mehr erkenntnistheoretisch ausgelegter Forschungsaktivität und in erster Linie an konkreten Problemlösungen ausgerichteten Innovationsinitiativen aufeinander abstimmen.

Nun werden Projekte nicht per se zu einer verstärkten Innovationsaktivität führen. In nahezu allen größeren Organisationen gibt es viele Projekte, die irgendwann einmal aufgegeben werden, und dies zum Teil erst lange Zeit, nachdem sie bereits versandet waren. Die entscheidende Brücke im operativen Austausch zwischen den genannten Akteuren liegt daher weniger im Projekt als vielmehr im Projektmanagement. Von diesem Aufgabenbereich können Impulse für alle Etappen im Innovationsprozess ausgehen:

- Projekte sind ein Legitimationsfaktor für Ideen. Mit der Einrichtung eines Projektmanagements und den damit erfolgten Ressourcenallokationen werden innovative Einfälle aufgewertet, was die Kreativität in der betreffenden Organisation insgesamt stimulieren kann.
- Ideen sind noch keine Konzepte und ohne Konzepte werden Ideen selten in Innovationen münden. Der erforderliche Definitionsprozess im Projektmanagement schafft hierfür systematische Gestaltungsbedingungen.
- Durch das Projektmanagement erhält die Weiterverfolgung der Ideen auch eine gewisse Sichtbarkeit in der Gesamtorganisation, wodurch der Realisierungsdruck erhöht wird.
- Über das Projektmanagement werden Innovationsaktivitäten einem klaren Ziel untergeordnet, was eine Fokussierung für den gesamten Prozess nach sich zieht.
- Mit dem Projektmanagement werden Innovationsvorhaben regelmäßig kritisch hinterfragt und bei negativer Einschätzung gestoppt, sodass Ressourcen für neue Initiativen frei werden.
- Über die Pläne des Projektmanagements wird eine Balance zwischen den Belastungen im Tagesgeschäft und den Anforderungen des Neuerungsvorhabens antizipiert. Dies reduziert das Risiko, Prioritäten im Ressourceneinsatz ständig neu festlegen zu müssen, was letztlich immer zulasten des Innovationsprojekts ausginge (vgl. Springer, 2004, S. 103 ff.).

Das Projektmanagement hat im Innovationsprozess somit eine überragende Bedeutung, die sowohl psychologischer als auch methodischer Natur ist. Je komplexer der Aktionsrahmen für Innovationsvorhaben ist, desto mehr wird die Einbettung in ein Projektmanagementsystem unverzichtbar werden. In Zeiten der Open Innovation wird das damit immer mehr zur sine qua non erfolgsträchtiger Innovationsarbeit werden.

2.4.3 Gestaltungsansätze

In der Literatur finden sich zahlreiche Projektmanagementsysteme und Tools,[26] die im Innovationsprozess eingesetzt werden können. Projektmanagementsysteme beinhalten Gesamtkonzepte für die Festlegung aufbau- und ablauforganisatorischer Rahmenbedingungen zur Initiierung, Steuerung und Erfolgskontrolle von Projekten. Beispiele hierfür sind »Houston«,[27] »Logframe« (NORAD, 1999) oder das softwaregestützte »MS Project«.[28] Die Tools sind in ihrer Anwendung oft auf einzelne Phasen oder Anforderungsarten für Projekte begrenzt. So gibt es auf der einen Seite Instrumente für die Sammlung, Strukturierung und Bewertung von Informationen (Patzak/Rattay, 2008), für die Darstellung der Erhebungserkenntnisse[29] und die Umsetzungsplanung (ebd.). Abgerundet wird das Spektrum durch spezielle Techniken zur Förderung der Kreativität[30] und zum Risikomanagement in Projekten.[31]

Viel Beachtung haben seit einigen Jahren die Modelle des sogenannten »Agilen Projektmanagements« (z. B. Chin, 2004; Augustine et al., 2005; Kullmann et al., 2013) gefunden.[32] Dabei geht es um die kontinuierliche Anpassung des Projektdesigns an veränderte Rahmenbedingungen im Innovationsprozess. Wie Fernandez & Fernandez (2008, S. 13) verdeutlichen, kann dies sehr unterschiedliche Komponenten und Etappen eines Projekts betreffen (vgl. Abb. 5).

Unter dem Ausdruck des Agilen Projektmanagements lassen sich die mit den Begriffen »Iterative«, »Adaptive« und »Extreme« bezeichneten Varianten subsumieren. Dabei werden nach der Testphase aufgrund der dabei generierten Befunde frühere Etappen im Projektmanagementsystem noch einmal neu konfiguriert.

Die zentralen Erfolgsfaktoren für das Projektmanagement sind die Kompetenz des Projektleiters (z. B. Bohinc, 2012), die Qualität der Planung (z. B. Faure, 2006) und die Unterstützung durch das Topmanagement.[33]

---

26 Umfassende Darstellungen finden sich z. B. bei Stern/Jaberg (2007), Pleschak/Sabisch (1996) oder Hasenauer/Schildberger (Hrsg., 2014).
27 Vgl. hierzu die Website von PMI.org.
28 https://products.office.com/de-de/project/project-and-portfolio-management-software?legRedir=true&-CorrelationId=2bcda090-ccab-407a-b7d9-de73fa96d2cc.
29 Z. B. Kommunikationsspinnen, SWOT oder Projekt-Diagramme (vgl. z. B. Winkelhofer, 2005, S. 258 ff.).
30 Z. B. Delphi-Technik, morphologischer Kasten oder Synektik (Schlicksupp, 1981).
31 Vargas-Hernández/García-Sántillan (2011).
32 Es wurde ursprünglich für Vorhaben zur Software-Entwicklung konzipiert, kommt aber immer mehr auch in anderen Innovationsprojekten zum Einsatz.
33 Vgl. hierzu die »Volkswagen-Studie« unter http://www.projektmanagementhandbuch.de/projektinitiierung/erfolgsfaktoren-von-projektmanagement/.

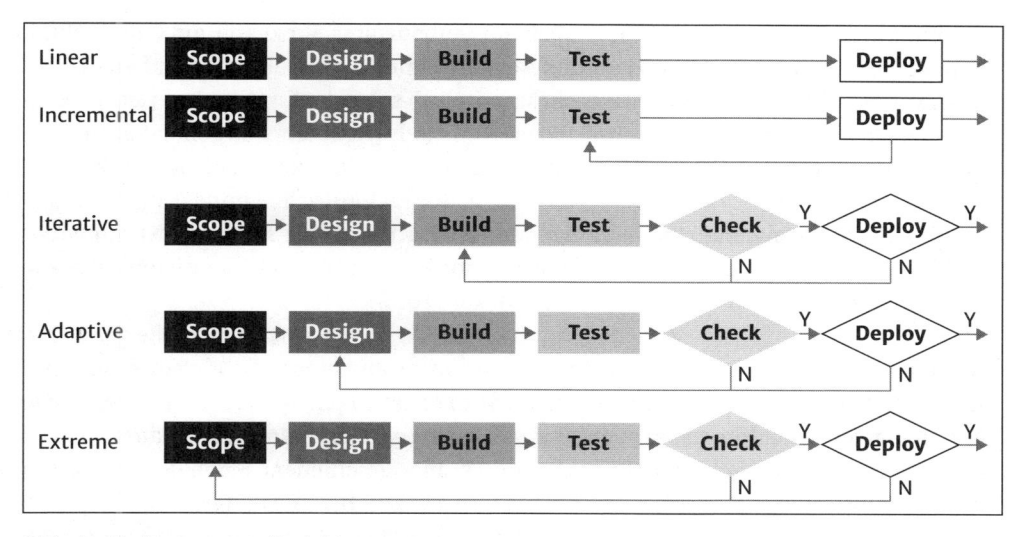

Abb. 5: Varianten zum Projektmanagement
(Quelle: Fernandez, D.J./Fernandez, J.D. (2008), S. 13)

2.5 Erfolgsfaktor Netzwerke

2.5.1 Beschreibung

Es gibt sehr unterschiedliche Typen von Netzwerken mit Innovationsbezug. Unterschieden werden kann nach a) geografischen, b) institutionellen, c) funktionalen und d) sozialen Gesichtspunkten.

- Auf geografischer Ebene haben in der Vergangenheit insbesondere nationale, regionale und lokale Innovationscluster Beachtung gefunden (vgl. OECD, 2007, 2013). Detaillierte Beschreibungen liegen z. B. für Norwegen (Fitjar/Rodriguez-Pose, 2014), Österreich (Neurath/Katzmair, 2003) und die Schweiz (Hotz-Hart, 2012) vor. Das Bestreben, Vernetzungsprozesse zu erleichtern, war Ausgangspunkt für die Gründung verschiedener Technologieparks in den 1980er-Jahren, wobei meist der Aspekt der »fertilisation croisée« im Vordergrund stand (Janovsky, 1986).
- Auf institutioneller Ebene unterscheidet man zwischen intra- und interinstitutionellen Netzwerken. Im Zuge der Diskussionen über »Open Innovation«[34] standen in den letzten Jahren vor allem die interinstitutionellen Netzwerke im Fokus vieler Analysen und Studien, während die Diskussion in den 1960er- und 1970er-Jahren sich mehr auf abteilungsübergreifende Netzwerksysteme konzentrierte.
- Bei funktionalen Netzwerken sind sowohl horizontale als auch vertikale Strukturen im Wertschöpfungsverbund zu nennen. Dabei kann es sich sowohl um eine Kooperation zwischen verschiedenen Wertschöpfungsstufen innerhalb eines Unterneh-

---
34 Darauf gehen wir später noch näher ein.

mens (z. B. FuE und Produktion) oder um gemeinsame Prozesse zur Entwicklung einer Produktinnovation im Verbund verschiedener Unternehmen handeln. Vertikale Kooperationen waren Wesensbestandteil des Lean Managements der ersten Generation in den 1980er-Jahren,[35] dessen Grundprinzipien weitgehend auf Beobachtungen zu japanischen Entwicklungsprozessen zurückgingen (Womack et al, 1990).
- Bei sozialen Netzwerken steht weniger der institutionelle als vielmehr der individualbezogene Aspekt im Vordergrund. Eine jüngere Ausprägung hierzu sind z. B. die »Innovation Communities« (Fichter/Beucker, 2012).

Im betrieblichen Management sind Netzwerkstrukturen keinesfalls ein neues Instrument. Es gibt sie vermutlich genauso lange wie Unternehmen. Spätestens zu Beginn des 19. Jahrhunderts spielten dabei auch Innovationsaspekte eine Rolle (v. Saldern, 2007). Seit Mitte des 20. Jahrhunderts gab es zu dem Thema verschiedene Modewellen, die den Netzwerkgedanken jeweils unter einem anderen Blickwinkel forcierten:

- 1970er-Jahre: »Boundary Spanning Individuals«
  Bei den »Boundary Spanning Individuals« handelt es sich um Mitarbeiter, die aufgrund ihrer Persönlichkeit, Funktion und/oder informellen Vernetzung Kooperationen zwischen verschiedenen Abteilungen forcieren. Erwartet wurde davon eine bessere Verzahnung betriebsinterner Innovationskompetenzen (z. B. Tushman/Scann, 1981).
- 1980er-Jahre: Japanische Innovationsmethoden
  Im japanischen Lean Management geht es insbesondere um die Einbindung von Zulieferern in den Innovationsprozess eines »Original Equipment Manufacturers« (OEM). Ziel war eine Verkürzung der Produktentwicklungszeit durch eine stärkere Konzentration der OEMs auf deren Kernkompetenzen (z. B. Womack et al., 1990).
- 1990er-Jahre: Knowledge Management
  Darauf gehen wir in Abschnitt 2.6 noch näher ein.
- 2000er-Jahre: Open Innovation
  Open Innovation ist ein im deutschen Innovationsmanagement inzwischen inflationär verwendeter Begriff. Er war von Chesbrough (2003) eingeführt und mit folgenden Worten umrissen worden:[36] »...*the use of purposive inflows and outflows of knowledge to accelerate internal innovation, and expand the markets for external use of innovation, respectively. Open Innovation is a paradigm that assumes that firms can and should use external ideas as well as internal ideas, and internal and external paths to market, as they look to advance their technology.*« Erwartet wurde davon insbesondere, dass über eine bessere Nutzung externer Ressourcen der Markteintritt beschleunigt werden kann. Gassmann/Enkel (2006, S. 132) haben in einer Untersuchung bei 124 Unternehmen festgestellt, dass Open Innovation zwei zentrale Prozesse umfasst: »*Der Inside-out-Prozess, der die externe Kommerzialisierung von Innovationen durch das Investment in neue Geschäftsfelder außerhalb des Unternehmens umfasst, und der*

---

35 2. Generation (Pettersen, 2009).
36 URL: http://openinnovation.net/about-2/open-innovation-definition/.

Coupled-Prozess, der kooperative Innovationsprozesse mit komplementären Partnern wie auch Wettbewerbern in strategischen Allianzen oder Innovationsnetzwerken beschreibt«.
- 2010er-Jahre: Neue Geschäftsmodelle
Im Rahmen der digitalen Geschäftsmodelle geht es unter anderem um die Nutzung kooperativer Plattformen, die den Zugang zu externen Kompetenzen erleichtern, um damit für einzelne Unternehmen Investitions- und Fixkosten im Innovationsprozess zu reduzieren und in der Endkonsequenz bestimmte Neuerungen überhaupt erst zu ermöglichen (z. B. Gassmann et al., 2013).

Die beiden letztgenannten Modelle markieren den Unterschied bzw. den Übergang zwischen »Old« und »New Economy«. Obwohl das Prinzip der »Open Innovation« selbst wenig innovativ erscheint und schon vor über 20 Jahren unter dem Begriff geprägt wurde, dominiert es doch sehr stark das Denken im Innovationsmanagement traditioneller Unternehmen. Darauf werden wir bei Darstellung unserer Erhebungsergebnisse noch näher eingehen.

2.5.2 Die Relevanz für das Innovationspotenzial

Entsprechend Bullinger et al. (2004, S. 3337) sind Netzwerke ein Wesensbestandteil im Innovationsmanagement wissensintensiver Industrien. Die Autoren gehen dabei davon aus, dass im Zeitalter der Digitalisierung und der damit verbundenen Dynamisierung der Märkte das klassische lineare Modell, bei dem der Innovationsprozess mit FuE startet, ausgedient habe und durch ein weitflächiges Netzwerk an Partnern und Quellen mit komplementären Kompetenzen zu ersetzen ist. Zu den Auswirkungen von Netzwerken für die betriebliche Effektivität und Effizienz liegen zahlreiche Untersuchungen vor. Dabei werden je nach Perspektive des jeweiligen Autorenteams sehr unterschiedliche Aspekte beleuchtet (Ricciardi, 2014, S. 5). Bezogen auf die Innovationsaktivitäten haben Netzwerke für Unternehmen das Potenzial, dass
- Kosten reduziert werden,
- Innovationsvorgänge beschleunigt werden,
- die Orientierung gegenüber dem Bedarf auf den Zielmärkten verbessert und
- der Innovationsgrad erhöht wird.

(vgl. Hochmeier, 2012, S. 17).[37]

Diese Effekte werden als sehr bedeutsam eingeschätzt. Rese/Baier (2012, S. 18) betonen unter Verweis auf verschiedene Studien (Laursen/Salter, 2006; Un et al., 2010): »... he integration of lead users, suppliers, competitors, customers or universities is just as relevant to the success of an innovation as the presence of the innovators themselves.«

Diese Erkenntnisse sind nicht neu. Schon in den 1970er-Jahren hat Mensch (1979) nachgewiesen, dass Innovationen, die auf einen Fremdbezug von technologischem Know-how zurückgehen, in der Regel erfolgreicher verlaufen als Neuerungen, die aus

---

37 Vgl. auch Reichwald/Piller (2009, S. 172).

eigener FuE hervorgehen. Entsprechend verschiedener Beobachtungen von Booz, Allen, Hamilton (1991) ist die Einbindung der Zulieferer das erfolgreichste Instrument zur Verkürzung der Produktentwicklungszeit. Dies war auch das Ziel des sogenannten »Simultaneous Engineering«, bei dem es um den Aufbau intrainstitutioneller Netzwerke entlang der Wertschöpfungskette geht.

2.5.3 Gestaltungsansätze

Ricciardi (2014, S. 5 ff.) weist darauf hin, dass die vorliegende Literatur zu dem Thema recht fragmentiert ist. Breiten Raum in der vorhandenen Literatur nimmt die Identifikation von Erfolgsfaktoren für innovationsorientierte Netzwerke ein. Dazu gibt es eine Fülle primärempirischer Beiträge, die teils als wissenschaftliche Studien, teils als konkrete Fallbeispiele dargestellt werden (vgl. z. B. Hochmeier, 2012; Fichter/Beucker, 2012; Doudorova/Bevies, 2014,). Die Erfolgsfaktoren hängen mitunter vom Netzwerktyp ab. Dessen ungeachtet lassen sich aus der vorliegenden Literatur drei Kategorien ableiten:
a) Bedingungen der Konstitutionsphase
b) Zusammensetzung der Teilnehmer
c) Bedingungen der Funktionsweise.

a) Bedingungen der Konstitutionsphase
Eines der umfassendsten Konzepte für diese Etappe ist das Roadmapping-Modell von Bullinger et al. (2004). Dabei sollten die Partner zunächst eine gemeinsame Vision entwickeln sowie die Zielmärkte mit den relevanten Bedarfskategorien einerseits und das Spektrum der dafür potenziell zum Einsatz zu bringenden Technologiepotenziale andererseits definieren. Auf dieser Grundlage erstellt das mitwirkende Unternehmen interne Roadmaps für die Produkt-, Prozess- und Service-Ebene. Bullinger et al. (2004, S. 3350) haben dies mit Abbildung 6 visualisiert.

Die Roadmap wird dabei in folgenden Schritten konfiguriert:
- Zunächst werden die für das Unternehmen relevanten Umfeldbedingungen analysiert, wobei insbesondere auf die technologischen Entwicklungen, die sich abzeichnen, eingegangen wird.
- Auf dieser Basis erfolgt die Erstellung von Roadmaps für die Gestaltung des internen Leistungsangebots und dessen Bereitstellungsform.
- Anschließend sind die Partner des Netzwerks gehalten, individuelle Roadmaps für deren Beiträge zu erstellen.
- Deren Outputs werden dann in einem mehrstufigen Prozess auf Konsistenz geprüft und letztlich miteinander verzahnt.

Voraussetzung für die Partizipation an unternehmensübergreifenden Netzwerken ist zunächst die Entwicklung interner Kooperationsstrukturen. Dies ist notwendig, um Komplementaritätspotenziale im externen Bereich erkennen zu können.

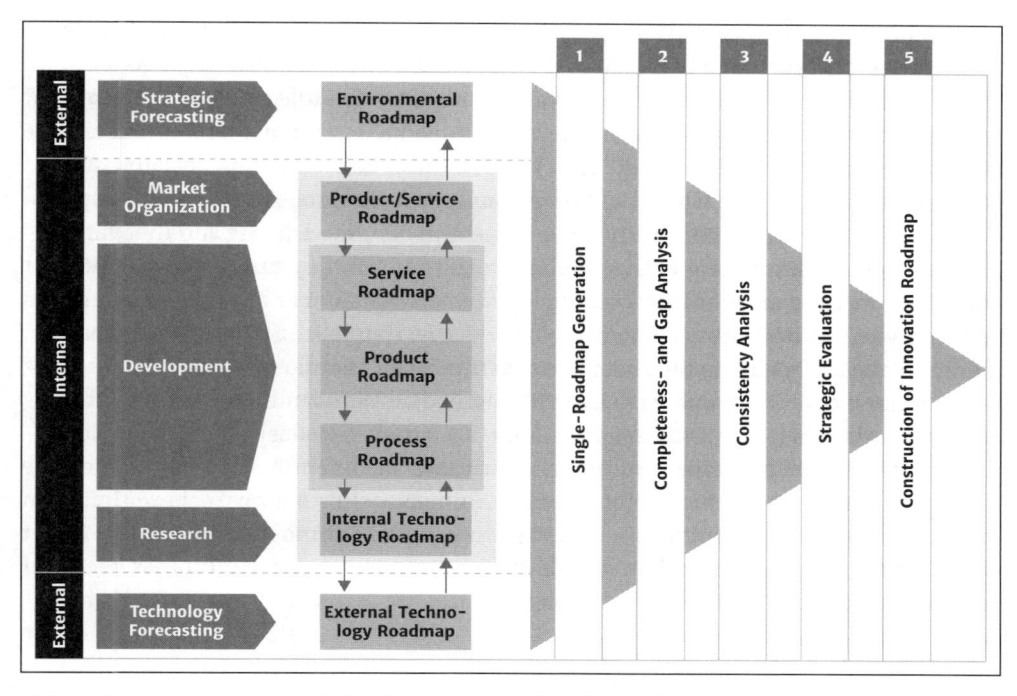

Abb. 6: Komponenten einer Technology Roadmap (Quelle: Bullinger, H.-J. et al. (2004), S. 3350)

b) Aufbau der Zusammensetzung

Die Beiträge zur Zusammensetzung beziehen sich zum einen auf das organisatorische Geflecht der beteiligten Partner, zum anderen auf Individuen, denen beim Betrieb der Netzwerke eine Schlüsselrolle zukommen kann. Fichter (2012, S. 13) hat die dabei relevante Struktur beispielhaft mit Schaubild 7 dargestellt.

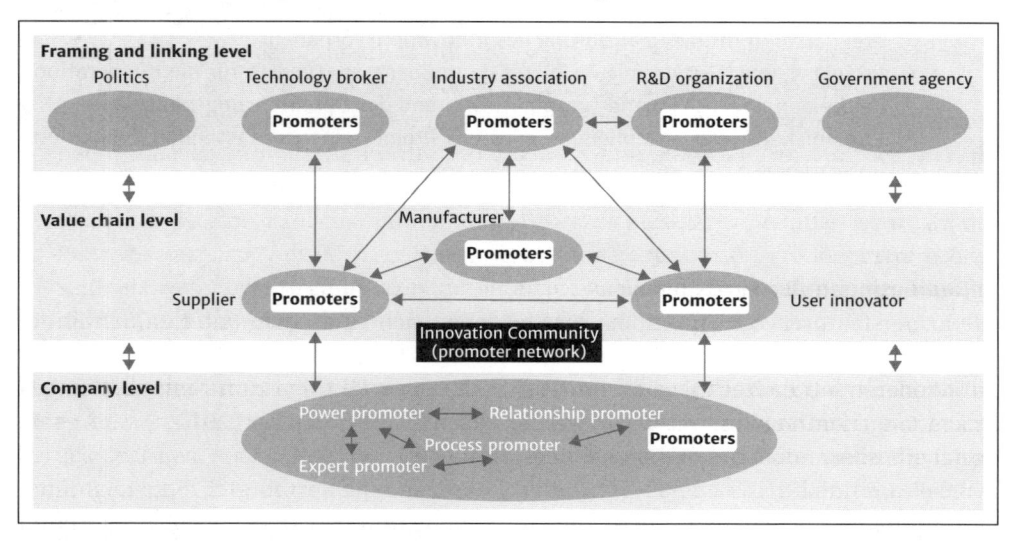

Abb. 7: Innovation Communities (Quelle: Fichter, K. (2012), S. 13)

Die Innovationsgemeinschaft besteht demnach aus einem Netzwerk verschiedener Akteure des Unternehmens, dessen Wertschöpfungspartner und weiterer Akteure im Unternehmensumfeld, die für das Innovationsprojekt eine Rolle spielen. Dabei kommt es zu einem Interaktionsgefüge verschiedener Individuen (»Promoters«) der verschiedenen Systemebenen. Rese/Baier (2012) haben diese näher beschrieben und sind in einer eigenen Erhebung zu dem Schluss gelangt, dass dem sogenannten »Champion« der wichtigste Part zukommt. Seine Rolle besteht in der Entwicklung von Innovationsideen und deren Umsetzung in Innovationsprojekte auf Unternehmensebene.[38] Wie wir bei der Darstellung unserer Interviewergebnisse noch genauer erläutern werden, haben viele der von uns besuchten Firmen im Laufe der letzten Jahre Strukturen geschaffen, durch welche die Position von Champions institutionell verankert wurde.

Holzmann et al. (2014, S. 610) haben basierend auf Studien in der Automobilindustrie ein umfassendes »Match-Making-Modell« entwickelt, das verschiedene Kooperationsinteressenten in einem iterativen Prozess zusammenführt. Dabei werden die Interessen eines innovationswilligen Unternehmens (»Innovation Seeker«) mit den Angeboten eines externen Dienstleisters für Innovation (»Innovation Provider«) über einen Vermittler (»Innovation Intermediary«) koordiniert, wobei der Prozess über fünf Stufen läuft (vgl. »Match-Making-Modell«).

Match-Making-Modell
1. Bedarfskonfiguration: Der »Innovation Seeker« erstellt in Kooperation mit dem »Innovation Intermediary« ein Profil, das an verschiedene »Innovation Providers« kommuniziert wird.
2. Angebotsmodell: Letztere konfigurieren auf dieser Basis ein Service-Portfolio (mit Diensten und Partnern), das vom »Innovation Intermediary« mittels Marktstudien validiert und erforderlichenfalls modifiziert wird.
3. Contracting: Auf dieser Grundlage erfolgt eine vertragliche Bindung zwischen den drei Partnern für die Realisierung des Innovationsvorhabens.
4. Projektsystem: Der Vermittler bietet dann Coaching-Dienste für die Kooperation der beiden anderen Partner(gruppen) während der Durchführungsphase an.
5. Ergebniskontrolle: Abschließend wird das Projekt einer umfassenden Evaluation unterzogen.

---

c) Bedingungen der Funktionsweise

Die Erfolgsfaktoren zur Funktionsweise beziehen sich zum einen auf die Qualität der sozialen Interaktionen (vgl. z. B. Friedlander, 1987; Högl/Gemünden, 2001, S. 445) und zum anderen auf die technischen Prozesse, mit denen Beiträge zum Netzwerk eingebracht, angenommen und verwertet werden. Nach Fichter/Beucker (2012, S. 62 f.) geht es dabei insbesondere um folgende Fragestellungen:

---

[38] In dem Aktorensystem des Schaubilds würde der Champion die Rolle des »Process Promotors« einnehmen.

- »Communication: Is there sufficient regular, informal and open communication in the team?
- Coordination: Are individual contributions well structured and synchronized within the team?
- Balance contributions: Can all team members fully weigh in their expertise?
- Mutual support: Do the team members help and support each other with their duties?
- Effort: Do team members dedicate all their efforts to the team's challenge?
- Cohesion: Are the members motivated to remain on the team? Is there a team spirit?«

Für die Funktionsweise von Netzwerken liegen zahlreiche Werkzeuge vor. Diese wurden recht unterschiedlichen Disziplinen wie etwa den Techniken zur Gruppenarbeit, dem Projektmanagement oder dem Prozessmanagement entnommen. Gärtner/Duschek (2006, S. 390) haben für die über diese Tools zu bewältigenden Anforderungen eine Übersicht vorgelegt (vgl. Abb. 8).

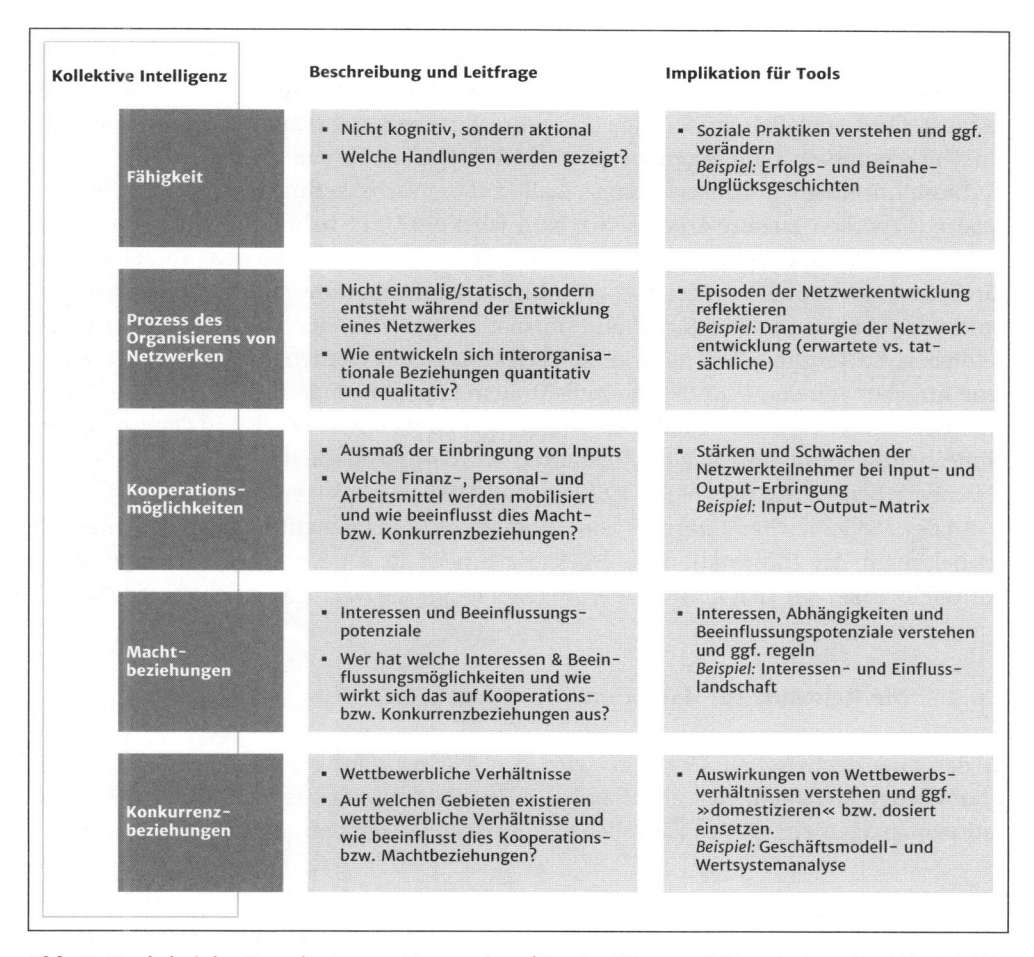

Kollektive Intelligenz	Beschreibung und Leitfrage	Implikation für Tools
Fähigkeit	• Nicht kognitiv, sondern aktional • Welche Handlungen werden gezeigt?	• Soziale Praktiken verstehen und ggf. verändern *Beispiel:* Erfolgs- und Beinahe-Unglücksgeschichten
Prozess des Organisierens von Netzwerken	• Nicht einmalig/statisch, sondern entsteht während der Entwicklung eines Netzwerkes • Wie entwickeln sich interorganisationale Beziehungen quantitativ und qualitativ?	• Episoden der Netzwerkentwicklung reflektieren *Beispiel:* Dramaturgie der Netzwerkentwicklung (erwartete vs. tatsächliche)
Kooperationsmöglichkeiten	• Ausmaß der Einbringung von Inputs • Welche Finanz-, Personal- und Arbeitsmittel werden mobilisiert und wie beeinflusst dies Macht- bzw. Konkurrenzbeziehungen?	• Stärken und Schwächen der Netzwerkteilnehmer bei Input- und Output-Erbringung *Beispiel:* Input-Output-Matrix
Machtbeziehungen	• Interessen und Beeinflussungspotenziale • Wer hat welche Interessen & Beeinflussungsmöglichkeiten und wie wirkt sich das auf Kooperations- bzw. Konkurrenzbeziehungen aus?	• Interessen, Abhängigkeiten und Beeinflussungspotenziale verstehen und ggf. regeln *Beispiel:* Interessen- und Einflusslandschaft
Konkurrenzbeziehungen	• Wettbewerbliche Verhältnisse • Auf welchen Gebieten existieren wettbewerbliche Verhältnisse und wie beeinflusst dies Kooperations- bzw. Machtbeziehungen?	• Auswirkungen von Wettbewerbsverhältnissen verstehen und ggf. »domestizieren« bzw. dosiert einsetzen. *Beispiel:* Geschäftsmodell- und Wertsystemanalyse

Abb. 8: Tools bei der Gestaltung von Netzwerken (Quelle: Gärtner, C./Duschek, S. (2011), S. 390)

2.6 Erfolgsfaktor Informationsversorgung

2.6.1 Beschreibung

Innovationen sind stets das Ergebnis von Informationsverarbeitungsprozessen. Die für das Innovationsmanagement wesentlichen Wissenskategorien beziehen sich auf Informationen im technisch-wissenschaftlichen (z. B. Technologien, Forschungserkenntnisse), im marktbezogenen (z. B. Wettbewerbstrends, Treiber von Innovationen), im methodischen (z. B. Projektplanung, Marketing) und im juristischen Bereich (z. B. Patent- und Lizenzrecht).

In allen Phasen des Neuerungsprozesses ist das Unternehmen mit Anforderungen der Informationsaufnahme konfrontiert (vgl. van Houten 1982). Insbesondere während der 1970er- und 1980er-Jahre fand die Informationsversorgung als Determinante erfolgreichen Innovationsmanagements eine zentrale Beachtung. Mit dem »Programm der Bundesregierung zur Förderung der Information und Dokumentation 1974—1977« wurde in Deutschland versucht, hierzu eine neue Ära einzuleiten. In der Folge sind die »Gesellschaft für Information und Dokumentation« sowie 16 Fachinformationszentren[39] entstanden. Ähnliche Entwicklungen waren in fast allen anderen westeuropäischen Ländern festzustellen, wobei Frankreich eine Vorreiterrolle innehatte. Dennoch konnte seinerzeit ein deutlicher Rückstand gegenüber den USA konstatiert werden (Meyer, 1980).

Diese Initiativen konzentrierten sich alle auf die Verbesserung des Informationsangebots (bzw. den Zugang zu diesem). Nun wird ein Unternehmen nicht automatisch innovativer, wenn in seinem Umfeld mehr Informationen bereitstehen. Voraussetzung für mehr Innovation ist zunächst eine verbesserte Informationsverarbeitungskapazität. Dieser Aspekt war in der staatlichen Informationspolitik weitgehend unberücksichtigt geblieben. So konnte schon nach kurzer Zeit festgestellt werden, dass das neugeschaffene Angebot von den Unternehmen nicht ausreichend nachgefragt wurde. Die daraus resultierende Ernüchterung hat dazu beigetragen, dass dieser Bereich in der staatlichen Förderpolitik immer mehr zurückgefahren wurde und bis heute nie mehr eine vergleichbare Bedeutung wie in den 1970er- und 1980er-Jahren erfahren hat.

In der akademischen Literatur zum Innovationsmanagement hat sich das Interesse seither mehr der Informationsverarbeitung innerhalb der Unternehmen zugewandt. Der Blickwinkel hat sich also von der Angebots- auf die Nachfrageseite verschoben.

2.6.2 Die Relevanz für das Innovationspotenzial

In der angelsächsischen Literatur wird das Thema häufig unter der Bezeichnung »Knowledge Management« abgehandelt.[40] Zur Relevanz dieses Faktors für das Innovationsmanagement gibt es zahlreiche empirische Belege (vgl. die Übersicht bei Pala-

---

39 Z. B. für Textilwesen, Bau oder Chemie.
40 Wobei streng genommen zwischen »Information« und »Knowledge« differenziert wird. Anand et al. (2015, S. 50) verweisen darauf, dass Information »filtered… meaningful data« beinhalte, während

cios et al., 2008 oder Q. Li et al., 2013). Die Qualität der Informationsversorgung kann sich auf die Innovationsfähigkeit eines Unternehmens stärker auswirken als die FuE-Aktivität (vgl. Janovsky, 1985). Bezogen auf die oben formulierten Wissenskategorien sind insbesondere folgende Effekte zu erwarten:

- Über eine gute Versorgung mit Marktinformationen stellt ein Unternehmen sicher, dass es die Notwendigkeit für Innovationen rasch erkennt, dass es Bedarf und Bedürfnisse der Zielgruppen zuverlässig einzuschätzen vermag und dass es dementsprechend weiß, worauf es seine Neuerungsaktivitäten fokussieren soll und welche Attributkomposition seine Innovationen anzustreben haben.
- Der Zugriff auf Informationen im technisch-wissenschaftlichen Bereich erlaubt Unternehmen eine Orientierung über die Relevanz eigener FuE-Aktivitäten, über Gestaltungsoptionen für neue Produkte und über Chancen zur Positionierung gegenüber dem Wettbewerb.
- Die Qualität der methodischen Kenntnisse bestimmt maßgeblich die Kapazität, technische Neuerungen in effizienter und effektiver Form in marktgängige Produkte umzusetzen.
- Letztlich wird die Informationsversorgung im juristischen Bereich einen maßgeblichen Einfluss darauf haben, dass ein Unternehmen seine innovationsbezogenen Ressourcen wirtschaftlich einsetzt, indem es vorhandene Potenziale gegen Wettbewerb schützt oder Chancen für eine breitere Kommerzialisierung eröffnet, als es auf Basis der eigenen Kapazitäten möglich wäre.

Mit der Informationsversorgung wird gleichzeitig die Rezeptivität des Unternehmens gegenüber externem Technologie-Know-how bestimmt. Damit schafft man einen Gegenpol zu einer mehr nach innen gerichteten Forschungsaktivität. Unternehmen, die sich sehr stark auf die eigenen FuE-Kapazitäten verlassen, riskieren,
- die Möglichkeit von Technologietransfers nach innen zu vernachlässigen;
- viel Zeit in Entwicklungen zu investieren, die bereits andernorts existieren;
- dass sie Neuerungen hervorbringen, die nicht dem Bedarf des Markts entsprechen.

2.6.3 Gestaltungsansätze

In der vorhandenen Literatur gibt es zu dem Thema recht unterschiedliche Ansatzweisen und Schwerpunkte. Bei einem Teil stehen Aspekte der Marktforschung im Vordergrund; bezogen auf Innovationsvorhaben hat sich in der Wissenschaft der Ausdruck »Akzeptanzforschung« etabliert. Weiterhin gibt es viele Beiträge, bei denen es um die Aufnahme, Speicherung und Verwertung von Wissen (»Wissensmanagement«) geht. Letztlich kann auf ein breites Spektrum an vorwiegend sozialwissenschaftlich geprägten Veröffentlichungen verwiesen werden, die sich mit Fragen zum Verhalten von Men-

---

»Knowledge... ideas, rules and procedures that guide actions and decisions« umfasse. Kuhlen (1983) definierte Information lange Zeit als »zweckorientiertes Wissen«.

schen bei der Nutzung von Informationsressourcen auseinandersetzen; sehr häufig läuft das unter dem Titel »Informationsverarbeitung in Organisationen«. Wir werden uns mit diesen drei Bereichen im Folgenden Schritt für Schritt auseinandersetzen:

a) Die Akzeptanzforschung

In der Innovations- und Akzeptanzforschung geht es im Wesentlichen um drei Fragen:
- Welche Faktoren bestimmen die Reaktion der Zielgruppen auf ein neues Produkt?
- Welche Perspektiven sind für die weitere Diffusion zu erwarten?
- Mit welchen Folgen ist zu rechnen (Stichwort: Technologiefolgenabschätzung)?

Dabei stehen verschiedene betriebswirtschaftliche und gesellschaftliche Fragestellungen im Vordergrund des Interesses.

Für die Ermittlung der zu erwartenden Kundenakzeptanz gibt es eine Reihe von Modellen (vgl. z. B. Silberer et al., 2002; Amberg et al., 2003; Lin, 2003). Ihnen ist zumeist gemein, dass sie das Akzeptanzsystem nach drei Ebenen unterteilen (vgl. Abb. 9).

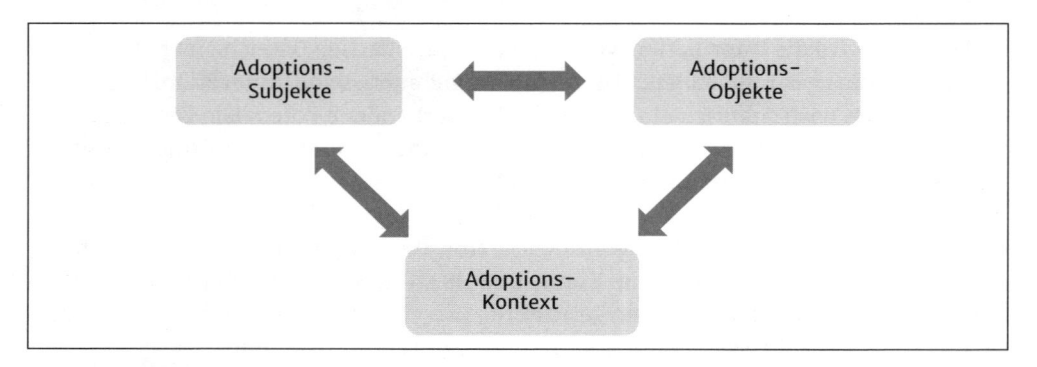

Abb. 9: Betrachtungsebenen der Akzeptanzforschung

Dabei wird davon ausgegangen, dass die individuelle Akzeptanz (durch die »Adoptionssubjekte«) der jeweiligen Innovation (»Adoptionsobjekt«) oft nicht freiwillig erfolgt, sondern durch Vorschriften oder andere Normen des Arbeitgebers, anderer Institutionen oder der Gesellschaft gefördert und im Extremfall erzwungen wird (»Adoptions-Kontext«).

Viele der vorhandenen Modelle konfrontieren den Nutzer mit hohen Anforderungen hinsichtlich der Operationalisierung der jeweils hervorgehobenen Bereiche.[41] Recht einfach umsetzen lässt sich z. B. das Modell von Amberg et al. (2003; S. 580, vgl. Abb. 10).

Zur Anwendung der Modelle gibt es zahlreiche Forschungstechniken. In jüngster Zeit finden webgestützte Techniken eine zunehmende Verbreitung (vgl. Daecke, 2009).

---

41 Vgl. z. B. das Modell von Kollmann (1998).

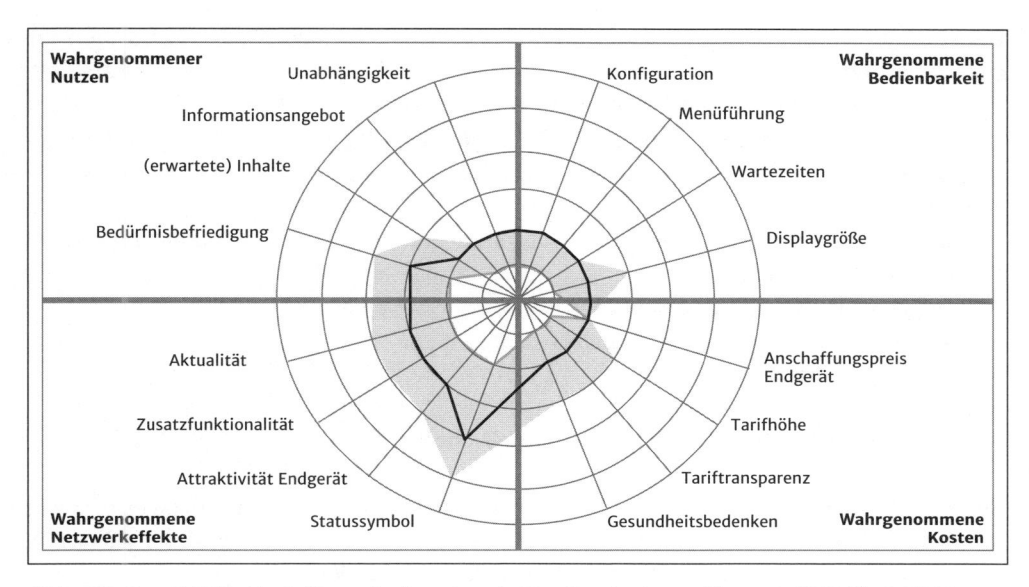

Abb. 10: Das DART-Modell von Amberg et al. (Quelle: Amberg, M. et al. (2003), S. 580)

In der Diffusionsforschung hat insbesondere der Ansatz von Rogers (2003, S. 281) Beachtung gefunden. Hier wird zunächst darauf hingewiesen, dass die potenziellen Zielgruppen Innovationen mit verschiedenen Geschwindigkeiten absorbieren (vgl. Abb. 11).

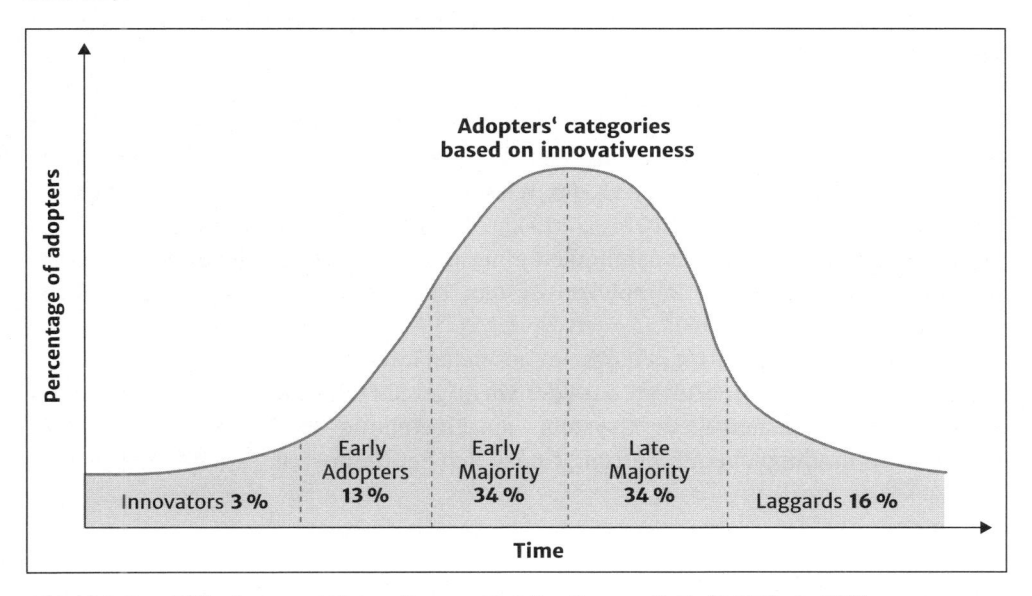

Abb. 11: Das Diffusionsmodell von Rogers (Quelle: Rogers, E.M. (2003), S. 281)

Dabei lässt sich keine Prognose darüber erstellen, ob a) wirklich alle fünf Stufen die Innovation nachfragen und b) wie die zeitlichen Abstände realiter sind. Nicht selten wird das Marktpotenzial überschätzt, weil eine Innovation rasch von verschiedenen Interessengruppen nachgefragt wird, die gegenüber der gesamten Zielgruppe aufgrund von spezifischen Ausprägungen ihres Nutzerverhaltens in keiner Weise repräsentativ sind.

Für den Zeitrahmen der Adoptionsrate sind entsprechend Rogers vor allem fünf Faktoren von Relevanz:
1. Der Nutzenzuwachs der Innovation
2. Die Adäquanz gegenüber dem Bedarfsprofil
3. Die Komplexität[42]
4. Die Möglichkeit des Austestens
5. Die Sichtbarkeit des Produkts in der Gesellschaft.[43]

Auch wenn das Modell von Rogers häufig kritisiert wurde (unter anderem da es im recht speziellen Sektor der Saatgutindustrie entwickelt wurde), hat kein anderer Ansatz in der Literatur jemals eine vergleichbare Verbreitung gefunden.

b) Wissensmanagement
Unter Wissensmanagement versteht man ein System zur Aufnahme, Speicherung, Weiterleitung und Verarbeitung von Informationen in einer Organisation. Das Thema gelangte während der 1990er-Jahre in den Fokus von Analysen und Empfehlungen zur modernen Unternehmenssteuerung. Es blieb etwa zehn Jahre im Blickfeld, bevor das Interesse wieder deutlich zurückging (Meier/Weller, 2014; Sauter/Scholz, 2015, vgl. Abb. 12).

Sauter und Scholz identifizieren inzwischen eine neue Generation des Wissensmanagements, die weniger als die Modelle in den 1990er-Jahren technikgetrieben ist. Im konzeptionellen Ansatz stehen hingegen die Integration in das System der Unternehmensziele und die Aktivierung der Wissensressourcen auf Mitarbeiterebene im Vordergrund (Scholz/Sauter, 2015, S. 14).[44] Von zentraler Bedeutung ist in diesem Zusammenhang die Absorptionsfähigkeit einer Organisation gegenüber den Wissensbeständen, die von einem komplexen System bereitgestellt werden (vgl. González Campo/Hurtado Ayala, 2014).

Anand et al. (2015) haben in einer umfassenden Literaturanalyse festgestellt und in einer eigenen Erhebung validiert, dass der wichtigste Erfolgsfaktor für die Funktionsweise eines Wissensmanagementsystems die Einstellung des Topmanagements sei. Eine ähnlich umfängliche Auswertung findet sich bei Helm et al. (2007). Dort gelangt

---

[42] Eine hohe Komplexität führt häufig zu Verzögerungen im Nachfrageverhalten, teils sogar dazu, dass bestimmte Zielgruppen vom Erwerb des Produkts gänzlich Abstand nehmen.
[43] In der Automobilindustrie ist es nicht unüblich, dass neue Modelle in frühen Phasen oft in erster Linie deswegen im Verkehr eingesetzt werden, um das Interesse der Zielgruppen zu stimulieren.
[44] Vgl. hierzu auch Bagnoli/Vedovato (2014).

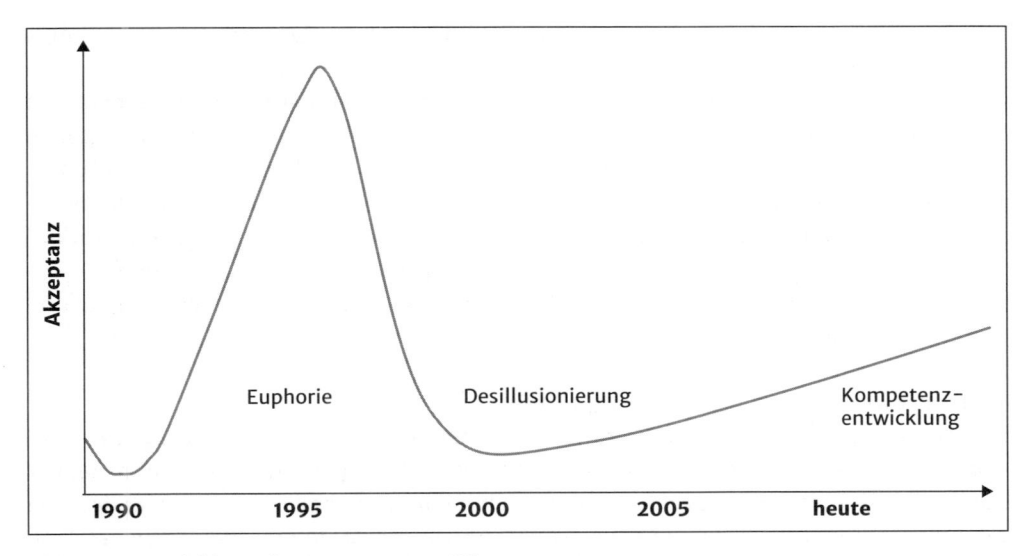

Abb. 12: Entwicklung des Interesses an Wissensmanagement
(Quelle: Sauter, W./Scholz, C. (2015), S. 2)

man nach Auswertung von fast 40 Studien zu dem Thema zu der in Schaubild 13 gezeigten Übersicht (ebd., S. 230).

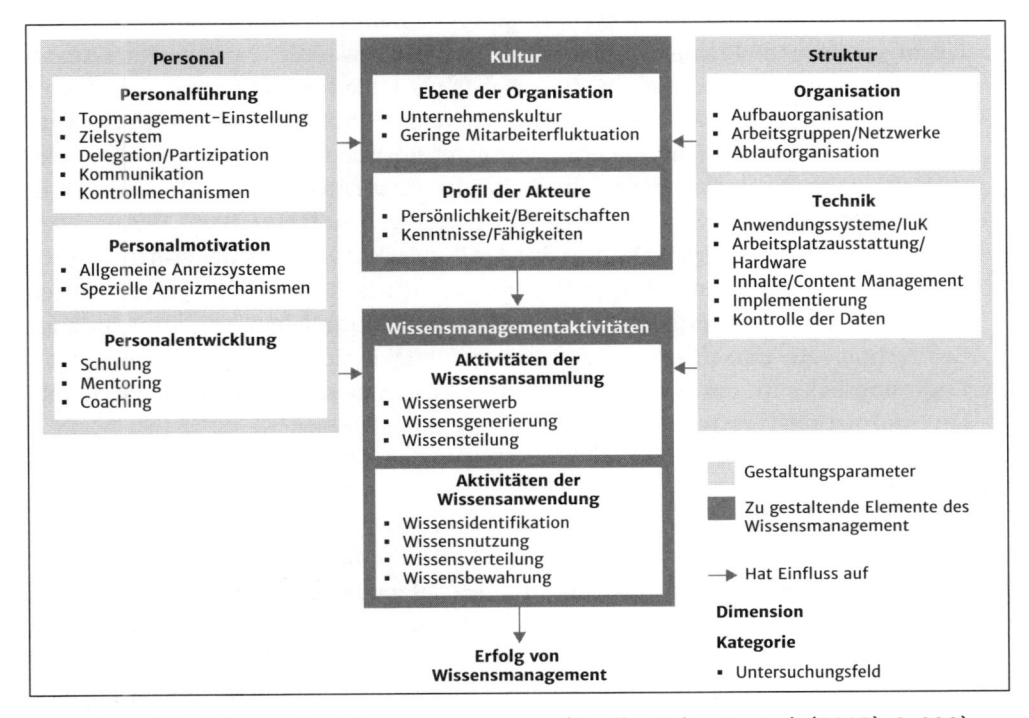

Abb. 13: Erfolgsfaktoren im Wissensmanagement (Quelle: Helm, R. et al. (2007), S. 230)

Mit der in der Übersicht dargestellten Komplexität wird deutlich, dass die Funktionsfähigkeit eines Wissensmanagements nicht (nur) von bestimmten Tools abhängt, sondern auch von den generellen Aktionsbedingungen des jeweiligen Gesamtsystems auf Nutzerebene. Die Aussichten, dass sich dieses System über ein ausgefeiltes Modell zum Wissensmanagement quasi automatisch ändern wird, haben sich als zu optimistisch erwiesen. Insbesondere die kulturbezogenen Komponenten oder die damit teils in engem Zusammenhang stehenden Attribute der Belegschaft dürften über die Einführung von neuen Wissensmanagementsystemen allenfalls längerfristig geändert werden. Eher ist zu erwarten, dass diese Rahmenbedingungen bestimmen werden, ob und wie ein neues System in der Organisation funktioniert.

c) Informationsverarbeitung in Organisationen

Das Thema »Informationsverarbeitung in Organisationen« wurde in der Literatur insbesondere in den 1970er- und 1980er-Jahren behandelt. Viel Beachtung hat dabei vor allem der »Information Processing Approach« von Tushman/Nadler (1978, S. 622) gefunden. Im Mittelpunkt steht bei diesem Ansatz meist die Grenze menschlicher Aufnahmefähigkeit gegenüber neuen Informationen (vgl. Kouba, 2014).

Die beiden Autoren integrieren damit die drei zentralen Perspektiven, die in diesem Themenzusammenhang lange Zeit die wissenschaftliche Diskussion beeinflusst hatten:
- Die verhaltenswissenschaftliche Perspektive (insbesondere March/Simon, 1958), die zum Ausdruck bringt, dass Innovationsentscheidungen oft irrationalen Filtermechanismen in der Informationsverarbeitung unterliegen, wobei der Aspekt der Komplexitätsreduktion eine zentrale Rolle spielt. Demnach neigen Individuen dazu, Lösungen für neue Probleme zunächst im Umfeld bewährter Verhaltensmuster zu suchen, und erst wenn diese scheitern, haben veritable Innovationen eine Chance.
- Die strukturbezogene Variante (z. B. Burns/Stalker, 1961), die das Informationsverhalten aus bestimmten Parametern zur organisatorischen Gestaltung ableitet. Hier spielen insbesondere die Aspekte eine Rolle, die wir im Abschnitt zum Thema Kultur noch näher behandeln werden (vgl. die Bemerkungen zu Hage/Aiken, 1970).
- Die technologieorientierte Variante (Grochla/Kubicek, 1976), bei der es darum geht, wie Organisationen eine Harmonisierung zwischen den technologieinduzierten Erwartungen und den organisatorischen Regelungen erreichen, wie diese im Zuge des Technologie-Einsatzes verändert werden und wie sich diese Entwicklungen als Erklärungsbasis für ein Zusammenwirken zwischen menschlichen und maschinellen Informationsverarbeitungsprozessen verwerten lassen.

d) Fazit

Die drei Ansätze starten zunächst einmal an sehr unterschiedlichen Ausgangspunkten. Geht es bei der Akzeptanzforschung in erster Linie um die antizipierte Erfassung zur Rezeptivität des Zielgruppensystems im Hinblick auf geplante Innovationen, so stehen bei den beiden anderen Ansätzen Fragen zur verbesserten Nutzung externen bzw. zur zuverlässigeren Kommunikation internen Wissens im Vordergrund. Die Beiträge sind mitunter von hohem akademischem Abstraktionsniveau, sodass deren Gestaltungsrelevanz nicht immer evident ist. Dies war schon 1958 bei der vielbeachteten Arbeit von

March & Simon der Fall, die in der Konsequenz viel Verwirrung mit der Frage stiftete, welche Konsequenzen Unternehmen aus den damit vorliegenden Gedankenmodellen zum Thema Innovation ziehen können (vgl. Kieser/Kubicek, 1978). Dieses Problem hinsichtlich der Transferierbarkeit akademischen Wissens wird im folgenden Abschnitt noch genauer behandelt werden.

2.7 Erfolgsfaktor Kultur

2.7.1 Beschreibung

Die Organisationskultur umfasst das System der Werte und Normen und der davon abgeleiteten Handlungsformen, die sich in dem jeweiligen sozialen System etabliert haben. Im Modell von Schein (2003) sind dabei drei Ebenen zu unterscheiden:
- die sichtbaren Regeln, Strukturen und Verhaltensweisen, über die das Wertesystem in einen organisatorischen Rahmen umgesetzt wird.
- die dahinterstehenden Werte, welche die Einstellungen der beteiligten Individuen bestimmen.
- die dafür maßgeblichen Grundannahmen, die so selbstverständlich sind, dass sie nicht mehr bewusst wahrgenommen werden.

Die Organisationskultur gilt als wesentlicher Faktor für die Leistungsfähigkeit[45] der jeweiligen Institution (Peters/Waterman, 1982). Verschiedene Studien von Denison et al. (Denison/Mishra, 1995; Denison/Neale, 1996; Fey/Denison 2003) weisen darauf hin, dass in diesem Zusammenhang vor allem vier Faktoren von Relevanz sind: Anpassungsfähigkeit, Konsistenz,[46] Zielorientierung und Mitarbeiterbeteiligung. Dabei wird ein Modell zur Beschreibung einer Organisationskultur präsentiert (vgl. Abb. 14).

Das Modell von Fey/Denison ist damit an zwei zentralen Dimensionen ausgerichtet: der Verknüpfung zwischen Außen- und Innenorientierung sowie der Balance zwischen Flexibilität und Stabilität. Davon werden einerseits das Zielsystem abgeleitet und andererseits Verhaltensformen für dessen organisatorische Umsetzung, wie etwa die Koordination von Handlungen und Entscheidungen, der Aufbau sowie die Pflege von Kompetenzen und Befugnissen oder die Kundenorientierung.

In der Literatur zur Organisationstheorie wird weiterhin zwischen starken und schwachen Kulturen unterschieden. Starke Kulturen zeichnen sich dadurch aus, dass sie sehr eindeutig formuliert, dass sie konsequent (teils sogar unkritisch) befolgt, dass

---

45 Im englischen Sprachgebrauch hat sich dafür der Begriff »Organizational Effectiveness« etabliert; sie bemisst sich entsprechend Aydin/Ceylan (2009) insbesondere am Grad der Kunden- und Mitarbeiterzufriedenheit, dem Engagement und den Wachstums- und Ertragsergebnissen.

46 Damit bezieht er sich auf die Stabilität und Berechenbarkeit des Wertesystems in dessen Anwendung.

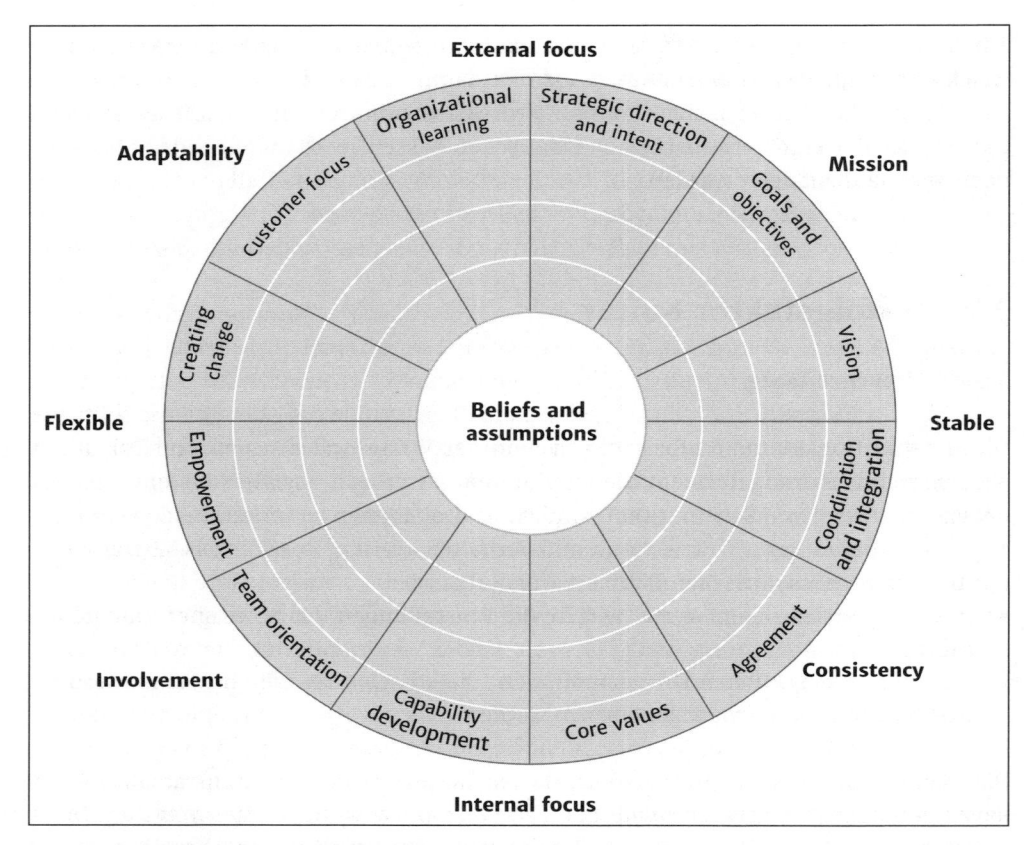

Abb. 14: Das System der Innovationskultur nach Denison
(Quelle: Sharifirad, M. S./Ataei, V. (2012), S. 499)

sie von der Mehrzahl der Mitarbeiter respektiert und dass sie über einen längeren Zeitraum nicht geändert werden (Steinmann/Schreyögg, 1997).

Eine Innovationskultur in einem Unternehmen besteht entsprechend Dobni (2008) vor allem aus vier Dimensionen:
- Prioritätensetzung zugunsten von Neuerungen
- Innovationsinfrastruktur
- Marktorientierung
- Umsetzungskonsequenz

Man unterscheidet hier zwischen mehr forschungsgetriebenen und mehr marktorientierten Firmen. Erstere bieten bessere Chancen für Technology Pushs, weisen jedoch ein höheres Flop-Risiko auf. Letztere stellen hingegen mehr inkrementelle Innovationen in den Vordergrund und orientieren sich dabei an aktuellen Kundenbedürfnissen. Sie agieren dadurch auf einem risikoärmeren Terrain als die erstgenannte Gruppe, sind damit aber auch auf Innovationen mit eher geringem Neuheitsgrad konzentriert.

2.7.2 Die Relevanz für das Innovationspotenzial

Die Organisationskultur kann für die Innovationsfähigkeit von entscheidender Bedeutung sein (vgl. hierzu McLaughlin et al., 2008; O'Connor et al., 2008; Tellis et al., 2009). Sie beeinflusst die Innovationsfähigkeit eines Unternehmens insbesondere durch folgende Aspekte:

Stellenwert von Innovationen
Auch wenn es in der Presse bisweilen anders artikuliert wird, sind Innovationen nicht per se positiv. Keinesfalls ist auch damit zu rechnen, dass in der Mehrzahl der Firmen die Mehrzahl der Mitarbeiter Innovationen gegenüber grundsätzlich positiv eingestellt sind. Innovationen können Abläufe verzögern oder gar parallelisieren und damit das Tagesgeschäft blockieren, die Rentabilität beeinträchtigen und somit das Unternehmen im Extremfall in ein organisatorisches Chaos und eine finanzielle Schieflage bringen. Für Mitarbeiter können sie zu einer Verunsicherung über die in sie gesetzten Erwartungen, zu einer Angst vor Überforderung und damit letztlich auch zu einem Leistungsabfall führen, der mit einem schmerzhaften Statusverlust einhergeht. Insbesondere Prozessinnovationen resultieren kurzfristig häufig in Arbeitsplatzverlusten. Das Wirkungsspektrum von Innovationen tangiert damit sehr sensible Bereiche des Unternehmens. Da aber niemand als »innovationsfeindlich« gelten will, ist damit zu rechnen, dass Widerstände nicht offen artikuliert werden und dass als Gegenargumente oft Vorwände über mutmaßliche Risiken ins Feld geführt werden. Damit ergeben sich für Innovationsvorhaben viele Spannungspotenziale. Es wird dabei im Wesentlichen von der Organisationskultur abhängen, wie diese aufgelöst werden. Dies gilt für die Priorisierung von Innovationen generell wie auch für die Bewältigung von Widerständen im System.

Einordnung von Kreativität
Einschlägige Studien belegen, dass Kreativität sehr stark vom kulturellen Kontext abhängig ist, in dem das Individuum arbeitet (z. B. Chiu/Kwang, 2010; De Dreu, 2010; Wang, 2011). So ist z. B. schon das Verständnis von Kreativität in hohem Maße kulturgeprägt (Lubart, 2009). Die vorliegenden Untersuchungen beziehen sich in erster Linie auf unterschiedliche nationale Kulturen. Es ist allerdings damit zu rechnen, dass ähnliche Wahrnehmungsdifferenzen bei unterschiedlichen organisatorischen, professionellen und methodischen Kultursystemen im Arbeitsleben vorliegen. So ist z. B. nicht auszuschließen, dass ein Mitarbeiter in FuE eine kreative Leistung grundsätzlich anders einstuft als ein Vertriebsmitarbeiter, während beiden im gleichen Innovationsprozess eine wichtige Rolle zukommen kann. Mit dem kulturellen System in einer Organisation wird daher bestimmt, wie Kreativität einzuordnen ist und welche kreativen Leistungen positiv gewertet werden. Ebenso wie Innovation muss Kreativität trotz landläufiger Meinung nicht grundsätzlich positiv wahrgenommen werden. Sie kann zulasten der Berechenbarkeit, der Effizienz und der Stabilität eines Ablaufsystems gehen.

Förderung der Ideenentwicklung
Für einen Unternehmensberater, der von der Geschäftsleitung damit beauftragt wurde, ein Problem zu lösen, stellt sich in der Situationsanalyse oft heraus, dass einzelne Mitarbeiter genau wüssten, wie man die angestrebten Verbesserungen erreichen könnte. Nicht nur deswegen gilt als sicher, dass in vielen Organisationen viele Ideen schlummern, die zum Ausgangspunkt von Innovationen werden könnten. Um derartige Konstellationen brachliegender Kreativität zu vermeiden, wurde in vielen Firmen zunächst ein »betriebliches Vorschlagswesen« und später ein »Ideenmanagement« eingerichtet. Beide Initiativen haben sicher nicht überall zu den Lösungsbeiträgen geführt, die man erwartet hatte, und in einigen Fällen bedarf es schon eines hohen Maßes an definitorischer Flexibilität, um die vorgetragenen Verbesserungsvorschläge noch als Basis für Innovationen zu werten. Dies liegt unter anderem daran, dass beide Initiativen als eher zaghafte Versuche zu werten sind, die Organisationskultur partizipationsorientierter zu gestalten. Viele Firmen sind noch weitergegangen, indem sie grundlegende strukturelle Änderungen veranlasst haben. Mitunter hat dies dazu beigetragen, dass Unternehmen sich nun mit einer Vielzahl von Ideen oder — weitaus schlimmer — Projekten wiederfinden, die zu Steuerungsdefiziten im organisatorischen Innovationsgeschehen beitragen.

Priorisierung verschiedener Innovationsvorhaben
Der vorhergehende Abschnitt verdeutlicht, dass die Selektion von Ideen mindestens genauso wichtig ist wie deren Entwicklung. Dabei geht es nicht nur um die Priorisierung der Beiträge, die bottom-up generiert wurden; gleichzeitig sind diese mit Vorhaben, die von zentraler Stelle geplant sind, auszutarieren. Damit ist ein Interessenkonflikt vorprogrammiert. Es wird von den kulturellen Rahmenbedingungen abhängen, wie dieser aufgelöst wird. Die Art und Weise hat erhebliche Auswirkungen auf das weitere System. Wenn an dezentraler Stelle wahrgenommen wird, dass die dort entwickelten Ideen zum größten Teil nicht durch den »Innovation Funnel«[47] gelangen, dann ist damit ein hohes Risiko gegeben, dass die Betroffenen Frustrationseffekte zeigen, welche die weitere Ideenentwicklung beeinträchtigen. Diese sind möglicherweise noch höher, wenn wahrgenommen wird, dass Ideen anderer Mitarbeiter der gleichen Ebene berücksichtigt wurden. Das System der Priorisierung ist dabei eine Folge der Organisationskultur und trägt mit seinen normativen Wirkungen in Bezug auf individuelles Verhalten gleichzeitig zu deren Stabilisierung oder auch Veränderung bei.

Umsetzung von Innovationen
Hier geht es einerseits um eine partizipationsorientierte Einbindung der Betroffenen und anderseits um Konsequenz und Geradlinigkeit in der Durchführung des Vorhabens. Die beiden Prinzipien erfordern damit sehr unterschiedliche Interaktionsstile des Projekt-Promotors; eine Balance zwischen kooperativen und autoritären Elementen im Führungsverhalten ist erforderlich. Die Art der Gewichtung wird wiederum von der Kultur abhängen. Mitarbeiter in egalitär geprägten Kultursystemen werden auf Umsetzungsaktivitäten, die in erster Linie an Effizienzgesichtspunkten ausgerichtet sind,

---

47 Vgl. hierzu das »Pentathlon-Framework« von Goffin/Mitchel (2005).

anders reagieren als Mitarbeiter in sehr hierarchisch orientierten Systemen. In Organisationen mit zentralistisch ausgeprägtem Interaktionsgefüge korrespondiert ein autoritärer Führungsstil oft eher mit der Erwartungshaltung von Beteiligten, die klare Vorgaben wünschen, während die gegenteilige Variante als Führungsschwäche empfunden werden kann. Man kann sicher versuchen, mit der Umsetzungsweise in einem Projekt neue kulturelle Akzente zu setzen, allerdings besteht stets das Risiko, dass dies zu unerwarteten Widerständen führt, die nicht offen artikuliert werden, was den Umsetzungserfolg letztlich behindern wird.

Messung des Innovationserfolgs
Die Kultur einer Organisation hängt letztlich stark davon ab, wie individuelle Leistungen positiv oder negativ sanktioniert werden. In der Praxis kann es hier zu sehr unterschiedlichen Kombinationen zwischen subjektiven[48] und objektiven[49] Elementen kommen. Wenn in einer paternalistisch geprägten Kultur zur Messung der Leistungen in einem Innovationsprojekt sogenannte »Key Performance Indicators« definiert werden, so kann dies die Mitarbeiter per se verunsichern und sich damit auf den Innovationserfolg letztlich negativ auswirken. Eine typische Folge wäre, dass die Mitarbeiter systematisch Argumente dafür generieren, weshalb sie die quantitativen Ziele nicht erreichen können; dies könnte seinen Ausdruck z. B. in einem Overdoing im Tagesgeschäft finden.

Damit wird deutlich, dass der Innovationserfolg auf allen Ebenen kulturabhängig ist. Die besten Strategien, Innovationsideen und Projektkonzepte werden fragwürdige Erfolgsaussichten haben, wenn sie die kulturelle Ausgangssituation nicht hinreichend berücksichtigen. Unternehmen können versuchen, die Kultur über Innovationsprojekte zu ändern, allerdings ist dies für die betreffenden Vorhaben mit hohen Risiken verbunden. Ein Projekt ist zeitlich stets relativ eng befristet, während ein angestrebter Kulturwandel meist nur dann erfolgreich sein kann, wenn man hierfür einen langen Atem mitbringt. Aus diesem Grund haben sich in der Vergangenheit zahlreiche Unternehmen angeschickt, innovative Vorhaben aus dem institutionellen System der bestehenden Kultur auszugliedern[50] (z. B. Bayer, Evonik oder Daimler).

2.7.3 Gestaltungsansätze

Zum Themenfeld Kultur wird in der vorliegenden Literatur größtenteils eine sozialwissenschaftlich geprägte Perspektive verfolgt, anders als etwa beim Thema Strategie, bei dem mehr betriebswirtschaftliche Aspekte im Vordergrund stehen. Entsprechende Unterschiede gibt es in der Natur der generierten Beiträge: Während die Literatur zum strategischen Management sich zu einem großen Teil auf die Entwicklung heuristischer Modelle konzentriert, folgt die Literatur zur Innovationskultur weitgehend einem

---

48 Etwa dann, wenn die Beurteilung sich nach der persönlich empfundenen Zufriedenheit richtet.
49 Bei der Verwendung von Kennzahlen.
50 Z. B. auf der Basis eines Start-ups.

empirisch-analytischen Ansatz. Auch in der betrieblichen Praxis scheint dies nicht ohne Folgen zu bleiben. Ein weitverbreitetes Phänomen in den Unternehmen der westlichen Volkswirtschaften ist es jedenfalls, dass Prozesse der Strategieentwicklung und der Organisationsentwicklung oft von völlig unterschiedlichen Akteuren mit unterschiedlichen Instrumenten und Vorgehensweisen in Angriff genommen und dann allenfalls oberflächlich miteinander verzahnt werden.

Welche Erkenntnisse aus der Literatur erscheinen für die praktische Gestaltung des Innovationsmanagements von besonderer Relevanz? Die wesentlichen Determinanten einer innovationsfreundlichen Organisationskultur[51] waren bereits in den 1960er- und 1970er-Jahren bekannt. Die damaligen Beiträge von Autoren wie Burns & Stalker (1961) oder die bereits erwähnten Hage & Aiken (1970) sind bis heute relevant. Dabei wurden insbesondere folgende Determinanten ins Feld geführt, die sich je nach Ausprägung positiv oder negativ auf das Innovationspotenzial auswirken können:

- »Specialization«: Eine hohe Fragmentierung organisatorischer Aufgaben im Sinne des Taylorismus führt entsprechend Burns & Stalker dazu, dass Menschen sich weniger mit ihrer Aufgabe identifizieren, den Blick aufs Ganze verlieren und damit weniger kreativ sind.
- »Complexity«: Mit diesem Ausdruck umschreiben Hage & Aiken den Differenzierungsgrad an beruflichen Qualifikationen. Dieser ist mit der Innovationsaktivität in der Regel positiv korreliert, da Fachexperten eher dazu neigen, sich in ihren Spezialgebieten informiert zu halten und die Diversität unterschiedlicher Qualifikationen eine kognitive Bereicherung ermöglicht; anders als Burns & Stalker verwenden Hage & Aiken den Spezialisierungsbegriff nicht für die funktionale Aufgabengliederung im Stellensystem, sondern für die fachliche Qualifizierung der Stelleninhaber.
- »Centralization«: Die Konzentration von Entscheidungsbefugnissen auf höheren Hierarchieebenen behindert den Kommunikationsfluss und damit die Chance, dass kreative Ideen von Mitarbeitern Berücksichtigung finden.
- »Formalization«: Über einen hohen Grad an schriftlich fixierten Regelvorgaben wird Anpassungsdruck auf die Mitarbeiter ausgeübt und damit kreatives Denken behindert.
- »Stratification«: Ein hochdifferenziertes System an betrieblichen Anreizen (vor allem materieller Natur) motiviert Mitarbeiter dazu, Veränderungen zu vermeiden, um Verluste im Status beim Erhalt von Privilegien zu verhindern.
- »Efficiency«: Da Innovationen fast immer ein Potenzial besitzen, betriebliche Abläufe im etablierten System zu stören, führt eine starke Effizienzorientierung dazu, Innovationen kritisch zu sehen.
- »Job Satisfaction«: Zufriedene Mitarbeiter weisen einen höheren Identifikationsgrad gegenüber ihrem Arbeitgeber auf und tragen deshalb häufiger mit konstruktiven Vorschlägen zu Innovationen bei.

Einen Überblick zu weiteren Faktoren bietet der Artikel von Naranjo-Valencia & Caldérón-Hernández (2015, S. 232). Basierend auf einer umfassenden Literaturanalyse

---

[51] Ein breiter Überblick zur vorhandenen Literatur findet sich bei Ahmed (1998).

haben die beiden Autoren ergänzend zu der oben angeführten Übersicht unter anderem folgende Determinanten zusammengefasst:
- Fehlertoleranz: In Japan hat dieser Aspekt insbesondere in der vorwettbewerblichen Forschung eine hohe Bedeutung. Honda etwa toleriert hier eine Fehlerquote von 90 %.
- Konfliktmanagement: Hier wird davon ausgegangen, dass Konflikte per se nicht schädlich sind, sondern für Innovationsprozesse sogar hilfreich sein können; negativ wirken allenfalls Irrationalitäten bei deren Austragung.
- Führungsstil: Analog zu den vorherigen Bemerkungen wird eine partizipative Variante als vorteilhaft gewertet.
- Kommunikationsqualität: Dabei geht es vor allem um den Aspekt der Offenheit und den Einsatz von sogenannten »Boundary Spanning Individuals« in Organisationen (vgl. Abschnitt 3.5).
- Entscheidungsflexibilität: Da Innovationen meist mit hohen Unsicherheiten verbunden sind, ist es wichtig, Entscheidungen rasch zu revidieren, wenn eine verbesserte Informationslage im Projektverlauf dies geboten erscheinen lässt.

Insgesamt lässt sich aus der vorliegenden Literatur die Folgerung ableiten, dass eine innovationsfreundliche Kultur sich dadurch auszeichnet, dass die Mitarbeiter möglichst viel Freiraum für kreative Entfaltung finden, dabei in heterogen zusammengesetzten Teams kooperieren und breit angelegte Aufgaben bearbeiten. Dafür gibt es auch in der neueren Organisationsforschung zahlreiche empirische Belege.[52] Interessanterweise scheint dies auch für Landeskulturen zu gelten, die entsprechend Hofstede einen hohen Macht-Distanz-Index aufweisen (Hofstede 2001):
- In einer Erhebung bei 471 spanischen Unternehmen wurde festgestellt, dass eine »Adhocracy« Innovation fördert, während Organisationssysteme mit hohem Zentralisierungsgrad letztlich dazu führen, dass Unternehmen sich mehr auf Imitationen konzentrieren (Naranjo-Valencia et al. 2011).
- Bei einer Befragung von 339 malaysischen Managern kam heraus, dass starke hierarchische Unterschiede den Innovationsprozess verlangsamen (Naqshbandi et al. 2015).
- Eine Umfrage bei 215 Mitarbeitern im Iran hat zu dem Ergebnis geführt, dass Innovation vor allem durch Zentralisierung und Formalisierung behindert wird (Yagoubhi-Ferani et al. 2014).

2.8 Empfehlungen aus der Literatur im Spiegelbild praktischer Anwendung

Die vorliegende Literatur enthält zahlreiche Hinweise zu den Erfolgsbedingungen betrieblicher Innovationen sowie zu den dafür erforderlichen Realisierungsmöglichkeiten. In der betrieblichen Praxis werden seitens der Firmen seit vielen Jahren umfäng-

---

52 Eine Übersicht findet sich z. B. bei Naranjo-Valencia/Calderón-Hernández (2015, S. 226).

liche Anstrengungen zur Verbesserung der Innovationsleistung in Angriff genommen. Die meisten der Konzerne, in denen wir Interviews durchführten, haben im letzten Jahrzehnt zentrale Organisationseinheiten zur Förderung von Innovationen eingerichtet. Zum Thema Innovation liegen damit sowohl umfassende Kenntnisse als auch zahlreiche Erfahrungen vor. Das war allerdings schon vor 15 Jahren so. Seither haben verschiedene Studien zu der Erkenntnis geführt, dass die Mehrzahl der Innovationsvorhaben nicht erfolgreich verläuft, teilweise deshalb, weil immer wieder die gleichen Fehler begangen werden.[53] In diesem Kapitel werden wir uns nun mit der Frage auseinandersetzen, warum dies so ist, und gleichzeitig erläutern, warum es sich voraussichtlich nicht ändern wird.

Zu einem Scheitern kann es kommen, wenn es nicht gelingt,
- aus einer innovativen Idee ein Projekt zu entwickeln;
- ein Projekt in einen Business Case zu überführen;
- mit einem Business Case eine zufriedenstellende Rentabilität oder kompensatorische Effekte nichtmonetärer Art zu realisieren.

Grundsätzlich gilt: Je früher eine Initiative gestoppt wird, desto geringer ist der finanzielle Schaden: »*fail fast, fail cheap*«.[54] Wenn aber kreative Ideen fast nie bis zur kommerziellen Umsetzung gelangen, kann das nachteilige Konsequenzen für das Innovationspotenzial generell nach sich ziehen.

Manche Firmen scheitern daran, aus dem Scheitern zu lernen. Dies geschieht meist dann, wenn
- in einer Organisation Scheitern grundsätzlich negativ bewertet wird;
- Mechanismen etabliert werden, die das Scheitern verbergen;
- Projekte versanden, anstatt offiziell gestoppt zu werden;[55]
- die wahren Gründe des Scheiterns nicht transparent werden (etwa im Fall von dezenten Sabotage-Akten, für die es entlang der Wertschöpfungskette mannigfaltige Möglichkeiten gibt).

Es kann dann passieren, dass immer wieder die gleichen Fehler begangen werden — so wie es im Innovationsmanagement üblich zu sein scheint.[56]

Was sind nun die Gründe dafür, dass Innovationsprojekte oft nicht entsprechend den Erwartungen der beteiligten Akteure verlaufen? Wir gehen dieser Frage im Folgenden systematisch nach und befassen uns daher noch einmal mit den sechs Erfolgsfaktoren aus den vorhergehenden Abschnitten im Hinblick auf typische Probleme in der Praxis. Teils rekurrieren wir dabei auf vorliegende Studien, teils auf Beobachtungen des Autorenteams, die wiederum auf langjährige Tätigkeiten in Beratungs- und Linienfunktionen, bis auf Geschäftsführungsebene, zurückgehen.

---

53 Siehe hierzu die Hinweise in der Einleitung.
54 Zitiert aus dem Bericht von Armin Czeppel (Bosch GmbH).
55 Entsprechend einer Analyse von Simester/Zhang (2010) liegt ein Kernproblem im Innovationsmanagement vieler Unternehmen darin, dass Vorhaben, die wenig erfolgsträchtig sind, nicht schnell genug abgebrochen werden.
56 Vgl. hierzu die Bemerkung von Cooper (1979) in der Einleitung.

2.8.1 Erfolgsfaktor Strategie: Typische Probleme in der Praxis

In unserer Gesellschaft haben wir zum Thema Strategie ein in sich widersprüchliches Verhältnis: Einerseits wird es, insbesondere auf betrieblicher Ebene, negativ gesehen, keine Strategie zu haben; andererseits orientiert sich individuelles und institutionelles Handeln zum überwiegenden Teil nicht an strategischen Vorgaben. Insbesondere in Krisensituationen werden strategische Grundsätze meist rasch über Bord geworfen, wie viele andere Normen auch. Im Prinzip sollen Strategien helfen, solche Spannungsfelder zu vermeiden. Ein direkter Wirkungserfolg darf jedoch bezweifelt werden. Kundernatsch/Fleschhut (2005) weisen darauf hin, dass es weniger auf die Strategie an sich als vielmehr auf deren Umsetzung ankommt und führen dabei einige Beispiele von Firmen an, die trotz überzeugender Strategien in finanzielle Schieflagen geraten sind.[57]

Bedeutende internationale Beachtung hat ein Beitrag von Mintzberg (1994) gefunden, aus dem sich die These ableiten lässt, dass eine Strategie den Innovationserfolg sogar behindern kann. Häufig geht die Fixierung einer Strategie mit Prozessen der Zentralisierung und Formalisierung einher und mindert damit die Reaktionsfähigkeit einer Organisation gegenüber innovationsorientierten Herausforderungen. Hage & Aiken hatten bereits 1970 darauf hingewiesen, dass das betriebliche Innovationspotenzial dadurch erheblich beeinträchtigt werden kann.

In der betrieblichen Praxis gibt es kein einheitliches Muster für die Entwicklung von Strategien. Das Spektrum reicht von hochkomplizierten Schemata, die sich nur unter erheblichem Zeit- und Ressourcenaufwand und teilweise auch nur mit externer Unterstützung konzipieren bzw. anwenden lassen, bis zu zeitlich sehr stark begrenzten Einzelleistungen, bei denen intuitive Elemente einen höheren Stellenwert erlangen als systematische Informationsverarbeitung. Ein eindeutiger Trend ist nicht erkennbar, wohl aber eine Vielzahl häufig auftretender Fehler bzw. Probleme, wie z. B.:

- Strategien werden erst dann entwickelt, wenn das Unternehmen mit dem Rücken zur Wand steht und stattdessen eher ein Liquiditätssicherungsmodell benötigen würde.
- Vielerorts besteht ein Hang zur Simplifizierung, dem insbesondere der Visualisierungseffekt der Portfolio-Techniken in subtiler Weise gerecht wird. Dabei wird oft nicht hinreichend berücksichtigt, dass eine Verengung auf zwei Dimensionen die Realität in der Regel nicht adäquat widerspiegeln kann.
- Pfeiffer (1991) hat aufgezeigt, dass man in Portfolio-Techniken auch mehr als nur zwei Dimensionen berücksichtigen kann. Allerdings ist das dabei vorgestellte Schema so kompliziert, dass es hohe Anforderungen in der operativen Anwendung mit sich bringt. Überdies ist auch hier stets eine Orientierung an einer geraden Zahl an Dimensionen erforderlich.
- Individuelle Beiträge einzelner Organisationsmitglieder werden in endlos erscheinenden Gegenstromsystemen[58] verwässert, bis sich mit dem Ergebnis niemand mehr recht identifizieren kann.

---

57 Vgl. hierzu auch die Argumentation bei Foschiani/Scheurer (2013).
58 Zum Begriff vgl. Wild (1973).

- Im Innovationsprozess gibt es oft keine erkennbare Verbindung zwischen den Vorhaben und der Firmenstrategie (Cooper et al., 1998; Blichfeldt/Eskerod, 2008).

Aus diesen Zusammenhängen wird deutlich, dass weder die Sensibilität für die Notwendigkeit einer Strategie noch das Engagement zu deren Entwicklung zwangsläufig zu einer verbesserten Innovationsaktivität führen muss, ja sogar gegenteilige Effekte nach sich ziehen kann. Strategien können auch eine Alibifunktion haben, wenn Manager mit ihrer Arbeit ansonsten überfordert sind.

Keinesfalls darf aus diesen Erkenntnissen die Folgerung abgeleitet werden, dass es besser ist, im betrieblichen Innovationsverhalten auf Strategiearbeit gänzlich zu verzichten. Schon die mit einer Strategieentwicklung einhergehenden Informationsverarbeitungsprozesse werden die Beurteilungskompetenz zur Einstufung der Perspektiven von Innovationschancen verbessern. Allerdings wird das Ergebnis nur eine grobe Orientierung ermöglichen. Vermutlich ist der Prozess daher wichtiger als das Ergebnis, zumindest, wenn dieser in einer gewissen Geradlinigkeit verläuft und nicht zu viele divergente Individualinteressen miteinander zu harmonisieren versucht. Andernfalls kommt es zu einer unbefriedigenden Relation zwischen Aufwand und Ertrag, damit zu einer Frustration der Beteiligten und letztlich auch zu disziplinarischen Problemen in der Umsetzung.

2.8.2 Erfolgsfaktor Topmanagement-Support: Typische Probleme in der Praxis

In dem bereits erwähnten Artikel von McKinsey (Barsh et al., 2008) wird konstatiert: »*Our research implies that most senior executives do not actively encourage and model innovative behaviour*«. Etwa 65 % der von McKinsey befragten Topmanager waren mit der Ausübung ihrer Rolle in diesem Zusammenhang selbst unzufrieden (ebd.). Letzteres bedeutet, dass die Topmanager für die Relevanz des Themenzusammenhangs durchaus sensibilisiert sind. Dafür spricht auch, dass bei zahlreichen Umfragen in Geschäftsleitungen die Innovationsfähigkeit als einer der wichtigsten Faktoren zur Wettbewerbssicherung angesehen wird (z. B. Arthur D. Little, 2005; PWC Global, 2013; KPMG, 2015).

Allerdings wird dies in der tatsächlichen Führungspraxis dann nicht ausreichend berücksichtigt. Maßgeblich sind hier offensichtlich Prioritätenkonflikte. Dabei sind unserer Ansicht nach folgende Tatbestände von Relevanz:
- Jeder Versuch des Topmanagements, die Kreativität in einer Organisation zu stimulieren, kann rasch zum Bumerang werden, der weitere Belastungen für die weitere Kapazitätsauslastung der Manager mit sich bringt. Viele Ideenentwickler werden jedenfalls darauf drängen, ihre Einfälle gegenüber der obersten Leitungsinstanz zu kommunizieren.
- Wenn das Topmanagement selbst Ideen einbringt, dann wird es bei deren Weiterentwicklung meist noch stärker in die Pflicht genommen. Es muss zwar selbst nicht an dieser Aufgabe mitwirken, wird jedoch mit der Erwartung konfrontiert werden, deren wesentliche Schritte zu kommentieren.

- Innovationen werden selten als dringlich wahrgenommen, sofern nicht der Kunde darauf besteht, ein Wettbewerber dabei gut im Rennen liegt oder der Firma aus anderen Gründen bewusst wird, dass sie einer Entwicklung hinterherhinkt. Für das Topmanagement, dessen Kapazitäten praktisch permanent offensiv abgefragt werden, ergibt sich damit das Risiko, dass es so lange von anderen Interessen getrieben wird, bis es für ein aktives Engagement im Innovationsprozess eigentlich schon (fast) zu spät ist.
- Das Topmanagement wird zudem mit zahlreichen Interessengruppen konfrontiert, die ein intensives Engagement gegenüber Innovationen nicht unbedingt positiv, teils sogar skeptisch sehen könnten. Dazu zählen z. B. die Analysten, die fast immer positive Quartalszahlen erwarten, die COOs, die qua ihrer Mission in erster Linie an Effizienzaspekten interessiert sein müssen, die CFOs, die Innovationen gegenüber sehr häufig aus der grundsätzlichen Erwägung heraus skeptisch gegenüberstehen (Andrew/Sirkin, 2007), bestehende Kunden, die mehr auf inkrementelle Innovationen und Verbesserungen auf Prozessebene drängen, und teilweise auch die einzelnen Bereichsleiter, die über die Realisierung von Innovationsvorhaben zumindest kurzfristig oft eine Verschlechterung im internen Benchmarking hinnehmen müssen.
- Viele Unternehmen sind im Laufe der letzten Jahre unter die Kontrolle ausländischer Investoren geraten. 2014 befanden sich 57,1 % der Marktkapitalisierung deutscher Aktiengesellschaften in ausländischer Hand (Deutsche Bundesbank, 2014, S. 23). Auch der Mittelstand bleibt von dieser Entwicklung nicht verschont (vgl. Janovsky/Pilarek, 2014). Nicht selten verfolgen ausländische Investoren dabei Ziele, die der Innovationsleistung im deutschen Konzern nicht förderlich sind, was sich in erster Linie in der entsprechenden Erwartungshaltung gegenüber dem Topmanagement niederschlägt.
- Im Vergleich zu den vorgenannten Interessengruppen haben verschiedene Know-how-Träger für potenzielle Innovationen (wie etwa die FuE-Abteilungen) meist einen schweren Stand, wenn es darum geht, Gehör beim Topmanagement zu finden. Erschwert wird dies noch im Fall einer räumlichen Dezentralisierung von FuE über Ländergrenzen hinweg.[59] Auch dies bleibt nicht ohne Einfluss auf die Prioritätensetzung der Unternehmensspitze.
- Von Bedeutung ist in diesem Zusammenhang auch, dass die sogenannte »Halbwertszeit« der Topmanager in den letzten Jahrzehnten deutlich abgenommen hat (Kundernatsch/Fleschhut, 2005). Dies erhöht das Risiko, dass die Früchte erfolgreicher Innovationsarbeit vom verantwortlichen Manager nicht mehr geerntet werden können, sodass dieser sich mehr an kurzfristig wirksamen Initiativen ausrichtet.

Vor diesem Hintergrund wird verständlich, weshalb Topmanager den eigenen Ansprüchen an den Beitrag zum betrieblichen Innovationsgeschehen nicht gerecht werden können bzw. hier von vornherein Prioritäten setzen, die mit diesen nicht kompatibel sind. Dementsprechend eng wird der Gestaltungsspielraum bei Verbesserungsansätzen

---

59 Eine Studie von Booz und Insead zeigt, dass im Zeitraum zwischen 1975 und 2004 der Anteil der im Ausland angesiedelten FuE-Standorte von 45 % auf 66 % gestiegen ist (Doz et al., 2006, S. 2).

sein. Angesichts des starken Einflusses des Topmanagements auf die gesamte Innovationsleistung des jeweiligen Unternehmens wird damit plausibel, weswegen viele Unternehmen nach Beobachtung von Cooper et al. (1999)[60] viele der Handlungsempfehlungen, die von der akademischen Welt formuliert wurden, letztlich nicht umgesetzt haben.

2.8.3 Erfolgsfaktor Projektmanagement: Typische Probleme in der Praxis

Auf dieser Ebene werden viele Firmen häufig mit folgenden Herausforderungen konfrontiert:
- Es ist sehr schwierig, das richtige Quantum zu finden. Je mehr Projekte in einem Unternehmen genehmigt werden, desto größer wird das Risiko der unzureichenden Ressourcenallokation. Überdies ist die Unterstützung durch das Topmanagement mit zunehmender Projektanzahl immer schwerer zu gewährleisten. Wenn das Unternehmen im Selektionsprozess hingegen zu strikt ist, kann sich dies negativ auf die Kreativität der Organisationsmitglieder und damit auf das Innovationspotenzial insgesamt auswirken. Die Praxis sieht daher wohl eher so aus, dass Unternehmen zu viele Projekte durchführen. Cooper (1999, S. 116) gelangte für die USA zu folgender Feststellung: »*Too many projects move from the idea stage right into development, with little or no assessment or up-front homework. The results of this ›ready, fire, aim‹ approach usually are disastrous. Research shows that inadequate up-front homework is a major reason for failure.*«
- Eine Organisation, die bei der Prüfung von Projektvorschlägen eher großzügig verfährt, hat später auch Schwierigkeiten, laufende Projekte wieder einzustellen. In der Tat zählt es zu den großen Schwachstellen im Innovationsmanagement, dass Unternehmen an nicht erfolgreich verlaufenden Vorhaben zu lange festhalten (vgl. Cooper, 1999; Dörner et al., 2011).
- Innovationsprojekte gehen fast immer zulasten des Tagesgeschäfts und haben im Falle eines Prioritätenkonflikts oft nachrangige Bedeutung, wodurch sie in ihrer Kontinuität beeinträchtigt werden.
- Je öfter ein Projekt aus dem vorgenannten Grund seine Meilensteine nicht termingerecht erreichen kann, desto abträglicher ist dies der weiteren Disziplin gegenüber dem ursprünglichen Projektplan. Bei Innovationsvorhaben, bei denen das Realisierungstempo von zentraler Bedeutung ist, kann dies fatale Konsequenzen nach sich ziehen.
- Innovationsvorhaben durchlaufen im Projektfortschritt sehr unterschiedliche Abstraktionsniveaus mit sehr disparaten emotionalen Befindlichkeiten. So lange es nur um die Konzeptebene geht, wird sich im Fall eines Projekts mit vielversprechenden Perspektiven kaum jemand gegen die Initiative sträuben. Wenn die betroffenen Akteure später in der Umsetzungsphase Ressourcen umschichten, die aktuelle Rentabilität riskieren und selbst nachgeordnete Mitarbeiter für die Akzeptanz des Vor-

---

60 Vgl. die Einleitung zu diesem Kapitel.

habens motivieren sollen, steigt die Gefahr von Widerständen exponentiell an. Aus diesem Grund fangen Unternehmen oft erst spät mit der Planung des Markteintritts an (Cooper, 1999).
- Blichfeldt/Eskerod (2008) haben auf Basis einer umfassenden primärempirischen Erhebung darauf hingewiesen, dass Projektmanagement-Portfolios, die vorwiegend für Innovationsvorhaben angelegt wurden, nur einen Teil der laufenden Projekte umfassen. Andere Vorhaben ziehen dagegen einen beträchtlichen Teil der Ressourcen ab, die eigentlich dem Portfolio zugutekommen sollten.
- Die triviale Erkenntnis, dass es für Projekte von zentraler Bedeutung ist, »Betroffene zu Beteiligten zu machen«, gilt in besonderem Maße auch für Innovationsvorhaben. Allerdings riskiert ein Innovationsprojekt, das auf eine frühzeitige und umfassende Einbeziehung von potenziell betroffenen Akteuren achtet, schon in der Anfangsphase an Momentum zu verlieren. Intensive kontroverse Verhandlungen in Situationen, in denen noch nicht zuverlässig prognostiziert werden kann, wann und ob überhaupt ein konkretes Ergebnis erzielt werden kann, gehen jedenfalls zulasten der Geradlinigkeit im Projektfortschritt und können damit auch unabhängig vom Ergebnispotenzial ein Scheitern des Vorhabens präjudizieren.
- Wenn Unternehmen Joint Ventures bilden, dann werden nicht unbedingt die besten Mitarbeiter dorthin entsandt (vgl. Beamish et al., 2003). Niemand kann ausschließen, dass Innovationsprojekte in der Praxis vor ähnlichen Schwierigkeiten stehen.

Insgesamt gibt es daher möglicherweise nicht viele Firmen, die mit ihrem Portfolio-Management im Innovationsbereich zufrieden sind (vgl. auch McDonough/Spittal, 2003).

2.8.4 Erfolgsfaktor Netzwerke: Typische Probleme in der Praxis

Kein Unternehmen wird bestreiten, dass eine stärkere Vernetzung für das Innovationsmanagement hilfreich sein kann, und inzwischen kann davon ausgegangen werden, dass viele Unternehmen auch in der Praxis in multiple Kooperationsstrukturen eingebunden sind. Mit ihrem hohen Internationalisierungsgrad dürfte die deutsche Wirtschaft auch außerhalb des Themenzusammenhangs Innovationsmanagement über umfangreiche Erfahrungen zur unternehmensübergreifenden Vernetzung verfügen.

Keinesfalls darf aus diesem Zusammenhang jedoch die Schlussfolgerung gezogen werden, dass alle Netzwerke auch gut funktionieren und dadurch wirklich eine Stimulierung der Innovationsaktivitäten bewirkt wird. Wolff/Egelhof (2013, S. 4) monieren, dass das Thema oftmals in einer sehr einseitigen Perspektive vorgetragen wird, bei der *fast immer die Vorzüge der Netzwerkorganisation herausgestellt* werden. Die vorliegende Literatur erlaubt auch wenig Aufschluss über die tatsächlich realisierten Wirkungen (Dodourova/Bevis, 2014, S. 255; Ricciardi, 2014, S. 5), insbesondere zu negativen Effekten liegen wenige Erkenntnisse vor (Ford et al., 2003).

Die wenigen hier vorliegenden Studien zur Automobilindustrie lassen für das Funktionieren von Open Innovation eine Diskrepanz zwischen Anspruch und Wirklichkeit erkennen, wobei das klassische Innovationsmodell weiterhin dominiert (Ili et al., 2013; DeMassis et al., 2012; Lazzarotti et al., 2013). Dodourova/Bevis (2014, S. 261) gelangen nach einer empirischen Untersuchung zu der Feststellung: »*OEMs... have not yet developed capabilities to support and accelerate inflows and outflows of knowledge in the networks thus facilitating innovation...*« Dies dürfte umso mehr gelten, je intensiver ein Unternehmen in international zusammengesetzten Netzwerken zu agieren versucht (Wolff/Egelhof, 2013, S. 5).

Ricciardi (2014, S. 9) betont, dass die Funktionsweise von Innovationsnetzwerken verschiedenen Risiken ausgesetzt ist: finanzielle Fragilität aufgrund der hohen Abhängigkeit von wenigen finanzstarken Partnern, Schwierigkeiten in der Kontrolle der Prozesskosten, zu starke Abgrenzung gegenüber anderen Know-how-Quellen, Inertia innerhalb fest etablierter Strukturen.

Sehr ausführlich wird in der Literatur das Scheitern von Joint Ventures behandelt (Beamish/Lupton, 2009). Gründe für Fehlschläge liegen meist darin, dass jeder vom Partner lernen will, ohne zu viel des eigenen Know-hows preiszugeben. Ein ähnliches Problem könnte sich für die Innovationsnetzwerke ebenfalls stellen. Der Aspekt des intellektuellen Eigentums ist hier von zentraler Bedeutung. Auch wenn die Schutzrechte für bestehende Strukturen und Outputs vertraglich klar geregelt werden können, lassen sich die Risiken für unerwünschte Diffusionen von Know-how nur schwer kontrollieren. Wenn z. B. ein Mitarbeiter einer Forschungseinrichtung aus einem Kooperationsverbund mit einem Unternehmen den Arbeitgeber wechselt, wäre es schwer zu verhindern, dass er Wissen aus der Zusammenarbeit einem Konkurrenten der jeweiligen Firma zukommen lässt. Entsprechend einer Studie von Ernst & Young (2012) stehen deutsche Unternehmen für chinesische Investoren an dritter Stelle der bevorzugten Investitionsziele. Zentrales Motiv ist dabei häufig der Zugang zu technologischem Know-how. Mit der Rekrutierung von einzelnen Netzwerkmitarbeitern ließe sich dieses Bestreben auch sehr diskret verfolgen.

Joint Ventures scheitern häufig auch an interkulturellen Differenzen. Bei internationalen Netzwerken stellt dies generell ein schwer überschaubares Risiko da. Dies gilt umso mehr, wenn im Kooperationsverbund private und öffentliche Stellen miteinander interagieren. Ein Universitätssystem mit dem gesellschaftlichen Mandat der langfristig orientierten Grundlagenforschung folgt nun einmal fundamental anderen kulturellen Gesetzmäßigkeiten als ein erwerbswirtschaftliches Unternehmen, das unter permanentem Wettbewerbsdruck steht und möglichst rasch Innovationen auf den Markt bringen muss. Vielleicht ist dies auch einer der Gründe dafür, dass Netzwerke oft auf Widerstand seitens der FuE-Abteilungen in Unternehmen stoßen (Dodourova/Bevies, 2014, S. 58).

Insgesamt ist damit zu rechnen, dass die in der Literatur verbreitete Netzwerk-Euphorie für die betriebliche Praxis zwar nicht bedeutungslos sein wird, aber vermutlich weit zurückhaltender umgesetzt wird, als dies von einer akademischen Perspektive aus erwartet werden könnte. Die positive Sichtweise verbunden mit zahlreichen Anregungen für konzeptionelle Grundsatzarbeit überdeckt etwas das Spektrum an Gestaltungserfordernissen in teilweise profanen operativen Fragen bei der Steuerung von innovationsorientierten Netzwerken. Zwar gibt es für alle zu erwartenden Problembereiche auch Lösungsansätze, doch die sind in der Literatur auf sehr unterschiedliche Fachdisziplinen verteilt und in ihrer Summe so differenziert und komplex, dass die Anwendung im konkreten Fall zu einer sehr komplizierten Herausforderung wird. In der Praxis scheint sich daher mehr ein Trial & Error durchzusetzen, was nicht grundsätzlich falsch ist, aber mit erheblichen Unwägbarkeiten einhergeht und bei negativen Entwicklungen zu gegenteiligen Tendenzen (also wieder zu einer verstärkt nach innen gerichteten Perspektive im Know-how-Aufbau) führen könnte. Damit würde die Innovationsfähigkeit der betreffenden Firmen mit Sicherheit negativ tangiert werden.

2.8.5 Erfolgsfaktor Informationsversorgung: Typische Probleme in der Praxis

In der betrieblichen Praxis wird niemand bestreiten, dass eine leistungsfähige Informationsversorgung von zentraler Bedeutung für das betriebliche Innovationspotenzial ist. Gleichwohl darf nicht erwartet werden, dass dieses Thema damit auch eine entsprechende Priorität im Managementsystem findet. Bezogen auf die drei zuvor dargestellten Instrumentalebenen zeichnen sich folgende Problemfelder ab:

Akzeptanzforschung
Es gibt nur sehr wenige systematische Untersuchungen zur Verbreitung des Knowhows in diesem Bereich. Erhebungen der Hochschule Pforzheim bei zwei globalen Konzernen im Jahr 2010 haben zu dem Ergebnis geführt, dass keiner der befragten Innovationsmanager (ca. 20) auch nur eines der Modelle, die in der Literatur am häufigsten präsentiert werden, kannte. Trotzdem sind beide Firmengruppen für eine hohe Innovationsleistung bekannt. Wilde et al. (2009) gelangten nach verschiedenen Recherchen zu der Feststellung: »*Am Beispiel von Studien zum interaktiven Fernsehen (iTV) in Deutschland lässt sich aufzeigen, dass die Bedeutung der Technologieakzeptanz entweder generell unterschätzt wurde oder methodische Probleme die Analyseergebnisse stark verzerren.*«

In der Akzeptanzforschungspraxis lassen sich mitunter folgende Defizite feststellen (vgl. auch Quirin, 2008):
- Mit systematischen Methoden wird erst in späten Phasen des Innovationsprozesses gestartet.
- Methodik und Interpretation der gewonnenen Daten werden durch einen »pro-innovation bias«[61] und einen »individual-blame bias«[62] beeinträchtigt.
- Die Erfassung von Einstellungen konzentriert sich mehr auf explizite Reaktionsmuster als auf dahinterstehende Motive.
- Aus einer raschen Akzeptanz einer Innovation durch einzelne Individuen werden vorschnell Schlüsse in Bezug auf das Diffusionspotenzial gezogen.[63]

---

61 Die Innovation wird als einseitig positiv empfunden.
62 Eine ablehnende Haltung des Befragten wird mit einer kritischen Haltung diesem gegenüber verbunden.
63 Wobei das Phänomen der sogenannten »Early Adopters« (vgl. Rogers, 2003) unterschätzt wird.

- Das Methodenspektrum ist nicht adäquat gegenüber der Komplexität der Anforderungen; maßgebend dafür können qualifikatorische oder finanzielle Gründe sein.
- Der Aspekt der Sichtbarkeit einer Innovation wird im Akzeptanzforschungsprozess unterschätzt.
- Bei der Auswahl der Befragten orientiert man sich an sogenannten »Convenience Samples«.[64]
- Der methodische Ansatz ist zu generisch.

Wissensmanagement

Es stellt sich die Frage, ob das wieder erstarkte Interesse an Fragen des Wissensmanagements auch in der betrieblichen Praxis seinen Niederschlag gefunden hat oder mehr auf Publikationsaktivitäten in der akademischen Welt beschränkt bleibt. Die Bereitschaft zur Nutzung eines solchen Systems wird nicht nur von immanenten qualitativen und quantitativen Leistungskriterien abhängen, sondern auch von der Kapazitätsauslastung einerseits und dem subjektiven Empfinden des Information Overload andererseits. Beide Faktoren lassen sich, wenn überhaupt, durch die Beschaffenheit des Systems nur sehr begrenzt beeinflussen.

Das Problem der Informationsüberlastung war bereits in den frühen 1960er-Jahren ein Thema in der Forschung (z. B. Miller, 1960; Gross, 1964). Seither hat die verfügbare Informationsmenge weiter exponentiell zugenommen: Bereits 1980 nahmen die Menschen dreimal so viel Informationen auf wie 1960 (Ritchell, 2010). Klausegger et al. konstatieren, dass in den 1990er-Jahren der Zuwachs an Wissen größer war als in den 2.500 Jahren zuvor (Klauseger/Sinkovics/Zou, 2007, S. 692). Seither ist das Internet in die Arbeitswelt eingezogen, wodurch die verfügbare Informationsmenge noch einmal drastisch angewachsen ist.

Über den materiellen und immateriellen Schaden des Information Overload gibt es inzwischen zahlreiche Untersuchungen. Eine Studie von Basex (Spira/Burk, 2009) gelangte zu dem Schluss, dass die dadurch verursachten Kosten in den USA im Jahr 2008 etwa 900 Mrd. US-Dollar betrugen.[65] Mit der Informationsüberlastung gehen auch psychische Belastungen einher (z. B. Klausegger/Sinkovics/Zou, 2007; Moser/Preising/Göritz/Paul, 2002), die zu einer Beeinträchtigung der Arbeitsleistung führen. Typische Reaktionen sind dabei das Auslassen wichtiger Information, fehlerhafte Verarbeitung, Prokrastination und vorzeitiger Abbruch der Informationssuche (Rachfall, 2010). In einer aktuellen Untersuchung von Microsoft wurde festgestellt, dass die Aufmerksamkeitsspanne gegenüber neu kommunizierten Informationen immer mehr abnimmt (Microsoft Canada, 2015).

Überdies ist zu beobachten, dass die Ergiebigkeit verfügbarer Informationsquellen immer mehr sinkt, was der Standardannahme der Volkswirte vom sinkenden Grenznutzen entspricht. Ein Beispiel hierfür ist der von Konsumenten eingerichtete Internet-Blog zur Automarke Smart. Dabei wurde festgestellt, dass nur etwa 1 % der

---

64 D. h., man kontaktiert weitgehend Zielgruppensegmente, deren Vertreter leicht für die Teilnahme an einer Umfrage zu gewinnen sind.
65 Bedingt vor allem durch Unterbrechungen bei der Arbeit.

dort generierten Informationen für Innovationen von Relevanz sind (Henkel/Sander, 2006, S. 85 ff.).

Je mehr Informationen Individuen verarbeiten sollen, desto stärker werden sie in ihren kognitiven Prozessen auf die linke Gehirnhälfte begrenzt. Der komplementäre Teil auf der rechten Seite wird zurückgedrängt, wodurch ein entscheidender Faktor kreativer Gedankenentwicklung an Bedeutung verliert.

Der Information Overload kann je nach Persönlichkeit zu konträren Verhaltensweisen führen: Aufgrund des Gefühls, niemals vollständig informiert zu sein, investieren einige Menschen immer mehr Zeit in die Informationssammlung und haben dann nicht mehr genügend mentale Reserven für den kreativen Prozess zur Verwertung der Informationen. Andere Individuen neigen dazu, die Informationssammlung zu stark zu beschleunigen. Bezeichnend hierfür ist, dass 87 % aller Google-Recherchen nur die erste Antwortseite konsultieren (Mavriqi, 2008). Mittels Eyetracker konnte zudem anhand sogenannter Heat Maps festgestellt werden, dass selbst dort noch irrationale Selektionsmechanismen stattfinden und viele Menschen nur etwa ein knappes Viertel der Seite in die Informationsaufnahme einbeziehen (Priebe, 2014). In diesem Fall rekurriert die potenzielle Kreativität folglich auf eine unzureichende Informationsbasis, was seinen Niederschlag in letztlich nutzlosen Überlegungen finden kann.

Informationsverarbeitung in Organisationen
Wie wir im Abschnitt zum Thema Kultur noch näher verdeutlichen werden, stellt die Gestaltung der strukturellen Parameter, die für die Informationsverarbeitung zur Verfügung stehen, das Management vor zahlreiche Dilemmata. So ist etwa bekannt, dass sich ein hoher Zentralisierungsgrad negativ auf den Bottom-up-Informationsfluss auswirkt, gleichzeitig aber auch die Umsetzung von Innovationsvorhaben begünstigen kann. Die Variation zwischen autoritären und partizipativen Elementen ist daher abstrakt gesehen sinnvoll, kann in der praktischen Anwendung aber immer wieder zu Irritationen führen, die sich letztlich auf die Nutzung vorhandener Informationen negativ auswirken. Für die hierfür erforderliche Balance gibt es auch kein allgemeingültiges Patentrezept.

Fazit
Die akademische Literatur enthält somit ein überaus breites Spektrum an Handlungsmöglichkeiten zur Verbesserung der Informationsversorgung, das sich praktisch auf alle Strukturen, Prozesse und Ressourcen bezieht. Genau hier liegt jedoch ein Problem für die praktische Anwendung. Auch wenn kein Manager bestreiten dürfte, dass eine gute Informationsversorgung zu den Schlüsselfaktoren eines erfolgreichen Innovationsmanagements gehört, wird es in der Praxis auf erhebliche Akzeptanzprobleme stoßen, das Wissensmanagement derart umfassend zur Anwendung zu bringen. Diesem Versuch werden bei vielen Unternehmen zunächst einmal erhebliche Restriktionen hinsichtlich Zeit, Kompetenzen, Finanzen und Personal entgegenstehen. Selbst wenn dies nicht der Fall sein sollte, werden größere Anstrengungen zur Sensibilisierung und Aktivierung der dafür benötigten Akteure erforderlich sein. Letztlich gilt: Auch wenn es gelingen sollte, das Personal entsprechend zu motivieren, ist immer noch nicht

sichergestellt, dass die damit generierten Informationsbestände auch wirklich durchgängig abgefragt und für Innovationsprozesse sachgerecht eingesetzt werden. Das Problem des »Information Overload« wird in diesem Prozess zunehmend an Bedeutung gewinnen und sich damit schlimmstenfalls negativ auf die Innovationsleistung auswirken.

2.8.6 Erfolgsfaktor Kultur: Typische Probleme in der Praxis

In den meisten Unternehmen dürfte bekannt sein,
- dass flache Hierarchien, breite Möglichkeiten der Mitarbeiterbeteiligung und ein geringer Formalisierungs- und Standardisierungsgrad den Ideenreichtum fördern können;
- dass die Mitglieder heterogen zusammengesetzter Teams sich gegenseitig befruchten und damit zu einer höheren Leistung stimulieren können als Gruppen mit einem hohen Homogenitätsgrad;
- dass materielle Anreize keine nennenswerte Auswirkung auf das Engagement der Mitarbeiter für Innovationsprozesse haben.

Im betrieblichen Alltag müssen sie dann wiederholt feststellen,
- dass Innovationsprojekte nur dann effizient umgesetzt werden können, wenn sie autoritär gesteuert werden;
- dass heterogen zusammengesetzte Teams mehr Zeit benötigen, um eine überzeugende kreative Leistung hervorzubringen und in diesem Bestreben oft gänzlich scheitern;
- dass Mitarbeiter ihre Mitwirkung an Innovationsvorhaben durchaus mit finanziellen Erwartungen verknüpfen.

Damit wird deutlich, dass sich die Empfehlungen aus der Literatur nicht 1:1 umsetzen lassen. Es müssen immer wieder Balancen zwischen unterschiedlichen Gestaltungsansprüchen bzw. -zielen, die sich vom Grundprinzip her zunächst einmal diametral gegenüberstehen, gefunden werden. Wir wollen das im Folgenden anhand von drei Parametern näher erläutern:
- demokratische versus autoritäre Kultursysteme
- zufriedene versus unzufriedene Mitarbeiter
- heterogene versus homogene Teams.

Demokratische versus autoritäre Kultursysteme
Im Innovationsprozess ist die geradlinige Umsetzung meist mindestens genauso wichtig wie Einfallsreichtum bei der Entwicklung von Neuerungsideen. Hier wirken sich ein klares Regelsystem, ein autoritärer Führungsstil und eine starke Effizienzorientierung in der Regel positiv aus. Demnach ist der für eine hohe Innovationsleistung geeignete Methodenmix im Regelsystem einer Organisationskultur phasenabhängig. In der Ideenfindung eignen sich mehr die im vorhergehenden Abschnitt skizzierten Rahmenbe-

dingungen, während bei der Umsetzung mehr deren gegenteilige Ausprägung hilfreich ist. Dieses Phänomen ist in der Organisationswissenschaft schon länger bekannt, man spricht hier von einem »organisatorischen Dilemma« im Innovationsprozess (vgl. Abschnitt 3.7).

Ein klares Regelsystem hilft in Organisationen auch, die Ideenvielfalt zu begrenzen. Nicht jede Idee kann zur Grundlage eines Innovationsprojekts werden, andernfalls wird sich die betreffende Organisation verzetteln. Schon heute klagen viele Firmen darüber, dass sie eher zu viele als zu wenige Projekte haben.

Zufriedene versus unzufriedene Mitarbeiter
Dass zufriedene Mitarbeiter ein grundsätzlich intensiveres Engagement im Innovationsgeschehen an den Tag legen als unzufriedene, lässt sich zumindest kritisch hinterfragen. Entscheidend ist die Frage, woraus sich Arbeitszufriedenheit speist. Entsprechend verschiedener Untersuchungen sind dies vor allem Respekt, Arbeitsinhalte und die Work-Life-Balance.[66] Wenn ein Mitarbeiter diese Bedingungen in seinem gegenwärtigen Aufgabensystem als erfüllt ansieht, wird ihn dies nicht automatisch dazu motivieren, sich für Innovationsprojekte zu engagieren. Innovationen beinhalten fast immer das Risiko des Scheiterns, was mit persönlichen Ansehensverlusten verbunden sein kann. Sie können überdies in einer Veränderung der Arbeitsinhalte resultieren, verbunden mit dem Risiko der zumindest temporären Überforderung und zusätzlichen Belastungen, die das bestehende Gefüge der Work-Life-Balance ins Wanken bringen. Überdies wirken sich Innovationen kurzfristig meist negativ auf die Ertragslage aus, was im Falle von monetären Erfolgsbeteiligungen für die Mitarbeiter zu persönlichen Einbußen führen kann.[67]

Damit wird deutlich, dass zufriedene Mitarbeiter nicht grundsätzlich innovationsfreudiger wirken dürften als unzufriedene. Letztere müssten im Prinzip sogar eher an einer Veränderung der Situation interessiert sein und sich deshalb stärker für Innovationen engagieren. In der betrieblichen Praxis wird sich dieser Wirkungsmechanismus allerdings nur selten verifizieren lassen. Es gibt zwar zahlreiche Untersuchungen zu der Frage, was Mitarbeiter in Organisationen unzufrieden macht (sofern dieser Zustand wirklich in Verbindung mit Rahmenbedingungen der eigenen Arbeitsumgebung steht). Weniger bekannt sind hingegen Wirkungsmechanismen, bei denen diese Personengruppe zu Protagonisten eines konstruktiven Wandels werden kann. Es mag zwar gelten, dass viele Institutionen und Individuen eine größere Krise benötigen, um zu einer veritablen Innovation zu finden. Kein vernünftiges Unternehmen würde jedoch das Risiko eingehen, einen solchen Zustand bewusst zu provozieren, um damit Neuerungsbestreben voranzutreiben.[68]

---

66 Vgl. z. B. OECD (2001), Alcover de la Hera et al. (2012), Brenke (2015).
67 Entsprechend der viel zitierten Studie von Herzberg (1968) tragen monetäre Anreize zwar nicht zu einer Steigerung der Motivation bei, führen aber zum gegenteiligen Effekt, wenn man sie reduziert.
68 In politischen Systemen mag dies durchaus anders sein, wie zahlreiche historische Beispiele teilweise eindrucksvoll illustrieren.

Heterogene versus homogene Teams

Auch in Bezug auf die Diversität der Teamkomposition ist eine differenziertere Betrachtungsweise wichtig. Keinesfalls ist zu erwarten, dass die kreative Leistung mit zunehmender Heterogenität immer steigen wird. Es kann sogar ein gegenteiliger Effekt entstehen, wie wir im Folgenden recht ausführlich am Beispiel interkulturell zusammengesetzter Gruppen verdeutlichen wollen:

Chua et al. (2015) weisen zunächst darauf hin, dass man sich in der Forschungsarbeit zur Frage, welche kulturellen Faktoren die Kreativität beeinflussen, noch in einem sehr frühen Stadium befindet. Einschlägige Studien belegen, dass Kreativität sehr stark von dem kulturellen Kontext abhängig ist, in dem das Individuum arbeitet (z. B. Chiu/Kwang, 2010; De Dreu, 2010; Wang, 2011). So ist z. B. schon das Verständnis von Kreativität in hohem Maße kulturgeprägt. Während in der westlichen Welt meist eine Beziehung zu einem konkreten und direkt wahrnehmbaren Output (wie etwa einem Produkt oder einem Prozess) hergestellt wird, assoziiert man in fernöstlichen Ländern damit zunächst einmal einen Prozess persönlicher Erfüllung (Lubart, 2009). Die Differenz im Konkretisierungsgrad des Objektsystems ist derart bedeutsam, dass sie die Wahrnehmung des Leistungs-Outputs durch die jeweils andere Gruppe negativ beeinflusst. So wurde verschiedentlich konstatiert, dass Mitarbeiter aus asiatischen Ländern (insbesondere aus China und Japan) oft als weniger kreativ wahrgenommen werden als deren westliche Kollegen (z. B. Niu/Sternberg, 2003; Noriko et al., 2011). Schon aufgrund der Differenz im terminologischen Ausgangsverständnis stellen Interaktionen zwischen Vertretern dieser Ländergruppen bei Aufgaben mit kreativem Anspruch für die Beteiligten also eine besondere Herausforderung dar. Es verwundert daher nicht, dass verschiedene Studien gezeigt haben, dass sich eine hohe kulturelle Distanz zwischen der Zentrale und ihren Auslandstöchtern negativ auf die Qualität kreativer Aufgaben wie etwa Innovationsaktivitäten auswirkt (Chua et al., 2015), während kulturelle Nähe grenzübergreifende Neuerungsvorhaben begünstigt (Dachs/Pyka, 2010).

Aber auch innerhalb kulturell näher verbundener Länder kann es zu sehr unterschiedlichen Perzeptionsmustern kommen. Ein Beispiel hierfür sind disparate Gewichtungen hinsichtlich Ästhetik und technischer Funktionalität bei der Entwicklung von Sachgütern, wie sie für Teams aus romanischen und nordeuropäischen Kulturen üblich sind. Teilweise sind diese Differenzen sogar schwerer zu überwinden, da deren Vorhandensein zunächst einmal weniger evident ist als die Unterschiede im Interaktionssystem zwischen okzidentalen und fernöstlichen Kulturen.

Insgesamt hat die Globalisierung bislang keinesfalls zu einer kulturellen Konvergenz geführt. Selbst innerhalb der Europäischen Union deutet vieles darauf hin, dass fundamentale kulturelle Unterschiede fortbestehen werden. Verschiedene Ansätze zur Bildung kultureller Cluster lassen erwarten, dass deutsche Unternehmen unter anderem mit folgenden Belastungen konfrontiert sein werden:

- Dazu zählt zunächst einmal das von Gelfand et al. entwickelte Konzept zur »Cultural Tightness«, also die Stärke der Orientierung an nationalen Normen einer bestimmten Kultur (Gelfand et al., 2006). Diese muss zumindest im internen System nicht zwangsläufig weniger Kreativität zulassen als eine offene Kultur, sie erweist

sich allerdings als weniger rezeptiv gegenüber Impulsen von außerhalb (Chua et al., 2015). Deutschland gehört zu dieser Kategorie (vgl. Gelfand et al., 2006) und hätte demnach eine limitierte Absorptionsfähigkeit gegenüber fremdländischen Inspirationen bei kreativen Aufgaben.
- Betrachtet man den Parameter-Mix von Hofstede (Hofstede, 2011), so scheint Deutschland zunächst einmal günstige Voraussetzungen für kreative Leistungen aufzuweisen. Die Kombination aus einem niedrigen Macht-Distanz-Index,[69] einem hohen Individualitätsindex und einem zumindest mittleren Unsicherheitsvermeidungsindex dürfte sich auf die Entfaltung eines kreativen Potenzials in der Regel positiv auswirken. Anderseits dürfte dies die Kooperation mit Kulturen, die sich durch kollektivistische Merkmale (mit hoher Präferenz gegenüber autoritären Strukturen), einen hohen Macht-Distanz-Index (mit geringerer Initiativbereitschaft der Mitarbeiter) und einen hohen Unsicherheitsvermeidungsindex (mit hoher Abneigung gegenüber Kontrollverlusten) auszeichnen,[70] erschweren. Auch der relativ hohe Maskulinitätsindex der deutschen Kultur dürfte sich mit den damit verbundenen Attributen im Austausch mit vielen anderen Ländern belastend auswirken.
- Gesteland (2012) teilt die Kulturen nach zwei Dimensionen ein: beziehungsorientierte und abschlussorientierte. In der ersten Dimension geht es in erster Linie um die Qualität menschlicher Interaktionen, in der zweiten mehr um die Effizienz im Prozess und die Effektivität in Form eines konkreten Outputs. Deutschland gehört zur zweiten Kategorie, wie alle nordeuropäischen und angelsächsischen Länder. Die starke Effizienzorientierung erschwert die Toleranz gegenüber mehr beziehungsorientierten Kulturen, die in einem auf Kreativität angelegten Gruppenprozess zunächst einmal grundlegend andere Prioritäten setzen. Dadurch werden die Perspektiven auf einen auf wechselseitiger Befruchtung basierenden Output beeinträchtigt.
- Zentrale Dimensionen im Modell von Hall (1976) sind die soziale Herkunft und die Neigung zur impliziten Kommunikation. Beide Aspekte spielen in der deutschen Arbeitskultur eine eher untergeordnete Rolle. Nach der Einstufung von Hall ist Deutschland in der Kommunikation expliziter aufgestellt als jedes andere Land. Auch dies kann die Kommunikation im interkulturellen Kontext erheblich erschweren.

Diese Erkenntnisse stimmen nachdenklich, denn Aktivitäten zum Aufbau internationaler Geschäftsbeziehungen sind oft mit hohen kreativen Anforderungen verbunden. Die Bildung von Joint Ventures, die Realisierung von Mergers & Acquisitions und die Entsendung von Expatriates umfassen jeweils für sich zahlreiche Anforderungen, bei deren Bewältigung meist nicht auf bewährte Handlungsmuster aus der Heimatorganisation zurückgegriffen werden kann.[71] Stattdessen ist viel Pionierarbeit erforderlich und dabei in der Regel ein hohes Maß an Kreativität.

---

[69] Vgl. hierzu die Argumentation bei Hage/Aiken (1970).
[70] Diese Kombination gilt für viele fernöstliche wie auch romanische Länder.
[71] Und die deshalb oft scheitern (vgl. Bartel-Radic, 2006, S. 650).

Neue Herausforderungen bewirken zunächst Unsicherheit, in der viele Menschen nicht automatisch sofort nach völlig neuen Lösungen suchen. March/Simon hatten bereits 1958 in einer bahnbrechenden Arbeit aufgezeigt, dass bei derartigen Konstellationen zunächst meist mit habituellem Verhalten reagiert wird, d. h., es erfolgt eine Orientierung an vertrauten Handlungspraktiken, und erst wenn diese scheitern, unternimmt das Individuum eine kreative Anstrengung, um nach neuen Wegen zu suchen, wobei es sich sukzessive von gewohnten Verhaltenspraktiken entfernt. Auf interkultureller Ebene können mit diesem iterativen Vorgehen schon in frühen Phasen der Kooperation erhebliche Belastungen entstehen, die sich auf den weiteren Prozess negativ auswirken.

Ist damit zu rechnen, dass die interkulturellen Differenzen mit der Zeit überwunden werden? Entsprechend Kanter (1988, S. 176) ist dies vor allem für räumlich zusammengelegte Teams zu beobachten; gleichzeitig gehen damit jedoch auch die Vorteile der Heterogenität verloren. Kanter spricht hier von einer »trained incapacity«.

2.9 Folgerungen: Gründe für die mangelnde Umsetzung von Knowledge in Know-how

Mit den Ausführungen im zurückliegenden Abschnitt wurde verdeutlicht, dass es bei der Umsetzung der Empfehlungen aus der Literatur in die betriebliche Praxis zu Transferdefiziten kommen kann. Man kann auch von einem Sender-Empfänger-Problem sprechen, bei dem entweder die falschen Signale zu übermitteln versucht werden oder aber der Adressat aus bestimmten Gründen nicht dazu in der Lage oder nicht willens ist, diese zu empfangen bzw. zu verarbeiten. Im zweiten Fall macht es zunächst einmal keinen Sinn, an sich richtige Signale weiterzusenden, wenn man weiß, dass im Empfängersystem keine Voraussetzungen zu deren Nutzung bestehen. Hier hat dann die Frage nach den Barrieren anzusetzen.

Grundsätzlich sieht sich der Innovationsmanager aus der Praxis im Hinblick auf die vorliegende Literatur folgenden Herausforderungen gegenüber:

Die hohe Komplexität: Schon allein die Fülle an vorhandenen Quellen zu dem Thema erschwert die Verwertung des hier relevanten akademischen Wissens ganz zu schweigen von der Vielzahl an einzelnen Empfehlungen.

Die fehlende Verwertungsevidenz: Bei fast allen Faktoren wird deutlich, dass der Adressat der Empfehlungen mit Dilemmata konfrontiert wird, wobei nicht eindeutig einzuschätzen ist, wie diese aufgelöst werden können. Dies betrifft zunächst einmal die Wirkungsweise des jeweiligen Faktors:

- Eine Strategie mag helfen, Initiativen für Innovationen konsequenter an den Zielen der jeweiligen Organisation auszurichten, kann aber genau mit dieser Beschränkung auch verhindern, dass das Unternehmen sein Innovationspotenzial voll ausschöpft, was in etwa dann der Fall wäre, wenn sich die Ausgangsbedingungen, die der Strategieformulierung zugrunde liegen, fundamental ändern.

- Eine als innovationsfreundlich geltende Innovationskultur kann den Fluss der Kommunikation von kreativen Ideen erleichtern, setzt die Organisation damit aber auch dem Risiko aus, dass sie sich mit zu vielen Projekten verzettelt.
- Die Einbindung des Topmanagements kann die interne Legitimation von Innovationsvorhaben verbessern, fördert aber gleichzeitig autoritäre Interaktionsmuster, die mit den Ansprüchen an eine innovationsfreundliche Innovationskultur nur bedingt vereinbar sind.
- Intensive Aktivitäten zur Verbesserung der Informationsversorgung verbessern die Entscheidungsbasis zur Bewertung und weiteren Positionierung von Innovationsprojekten, verzögern aber deren Realisierung.
- Eine breitflächige Vernetzung von Unternehmen, egal ob vertikal oder horizontal, kann helfen, Innovationschancen besser zu erkennen und professioneller umzusetzen, gleichzeitig jedoch auch dazu beitragen, dass ein Innovationsvorhaben verlangsamt und die Verwertung des dabei generierten Know-hows unerwünschten Diffusionsprozessen unterzogen wird.
- Die Einbettung eines Innovationsvorhabens in ein formalisiertes und von zentraler Stelle sanktioniertes Projektmanagementsystem schafft bessere Voraussetzungen zur effizienzorientierten Steuerung, erhöht jedoch über die damit verbundenen Auswahlprozesse gleichzeitig das Anspruchsdenken der beteiligten Akteure und fördert damit Widerstände gegen einen vorzeitigen Abbruch.

Die Anwendungskomplexität: Nicht nur der jeweilige Faktor an sich, sondern auch die Empfehlungen für den Prozess stellen die Unternehmen vor schwer zu bewältigende Konfliktsituationen, wie kurz an folgenden Beispielen erläutert werden soll:
- Bei der Strategieentwicklung gilt der Leitsatz, dass Betroffene zu Beteiligten gemacht werden sollen. Je mehr Akteure aber in den Prozess einbezogen werden, desto mehr Kompromisse müssen eingegangen werden und desto größer wird die Wahrscheinlichkeit, dass das Ergebnis durch den Charakter des kleinsten gemeinsamen Nenners geprägt und damit letztlich nutzlos ist. Es stellt sich dann die Frage, ob dies für die Betroffenen nicht frustrierender ist als eine klare Vorgabe von oben.
- Entsprechendes gilt für Maßnahmen zur Förderung der Ideengenerierung. Sie erhöhen zunächst einmal das Konfliktpotenzial. Wenn etwa wie im Fall der 6-3-5-Methode (Schlicksupp, 1991) im Ergebnis über 100 Vorschläge vorliegen, wird jede Organisation sich zunächst einmal dem Druck ausgesetzt sehen, die Mehrzahl der Beiträge zurückzuweisen. Der damit verbundene Frustrationseffekt dürfte größer sein, als wenn eine Organisation auf derartige Aktionen zur Förderung des Einfallreichtums ganz verzichtet.

Die notwendige situative Differenzierung: Fast immer sind für die erfolgreiche Suche eines Auswegs die spezifischen Rahmenbedingungen jedes einzelnen Unternehmens zu berücksichtigen, sodass es schon mit vielen Zufällen verbunden wäre, wenn die Empfehlungen einer Literaturquelle uneingeschränkt umgesetzt werden könnten. Realiter unterliegt jeder Wirkungszusammenhang im Innovationsmanagement einem breiten

Spektrum an ceteris-paribus-Klauseln, was die Formulierung allgemein gültiger Handlungsempfehlungen erheblich erschwert.

Die Berücksichtigung von Prioritätenkonflikten: Es ist keinesfalls so, dass Innovationen in allen Unternehmen eine ähnlich hohe Priorität einnehmen wie in den Beiträgen vieler Autoren. Daher darf nicht erwartet werden, dass die betreffenden Akteure in der Praxis die Motivation mitbringen, sich mit dem Thema tiefgreifend auseinanderzusetzen, wie es das vorhandene Material an akademischen Publikationen fordert. Deren Energie wird stattdessen mehr darauf gerichtet sein, bestehende Barrieren im Unternehmen zu umschiffen, um ein Innovationsprojekt zum Abschluss zu bringen. In Deutschland fand der Themenzusammenhang der Innovationshemmnisse insbesondere in den 1970er- (Witte, 1973) und 1990er-Jahren (Bitzer, 1990; Bitzer/Poppe, 1993) viel Beachtung, bevor dann eine Arbeitsgruppe der TU Berlin sich dem Thema zuwandte (Mirow et al., 2007; Mirow, 2010) und mittels einer umfassenden Systematik vertiefte. Dabei wurde insgesamt deutlich, dass Innovationsvorhaben häufig mit internen Restriktionen zu kämpfen haben, die für den Innovationsmanager direkt nicht beeinflussbar sind, sondern aus projektübergreifenden Prioritätenkonflikten resultieren, bei denen das Innovationsthema von vornherein als nachrangig eingestuft oder zumindest implizit so behandelt wird.

Während das Thema Erfolgsfaktoren in der Literatur einen breiten Raum einnimmt, wird weitaus seltener die Frage behandelt, warum Innovationen häufig scheitern. Über die Problematik der hohen Misserfolgsquote bei betrieblichen Neuerungen wird immer wieder in einschlägigen Artikeln in Wirtschaftsmagazinen berichtet. Fortune,[72] die Handelszeitung,[73] der Harvard Business Review[74] oder die Wirtschaftswoche,[75] um nur einige Beispiele zu nennen, haben diesen Problemzusammenhang mit teils recht provozierenden Beiträgen beleuchtet. Daneben gibt es Fallanalysen zu Fehlschlägen von Innovationsprojekten, die in der Öffentlichkeit eine breite Aufmerksamkeit gefunden haben,[76] oder zum Abbruch bestimmter Vorhaben (Kirchner et al., 2009).

Sehr systematische Darstellungen zur Frage, warum Innovationsprojekte häufig nicht erfolgreich sind, finden sich z. B. bei:
- Achilladelis et al. (1971), Cooper (1975 und 1999), Trías de Bes/Kotler (2011): Hier werden typische Mängel im Projektmanagement bei Neuproduktentwicklungen aufgeführt.
- Mirow (2010): Dabei wird eine sehr umfassende Analyse zu Erscheinungsformen, Symptomen, Ursachen und Wirkungen von Innovationsbarrieren (ebenfalls auf der Produktebene) vorgelegt.
- Dörner et al. (2011): Hier geht es um Gründe für das Scheitern von Serviceinnovationen.

---

72 Ebd.
73 URL: http://www.handelszeitung.ch/unternehmen/woran-innovationen-am-haeufigsten-scheitern.
74 URL: https://hbr.org/2013/10/11-ways-big-companies-undermine-innovation/.
75 Vgl. URL: http://www.wiwo.de/erfolg/management/psychologie-der-kunden-warum-innovationen-scheitern/10910856.html.
76 Wie etwa dem Cargolifter (Bartsch/Ross, 2009).

2.9 Folgerungen: Gründe für die mangelnde Umsetzung von Knowledge in Know-how

Die Beiträge der ersten Gruppe lassen sich in drei Betrachtungsebenen zur Entstehung von kommerziellen Misserfolgen bei Projekten für Produktinnovationen gliedern (vgl. Abb. 15).

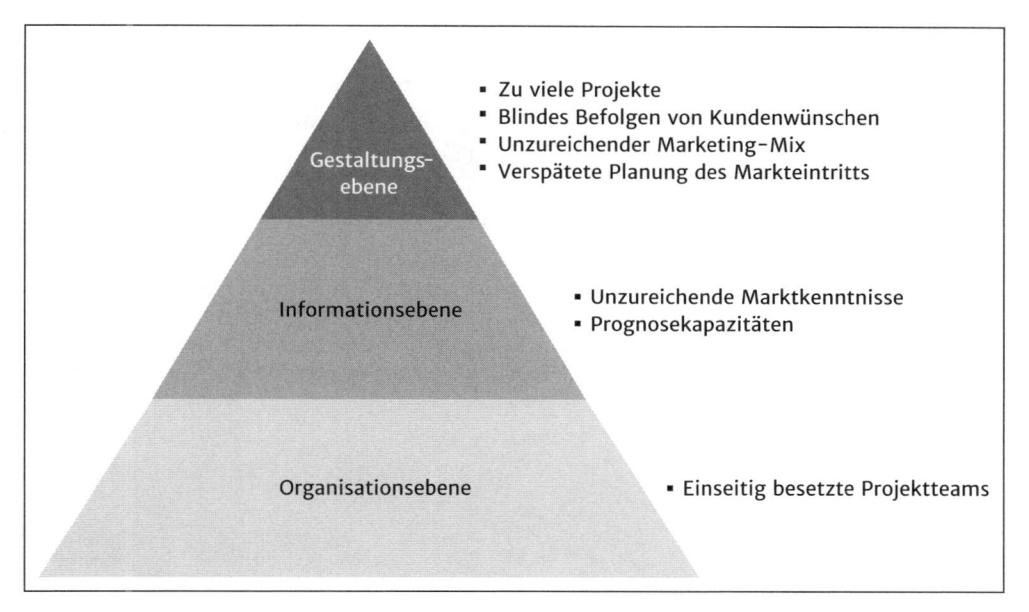

Gestaltungsebene
- Zu viele Projekte
- Blindes Befolgen von Kundenwünschen
- Unzureichender Marketing-Mix
- Verspätete Planung des Markteintritts

Informationsebene
- Unzureichende Marktkenntnisse
- Prognosekapazitäten

Organisationsebene
- Einseitig besetzte Projektteams

Abb. 15: Gründe für das Scheitern von Produktinnovationen

In der Literatur zu den Barrieren wird weniger die Projektebene betrachtet als vielmehr der Kontext von deren organisatorischen Rahmenbedingungen. Die Autoren blicken bei der Analyse nach Gründen für das Scheitern also weit tiefer und liefern gleichzeitig ein differenziertes Bild zum Thema Misserfolg. Kriterien hierfür sind nicht der kommerzielle Fehlschlag, sondern im Innovationsprozess weiter zurückliegende Aspekte, wie etwa die Veränderung des Anspruchsniveaus im Zielsystem, die Verzögerung des Ver-

	Veränderung	Verzögerung	Verhinderung	Motivation
Motivation zur Zusammenarbeit	⇒	⇒	⇒	⇒
Aufgabenunsicherheit	⇑	⇑	⇒	⇒
Ressourcenallokation	⇒	⇑	⇒	⇒
Prozessbedingte Einschränkungen	⇑	⇒	⇑	⇑

Abb. 16: Innovationsbarrieren nach Mirow (Quelle: Mirow, C. (2010), S. 233)

fahrens, die Verhinderung von angestrebten Konsequenzen oder die unzureichende Motivation der Beteiligten. Dafür wird eine Reihe von Symptomen definiert, deren Entstehung auf mangelnde Kompetenzen, fehlendes Engagement oder konterkarierende strategische bzw. operative Zwänge zurückzuführen ist. Im Ergebnis der gedanklichen Abfolge wird das in Abbildung 16 dargestellte Modell skizziert (Mirow, 2010, S. 232).

Die Abhandlung von Dörner et al. (2011) beinhaltet eine additive Verknüpfung von Elementen der beiden vorgenannten Betrachtungsebenen (ohne in deren Tiefe zu gehen oder eine Kausalitätsstruktur zu entwerfen). Es geht dabei um typische Fehler im Aufbau des Service-Geschäfts.

Entsprechend Mirow (2010, S. 230) sind die Barrieren im Wesentlichen auf organisatorische Restriktionen in vier Bereichen zurückzuführen: Fähigkeiten, Motivation sowie strategische und operative Rahmenbedingungen. Wir werden hierauf im nächsten Kapitel noch näher eingehen, wenn wir die Ergebnisse unserer Interviews in verschiedenen Technologiekonzernen rekapitulieren.

3 Einblicke in das Innovationsmanagement international führender Technologiekonzerne

3.1 Einführung

In Vorbereitung zu diesem Buch haben wir 30 persönliche Interviews mit 31 Managern[77] von zwei Dutzend Konzernen geführt. Zum weit überwiegenden Teil handelte es sich um Führungskräfte aus zentralen Abteilungen für Innovation, Strategie und/oder Geschäftsentwicklung. Überdies wurden Gespräche mit verschiedenen Topmanagern und Vertretern einzelner Sparten geführt. Weitere Angaben zu den Interviewpartnern sind in Tabelle 2 festgehalten.

Konzern	Name des Interviewees		Position	Standort
3M Europe	Paul	Wienen	Head of Business Development Electricity Markets Europe	Neuss
Airbus Group SE	Otto	Gies	Head of New Business, Start-ups, Innovation Nursery	Ottobrunn
Akzo Nobel NV	Marcella	Gagliardo*	Innovation Platform Owner	Amsterdam
Altana, BYK-Chemie GmbH	Anette	Brüne	Head of Strategic Business Development	Wesel
Axalta Coating Systems Germany GmbH	Tanja Oliver	Renkes Reis	Technology Manager R&D, Commercial Vehicles/Technology Manager OEM, EMEA	Wuppertal
BMW AG	Hanns-Christian	Hasenclever	Leiter Strategie	München

---

77 Bei Axalta wurde das Gespräch mit zwei Personen gleichzeitig geführt.

Konzern	Name des Interviewees		Position	Standort
Robert Bosch GmbH	Armin	Czeppel	Director Organizational Development	Stuttgart
CABB Group GmbH	Peter	Vanacker	CEO und Managing Director	Sulzbach/ Taunus
Clariant AG	Richard	Haldimann	Head of New Business Development	Muttenz/CH
Daimler AG	Patrick	Planing**	Business Innovation	Leinfelden-E.
Daimler AG	Thomas	Eisenbarth	Leiter Business Innovation	Leinfelden-E.
Deutsche Post DHL Group	Detlev	Ruland	CIO, Bereichsvorstand E-Commerce Parcel	Bonn
Evonik Industries AG	Peter	Nagler	Head of International Innovation	Hanau
Freudenberg Technologies SE & Co KG	Silke	Wagener	Director Strategic R&D; Head of New Business Development	Weinheim
Henkel AG & Co. KGaA	Michael	Todd	Corporate Vice President Research, Adhesive Technologies	Düsseldorf
Henkel AG & Co. KGaA	Paolo	Bavaj	Corporate Director New Business Development, Adhesive Technologies	Düsseldorf
Heraeus Deutschland GmbH & Co. KG	Hans-Jürgen	Wachter	Executive Vice President Heraeus New Businesses — Technology & Scouting	Hanau
Lanxess AG	Hartwig	Meier	Head of Global Product and Application Development	Dormagen
Lanxess AG	Markus	Eckert	Head of Corporate Development	Köln
Mann+Hummel GmbH	Michael	Wilde	Manager Corporate Strategy and Innovation Management	Ludwigsburg
Merck KGaA	Michael	Heckmeier	Head of Business Unit Performance Materials	Pigments & Functional Materials	Darmstadt
Merck KGaA	Frank	Pflücker	Director Technology & Application Network EU Functionals	Darmstadt

3.1 Einführung

Konzern	Name des Interviewees		Position	Standort
Merck KGaA	Roman	Maisch	Senior Vice President Marketing & Sales Performance Materials	Darmstadt
Schaeffler Technologies GmbH	Heinrich	Schäperkötter	Leiter Innovationsstrategie, Innovationsmanagement	Herzogenaurach
SCHOTT AG	Reiner	Mauch	Leiter Corporate Business Development	Mainz
SGL Group	Burkard	Straube	Chairman BU Graphite Materials & Systems	Wiesbaden
T-Systems International GmbH	Stephan	Verclas	Vice President Innovation Management	München
ThyssenKrupp AG	Markus	Oles	Head of Technology Strategy & Projects	Essen
Voith GmbH	Klaus-Günther	Strack	Leiter Unternehmensentwicklung	Heidenheim
Wacker KGaA	Arndt	Schlosser	Leiter Innovationsprozesse & New Business	Burghausen

Tab. 2: Übersicht Interviewpartner

*Inzwischen R&D-Manager bei Stahl International NV (Waalwijk);
** Inzwischen im Bereich Konzernstrategie

Die Dauer der Interviews variierte zwischen 60 und 180 Minuten. Fast alle Gespräche wurden im Rahmen eines persönlichen Treffens am Dienstsitz der Befragten geführt. Lediglich in drei Fällen musste der Austausch auf telefonischem Wege erfolgen. Im Nachgang wurden die Interviewpartner gebeten, einen kurzen Fragebogen auszufüllen. 24 der 31 Interviewpartner haben den Fragebogen vollständig ausgefüllt zurückgeschickt. In einigen Fällen wurde dies mit Verweis auf die hohe Diversität des Unternehmens abgelehnt. Einige der Gesprächspartner haben sich bereit erklärt, unserem Buch einen kurzen persönlichen Erfahrungsbericht zu Erfolgsfaktoren im Innovationsmanagement beizufügen. Diese Beiträge können in Abschnitt 3.5 eingesehen werden.

Etwa die Hälfte der Interviewpartner ist in Chemie-Unternehmen tätig, der Branche mit der höchsten Innovatorenquote Deutschlands im Jahre 2013 (Rammer et al., 2015, S. 3). Als weitere Branchen sind vertreten: Automobilbau inkl. Zulieferer, Glasproduktion, Flugzeugbau, Stahlverarbeitung, Maschinenbau sowie als einzige (reine) Dienstleister Logistik und Telekommunikation. Bei drei Interviewpartnern ist eine klare Branchenzuordnung nicht möglich, da sie in Mischkonzernen arbeiten. Von vier Ausnahmen abgesehen haben alle Konzerne der von uns befragten Manager ihre Zentrale in Deutschland.[78] Die Manager selbst sind zum überwiegenden Teil deutsche Staatsangehörige. Je ein Interviewpartner kommt aus Belgien, Italien, der Schweiz und den USA.

3.2 Die zentralen Erkenntnisse im Überblick

Die 30 Interviews und die vorliegenden Daten zu 24 Fragebögen führen insgesamt zu einem einheitlichen Bild hinsichtlich des Innovationsmanagements aus Sicht der befragten Führungskräfte. Dabei erscheinen uns vor allem folgende Aspekte von zentraler Bedeutung:

- Die Befragten lassen im Gesamtbild ein mittleres Zufriedenheitsniveau in Bezug auf das Innovationsmanagement der eigenen Firma erkennen. Bei 624 Bewertungen (24 Fragebögen mit jeweils 26 Kriterien) nach dem Schulnotensystem gelangt man zu einem Durchschnittswert von 2,9.
- Besonders kritisch werden insbesondere die späten Phasen im Innovationsprozess gesehen. Je näher die Kommerzialisierung rückt, desto größer werden offensichtlich die Schwierigkeiten.
- Kein Bereich wird derart negativ gewertet wie die Aktivierung bzw. der Aufbau eines Vertriebsteams im Zuge des Markteintritts.

Bei den Interviews wurden überdies drei Problemfelder sehr häufig und intensiv thematisiert:

- Im Organisationssystem kommt es zu einem Prioritätenkonflikt zwischen strategischen und inkrementellen Innovationen, wobei letztere ein weitaus stärkeres Gewicht finden.
- Optimierungsbedarf wird im Hinblick auf die Organisationskultur gesehen, wobei häufig eine intensivere Einbindung des Topmanagements in die kritischen Phasen im Innovationsprozess gewünscht wird, was allerdings ausschließlich für die zentralen Bereiche gilt, während man auf Spartenebene ein solches Begehren eher kritisch sieht.
- Viele Firmen befinden sich in einem organisationskulturellen Wandel. Dabei werden die Denkweisen, die während verschiedener Rationalisierungswellen der vergangenen beiden Jahrzehnte geprägt wurden, zunehmend kritisch hinterfragt und mehr Spielräume für die Entfaltung von Kreativität und unternehmerischer Initiative auf Mitarbeiterebene postuliert. Allerdings scheint sich dieser Prozess der Neuorientierung vielerorts noch in einem frühen, teils sogar embryonalen Stadium zu befinden. Die Innovationsfähigkeit verschiedener Konzerne wird dadurch negativ tangiert.

Die Implikationen unserer Erkenntnisse für das betriebliche Innovationsmanagement werden wir in Kapitel 4 noch näher erörtern.

---

[78] Die Ausnahmen beziehen sich auf Firmengruppen mit Stammsitz in den Niederlanden, der Schweiz und den USA.

3.3 Befunde aus den Interviews

Die Wiedergabe der Ergebnisse en détail ist im Folgenden nach zwei Ebenen unterteilt:
- Zunächst stellen wir dar, inwieweit die in der Literaturanalyse identifizierten Erfolgsfaktoren für die Befragten von Relevanz sind.
- In einem zweiten Schritt lösen wir uns von diesem Bezugsrahmen und fassen die Ergebnisse auf Basis einer aggregierten Betrachtung zu den generellen Systemen, Problemen und Prioritäten der Befragten zusammen.

3.3.1 Erkenntnisse zu den Erfolgsfaktoren aus der Literatur

Insgesamt differiert das Antwortbild der Interviews mitunter deutlich gegenüber den Schwerpunkten, die im Rahmen der Literaturanalyse identifiziert wurden. Im Folgenden haben wir die dabei genannten Erfolgsfaktoren grob klassifiziert, einerseits nach der Häufigkeit der Nennung in den Interviews, andererseits nach der Intensität, mit der sie gegebenenfalls hervorgehoben wurden (vgl. Abb. 17).

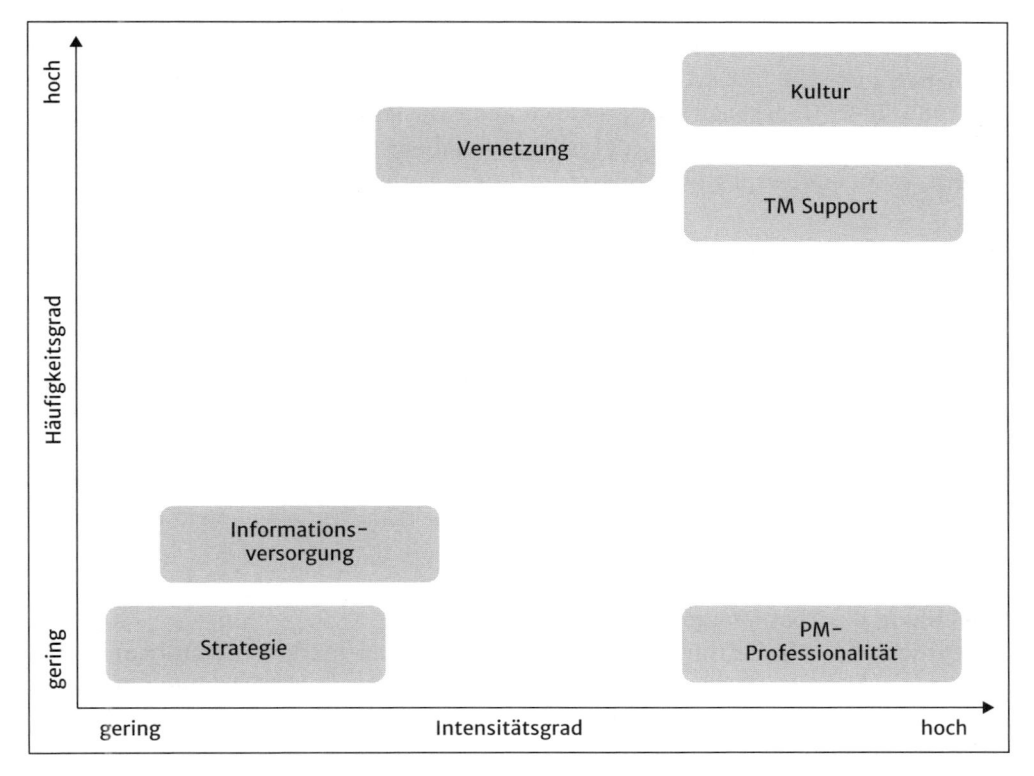

Abb. 17: Die Erfolgsfaktoren aus der Literatur aus Sicht der Befragten

Zu den einzelnen Faktoren lassen sich folgende Erkenntnisse ableiten:

Strategie
Bei unseren Interviews wurde die Strategie nur von ganz wenigen Befragten als Erfolgsfaktor genannt. Dies dürfte zunächst einmal methodische Gründe haben: Die Interviewpartner waren im Gegensatz zu vielen anderen Studien nicht darum gebeten worden, die Relevanz der Strategiearbeit in einem Ankreuzschema zu bewerten. Stattdessen war die Frage nach Erfolgsfaktoren offen gestellt worden. Wenn das Thema »Strategie« dabei nie genannt wurde, kann dies drei verschiedene Gründe haben:
- Es wird als selbstverständlich vorausgesetzt. Wir konnten tatsächlich feststellen, dass nahezu alle Befragten Strategiepläne erstellen ließen oder zumindest befolgten.
- Defizite in anderen Bereichen wurden emotional intensiver verarbeitet, da Fehlschläge diesen leichter zugeordnet werden können, was sich wiederum auf das Antwortverhalten zur offenen Frage nach Erfolgsfaktoren entsprechend auswirkt.
- Strategien wird letztlich in der Tat ein geringer Effekt für den Innovationserfolg beigemessen. Es gibt in der Literatur durchaus Beiträge, in denen darauf hingewiesen wird, dass Strategien oft den Charakter von ex post Erläuterungen zu Vorgängen einnehmen, an deren Anfang gar keine explizite Strategieformulierung stand (z. B. Schuh/Kampker, 2011, S. 106 f.). Die Beteiligten haben intuitiv zunächst das Richtige getan und dann erst später »erfahren«, dass ihre Strategie erfolgreich war bzw. dass sie überhaupt eine Strategie hatten. Wenn man die Autobiografien erfolgreicher Manager wie Lee Iacocca (1995), Jack Welch (2003) oder (zeitweise) Bernard Tapie (1986) liest, findet man dort praktisch keine Auslassungen zum Thema Strategie. Dabei wurden deren Firmen (Chrysler, General Electric etc.) in der Literatur lange Zeit als Musterbeispiel für erfolgreiche Strategiearbeit gefeiert.

Nach der Hälfte der Interviews sind wir explizit der Frage nachgegangen, warum die Strategie nicht als Erfolgsfaktor erwähnt wurde (auch wenn dies der Fall war). Der Grundtenor der Antworten war, dass dieser Faktor zwar wichtig, aber nicht von zentraler Bedeutung sei. Es entstand für uns der Eindruck, dass viele der Befragten in erster Linie projektorientiert dachten und die Unternehmensstrategie mehr als generelle Rahmenbedingung (denn als zentrale Richtschnur) ihrer eigenen Arbeit ansahen. Auch dann, wenn sie die Strategie zumindest als Ausgangspunkt für die Gestaltung des eigenen Produkt-Portfolios erachteten oder gar an deren Entwicklung mitgewirkt hatten, schienen sie deren Stellenwert für den eigenen Arbeitskontext eher von untergeordneter Bedeutung zu sehen.

Einbindung des Topmanagements
In deutlich mehr als der Hälfte der Interviews wurde eine starke Unterstützung durch das Topmanagement als wesentliche Erfolgsvoraussetzung für ambitionierte Innovationsprojekte hervorgehoben. Hinsichtlich der vom Topmanagement erwarteten Rollen standen zwei Aspekte im Vordergrund:
- Die Geschäftsleitung als »Enabler«, der dazu beiträgt, dass sich Ideen für Innovationen in der Organisation entfalten können.
- Das Topmanagement als Durchsetzungsinstanz, die sicherstellt, dass Innovationsprojekte konsequent umgesetzt werden.

Die Erwartungen gehen also in Richtung eines variablen Führungsstils, der je nach Aufgabenkonstellation höchst unterschiedliche Akzente setzt. Dies korrespondiert mit dem aus der Literatur bekannten »Organisatorischen Dilemma« (Hope et al., 2011).

Keine der beiden Anforderungen erfordert einen höheren oder gar hohen Zeitaufwand für das Topmanagement. Im ersten Fall entsteht mehr Freiraum für »laissez faire«, was für das Topmanagement sogar mit einer Entlastung verbunden sein kann. Die Einbindung in der anderen Variante wäre mehr punktueller Natur.

Deutlich wird aus diesem Zusammenhang, dass das Topmanagement mit der Einrichtung einer zentralen Innovationsabteilung seine Verantwortung für diesen Bereich der Unternehmensentwicklung nicht komplett abgeben kann. Eher ist zu erwarten, dass es mit der Schaffung einer solchen Instanz letztlich selbst noch stärker in Innovationsvorhaben hineingezogen wird als vorher und dass das Risiko, dass dieser Druck von den dezentralen Einheiten aufgebaut wird, geringer erscheint. Bei den Interviews, die wir auf dieser operativen Ebene geführt haben, wurden Interventionen des Topmanagements im Innovationsgeschehen des Konzerns eher skeptisch gesehen.

Diese Gesamtkonstellation verdeutlicht, dass hier sehr unterschiedliche Erwartungshaltungen vorliegen, die Risiken für die Kontinuität im Innovationsverhalten mit sich bringen. Wir kommen auf diesen Punkt später noch zu sprechen, wenn wir das Antwortverhalten in einer Gesamtschau auswerten.

Vernetzung
Dieser Bereich wurde ähnlich häufig als Erfolgsfaktor thematisiert wie die Einbindung des Topmanagements. Dabei gab es jedoch gewisse Unterschiedlichkeiten hinsichtlich der Art der Vernetzung. Zwei Bereiche wurden besonders häufig und als bedeutsam angeführt:
- die Bildung von konzerninternen Kooperationsverbünden über verschiedene Abteilungen hinweg
- die Einbeziehung von Kunden in den Innovationsprozess.

Weitaus seltener wurden genannt:
- interinstitutionelle Vernetzungen in der Inventionsphase, etwa mit Forschungsinstituten und Zulieferern. Es klang zwar sehr häufig an, dass dies praktiziert würde, jedoch scheint dem eine weitaus weniger wichtige Rolle beigemessen zu werden als den beiden oben angegebenen Bereichen. Außerdem seien die Kooperationsverbindungen meist recht lose. Für uns entstand der Eindruck, dass Open Innovation in dieser Hinsicht heutzutage zwar gewissermaßen eine Selbstverständlichkeit ist, in der tatsächlichen Entwicklungsarbeit jedoch allenfalls komplementär wirkt. Dies würde auch die Erkenntnisse aus der vor uns ausgewerteten Literatur bestätigen (z. B. Doudorova/Bevis, 2014).
- die Einbindung von Zielgruppen, die noch nicht im aktuellen Kunden-Portfolio vertreten sind. Das Lead-User-Konzept erfreut sich zwar großer Popularität, jedoch scheint sich dies mehr auf gut vertraute Kunden zu beziehen.

- horizontale unternehmensübergreifende Kooperationen, wie sie vor allem in der Chemie-Industrie sehr häufig praktiziert werden. Nach unserem Eindruck scheint dieser Austausch mehr informell zu erfolgen.

Aus dieser Konstellation ergibt sich insgesamt das Risiko, dass sich die Anstrengungen der Konzerne für den Aufbau von Netzwerken im Innovationsprozess mehr auf Bereiche konzentrieren, die sich prima vista relativ leicht realisieren lassen.

Informationsversorgung
Dieser Bereich wurde in fast keinem Interview offensiv angesprochen. Auch die Erwähnung des Begriffs Knowledge Management ließ in keinem Gespräch eine intensive Reaktion erkennen. Dies könnte drei Gründe haben:
- In einigen Konzernen wurden im Laufe des letzten Jahrzehnts zentrale Stellen für diese Aufgabe eingerichtet oder zumindest ausgebaut. Man scheint darauf zu vertrauen, dass damit der generelle Bedarf an Infrastruktur für Informationsversorgung gedeckt ist.
- Das eigene Informationsbedürfnis fokussiert sich in erster Linie auf das Portfolio der vorhandenen Projekte und deren Umfeld. Hier werden teils umfassende Rechercheaktivitäten unternommen, sodass der subjektiv wahrgenommene Informationsbedarf ausreichend gedeckt ist. Der weit überwiegende Teil der befragten Personen involviert hier externe Berater. Diese Tatsache macht zugleich deutlich, dass das Angebot der zuvor erwähnten zentralen Stellen mit dem konkreten Informationsbedürfnis unserer Interviewpartner im Projektverlauf nicht deckungsgleich ist.
- Man sieht die Informationsversorgung als Konsequenz der gepflegten Netzwerksysteme. Damit wären verschiedene Risiken verbunden. Über die Einbindung in Netzwerke erhält man zwar meist Informationen, die für andere Marktteilnehmer nicht so leicht zugänglich sind, der Informationstransfer ist allerdings selten systematisch und umfassend. Überdies erfordert der Aufwand der Informationsbeschaffung auf diesem Weg meist hohe Investitionen an Zeit und Energie (zur kontinuierlichen Pflege der Netzwerke).

Aus unseren Gesprächen lässt sich somit keinesfalls bestätigen, dass das Knowledge Management — wie in der Literatur hervorgehoben — wieder sehr viel stärker ins Blickfeld rückt. Die Rahmenbedingungen der Informationsversorgung haben sich seit der ersten »Modewelle« in den 1990er-Jahren grundlegend verändert. Bei sehr vielen Informationskategorien ist der Zugang erheblich erleichtert worden. Allerdings hat die verfügbare Informationsmenge seither exponentiell zugenommen (Ritchel, 2010). Da es gleichzeitig zu keiner nachhaltigen Verbesserung der Filtermechanismen gekommen ist, stellt sich das Problem des *Information Overload* gravierender dar denn je zuvor. Vor diesem Hintergrund mag es verständlich erscheinen, dass die generelle Informationsversorgung im Hinblick auf das Innovationsmanagement für die Beteiligten gegenwärtig keinen hohen Stellenwert einnimmt. Der Bedarf wird mehr in Abhängigkeit von bestimmten Projektsituationen artikuliert, wobei dann durchaus größere Anstrengungen und teilweise auch Investitionen in externe Unterstützung aufgewandt werden, um die erforderlichen Informationen zu erhalten. Im Mittelpunkt steht dabei meist die Validierung von Vorstellungen über künftige Geschäftsmöglichkeiten oder die Prüfung des hier generell denkbaren Optionenspektrums. Die Qualität der Informationsversorgung wird dabei offensichtlich als Schlüssel zur erfolgreichen Weiterführung des Vorhabens wahrgenommen. Sie bestimmt sehr stark die Erfolgsaussichten bei Präsentationen vor dem Lenkungsausschuss und bei Verhandlungen mit den vorgesehenen Project Owners in den operativen Einheiten.

Projektmanagement
Das Thema Projektmanagement wurde spontan nur selten als zentraler Erfolgsfaktor genannt. Dafür dürften drei Gründe maßgebend sein:
- In den meisten Konzernen ist der Gestaltungsrahmen für Projektarbeiten durch präzise Standards genau festgelegt. Dies gilt insbesondere für die Verfahrensebene. Durch die dabei vorgeschriebenen Dokumentationsformen wird auch sichergestellt, dass die Normen bei allen Vorhaben eingehalten werden.
- Viele der Befragten tragen im Hinblick auf die Projekte selbst die zentrale Verantwortung. Durch die damit verbundene Kontrollkompetenz ist es wenig wahrscheinlich, dass das Thema als *Pain Point* empfunden wird, und dies wäre eine Voraussetzung dafür, dass es bei einer spontanen Beantwortung der Frage zu den Erfolgsfaktoren sofort ins Bewusstsein rückt.
- Bei den von den Befragten betreuten Projekten handelt es sich zum überwiegenden Teil um Vorhaben mit Prüfcharakter zu bestimmten Marktchancen. Eine Umsetzung in das operative Geschäft ist noch nicht erfolgt. Dies reduziert die Wahrscheinlichkeit, dass es zu Problemen kommt, aus denen sich Schwächen im Projektmanagement ableiten lassen.

Die wenigen Befragten, die das Thema Projektmanagement als Erfolgsfaktor hervorgehoben haben, taten dies jeweils mit besonderem Nachdruck. Allerdings trafen für sie mindestens zwei der zuvor genannten drei Bedingungen nicht zu. Die betreffenden Interviewpartner rekurrierten in ihrer Einschätzung auf die Beobachtung von Projekten, die an anderer Stelle durchgeführt wurden und/oder sich in der Umsetzungsphase befanden. Bei den wahrgenommenen Problemen wurde allerdings weniger die Absenz oder mangelnde Eignung von Projektmanagement-Methoden beklagt. Vielmehr standen die unzureichende Beachtung allgemeiner Gütekriterien, wie etwa die Klarheit der Zieldefinition, das kontinuierliche Monitoring oder die Flexibilität in der Anpassung der Prioritäten an veränderte Rahmenbedingungen im Fokus. Aus den Erhebungsbefunden lässt sich relativ deutlich die Folgerung ableiten, dass es für den Innovationserfolg unerheblich ist, welche Tools im Projektmanagement zur Anwendung gebracht werden. Wenn also in Projekten (wie Cooper es anzeigt) immer wieder die gleichen Fehler begangen werden, dann dürfte dies weniger eine Folge fehlender Methodenkompetenz sein, sondern mehr in Zusammenhang mit deren Nutzungsweise stehen.

Das Stage-Gate-Modell von Cooper wird zwar von fast allen Unternehmen zur Anwendung gebracht, dabei wird jedoch sehr häufig dessen Rigidität kritisiert, die zulasten der Entfaltung kreativer Potenziale ginge.

Kultur

In unseren Interviews wurde in Zusammenhang mit den Determinanten für erfolgreiche Innovationsarbeit kein Faktor häufiger genannt als die Kultur.[79] Viele der von uns befragten Personen wiesen darauf hin, dass sich in ihren Konzernen seit einigen Jahren ein Kulturwandel abzeichnet, bei dem der langjährige Fokus auf Rationalisierung zugunsten eines innovationsorientierten Klimas immer mehr aus dem Blickfeld gerät. Einige Konzerne haben dabei ambitionierte Programme eingeleitet, die direkt vom Topmanagement initiiert wurden.

Gleichzeitig ließ die Mehrzahl der Befragten allerdings anklingen, dass der angestrebte kulturelle Wandel noch nicht sehr weit fortgeschritten sei. Die bestehende Kultur würden sie weiterhin als nicht sehr förderlich für Innovationen erachten. Kritisiert wurde insbesondere die fehlende Ambidextrie zwischen dem Wunsch nach Stabilität und Effizienz auf der einen und dem Begehren nach möglichst hoher Flexibilität auf der anderen Seite. Dabei wurde wiederholt betont, dass die eigene Organisation zu starr sei, um genügend Freiraum für die Entfaltung kreativer Ideen und deren Umsetzung in Projekte zu ermöglichen.

Zu recht überraschenden Erkenntnissen sind wir gelangt, als wir — meist implizit — die Frage aufwarfen, welche Einflussfaktoren denn für die bestehende Kultur prägend seien. Hier waren für uns sehr viele »Opfer« und sehr wenige »Täter« zu erkennen. In der Regel wird das Topmanagement als kulturprägender Faktor wahrgenommen. Die wenigen Vertreter aus dem Topmanagement, die wir interviewt haben, wiesen uns wiederum darauf hin, dass Kultur aus einem Bottom-up-Prozess entstünde.

Auch sonst war das Antwortverhalten stark positionsabhängig:

- Vertreter der zentralen Stellen haben fast durchgängig erkennen lassen, dass sie sich mehr als Objekt denn als Subjekt in der Gestaltung des organisatorischen Kultursystems sehen. Dabei wird das System der operativen Einheiten oftmals als ein Block wahrgenommen, der sehr stark von effizienzorientierten Aspekten getrieben scheint. Die Verantwortlichkeit für Veränderungsmaßnahmen wird in erster Linie beim Topmanagement gesehen, wobei sich viele der Befragten ein stärkeres Engagement auf der Ebene der Durchsetzung von Innovationsvorhaben wünschen würden.
- Nicht ganz so extrem war hier die Haltung bei den Gesprächspartnern der dezentralen Ebene. Sie sehen sich hier mehr selbst in der Verantwortung. Vom Topmanagement wird in erster Linie erwartet, dass es Innovationsprozesse nicht behindert. Initiativen der Geschäftsleitung zur Stimulierung von Innovationsaktivitäten werden eher skeptisch gesehen. Dies dürfte letztlich auch die Akzeptanz von Innovationsvorhaben tangieren, welche die zentralen Stellen voranzutreiben versuchen.

Diese Unterschiede hinsichtlich der Erwartungen über Verhaltensformen im Innovationsgeschehen können bedeutsame Konsequenzen für die Innovationsfähigkeit insgesamt nach sich ziehen. Wir werden das in Kapitel 4.1 noch genauer thematisieren.

---

79 Dies entspricht einer Studie von McKinsey (Barsh et al., 2008), in der 94 % aller (600 befragten) Manager die Bedeutung dieser Komponente als zentral für erfolgreiches Innovationsmanagement hervorgehoben haben.

Eine innovationsfreundliche Kultur ist für viele der Befragten durch die Attribute Risikofreude, Förderung des »Intrapreneurships« und vor allem durch Fehlertoleranz gekennzeichnet. Der letztgenannte Punkt wurde besonders häufig genannt. Misserfolge sollten als Quelle des Lernens verstanden und nicht zwangsläufig negativ sanktioniert werden. Auf dieses Thema wurde immer wieder mit besonderem Nachdruck hingewiesen. Offensichtlich operieren die Befragten in einem kulturellen System, das Scheitern eher negativ wertet. Bei einem der beiden amerikanischen Konzerne, die an unserer Studie teilgenommen haben, wurde hingegen betont, dass Fehlschläge gezielt »zelebriert« würden, um daraus positive Konsequenzen für das weitere Innovationsverhalten zu ziehen. Dabei handelt es sich um eine Unternehmensgruppe, die ihre Innovationsneigung als zentrales Element in der Außendarstellung kommuniziert. Anthony et al. (2014, S. 66) fordern eine Art »*Zombie Amnesty*« für Projekte, die keine Fortschritte erzielen, aber weiterhin Ressourcen binden und daher gestoppt werden sollten.

Ein entscheidender Faktor sei der Führungsstil gegenüber den mit Innovationsvorhaben betrauten Mitarbeitern. Wechselseitiges Vertrauen, bei dem die Akteure »an der langen Leine« operieren können, wird als Wesensbestandteil einer innovationsorientierten Führung angesehen.

3.3.2 Einblicke in das generelle Innovationsmanagement

Die weiteren Schlussfolgerungen, die sich aus einer aggregierten Betrachtung aller Erhebungsbefunde unabhängig von den in der Literatur identifizierten Faktoren ergeben, lassen sich in vier Kategorien unterteilen:
- grundsätzliche Organisation im Innovationsmanagement
- Schnittstellenproblematiken im Wertkettensystem
- Ressourcenausstattung im Innovationsprozess
- Timing.

Grundsätzliche Organisation im Innovationsmanagement
Die meisten Firmen bzw. Konzerne scheinen das Innovationsmanagement in einem Two-Tier-System zu organisieren:
- In den dezentralen Geschäftseinheiten stehen inkrementelle Innovationen im Vordergrund. Dabei wird kontinuierlich versucht, auf Wunsch der bestehenden Kunden Verbesserungen bei Produkten, Lösungen und teilweise auch Diensten zu entwickeln.
- Unterhalb des Topmanagements wurden in den meisten Firmen zentrale Einheiten etabliert, die mit dem Mandat ausgestattet sind, Innovationen auf neuen Märkten, mit neuen Kunden und/oder komplett neuen Leistungsangeboten voranzutreiben. Diese Stellen sind in der Regel stärker mit Chancen des Technology Pushs befasst,[80] ein Anspruch, dem auch dadurch gerecht zu werden versucht wird, indem man deren Leitungen fast immer mit Personen mit natur- oder ingenieurwissenschaftlicher Ausbildung besetzt hat.

---
80 Allerdings stets unter Berücksichtigung längerfristiger Markttrends.

Insgesamt wurde deutlich, dass die organisatorische Trennung der damit verbundenen Verantwortlichkeiten im Innovationsmanagement für die betroffenen Mitarbeiter mit erheblichen Belastungen verbunden ist:

Im dezentralen Bereich werden viele Firmen von ihren Kunden mit Verbesserungswünschen gewissermaßen vor sich hergetrieben. Dabei rückt der Fokus beim Thema Innovation immer mehr von der Produkt- auf die Prozessebene ab. Die Innovationshöhe sinkt und der Spielraum für kreative Entfaltung wird zunehmend beschränkt. Gleichzeitig wird die technisch-wissenschaftliche Qualität des vorhandenen FuE-Personals immer weniger für Inventionstätigkeiten eingesetzt. Stattdessen stehen graduelle Verbesserungen unter hohem Zeitdruck im Vordergrund. Zeitliche Engpässe an sich können schon die Entwicklung von Kreativität beeinträchtigen (Sander/Janovsky, 2016). FuE-Mitarbeiter, die sich dem Druck beugen, werden Schwierigkeiten haben, ihr wissenschaftliches Qualifikationsniveau zu halten. Damit werden sie mit der Zeit leichter austauschbar, was die Aufholjagd für Wettbewerber aus fernöstlichen Ländern erleichtert.[81] In der Konsequenz zeichnet sich immer mehr das Risiko ab, dass Firmen sich sukzessive in Existenzschwierigkeiten innovieren.

Vor diesem Hintergrund wurden die zentralen Bereiche geschaffen. Sie sollen quasi ein Gegengewicht zu den riskanten Trends auf dezentraler Ebene verkörpern. Der Gedanke an sich ist verlockend, allerdings wird er in vielen Firmen nicht konsequent umgesetzt. Aus unserer Sicht haben die zentralen Innovationsabteilungen[82] ihren Positionierungsprozess in der Organisation bei vielen Konzernen noch nicht abgeschlossen. Dafür sprechen folgende Tatbestände:

- Die zentralen Bereiche haben weitgehend den Charakter klassischer Stabsstellen, d. h., sie genießen direkten Zugang zum Topmanagement, besitzen aber gegenüber den dezentralen Einheiten keinerlei Weisungsbefugnis. Finanziell sind sie zwar meist so ausgestattet, dass sie aus Innovationsideen auch entsprechende Innovationsprojekte ableiten können, für deren Platzierung auf dem Markt reichen die Mittel in vielen Fällen jedoch bei Weitem nicht aus. Die meisten Firmen sind schon zufrieden, wenn wenigstens ein Projekt pro Jahr zur erfolgreichen Umsetzung gebracht wird. Wenn nun von einer Ausnahme abgesehen alle von den zentralen Einheiten initiierten Vorhaben nicht realisiert werden, dann trägt dies zu einer Erhöhung der Fehlschlagquote bei. Gleichzeitig kann damit ein erheblicher Legitimationsdruck auf die zentralen Innovationsbereiche entstehen.
- Demnach sind diese Stellen bei der Durchsetzung ihrer Ideen meist auch vom Topmanagement abhängig. Für das Topmanagement ist es führungspsychologisch jedoch problematisch, den dezentralen Einheiten die Akzeptanz der Vorschläge seitens der zentralen Instanz vorzuschreiben. Damit tritt auch der klassische Stab-Linien-Konflikt (Irle, 1971) auf, bei dem Stäbe Aufgaben und Probleme eigenständig definieren, ohne dafür die Zustimmung der dezentralen Bereiche zu haben.
- Der geplante Innovationsprozess ist meist in zwei großen Etappen konzipiert. Bei der ersten Stufe geht es um die Verfolgung einer Idee durch ein Projekt; im zweiten

---

81 Vgl. hierzu die Diskussion zum Thema »Reverse Innovation« (Govindarajan/Timble, 2013).
82 Weit häufiger taucht der Ausdruck »Business Development Unit« auf.

Fall soll das Projekt dann zu einem Geschäft ausgebaut werden. Zum überwiegenden Teil konzentrieren sich die Aktivitäten der zentralen Bereiche auf die erste Stufe. Die Erfahrungen mit der zweiten Stufe waren — über alle Interviews hinweg betrachtet — erstaunlich rar. Offensichtlich tun sich viele Konzerne schwer, einen komplett ausgearbeiteten »Business Plan« in die Kommerzialisierungsphase zu überführen.
- In einigen Konzernen scheinen die von diesen Bereichen wahrgenommenen Aufgaben schon nach kurzer Zeit vom ursprünglichen Anforderungsprofil (im Bereich der Geschäftsentwicklung) abzuweichen. Dabei werden mitunter Trainings-, Beratungs- und Kommunikationsfunktionen wahrgenommen, die mit »Business Development« allenfalls indirekt zu tun haben.
- Einige Konzerne haben diesen Bereich inzwischen schon wieder eingestellt oder mit gänzlich neuen Aufgaben versehen, wobei das Innovationsthema an den Rand gerückt ist.

Für die dezentralen Einheiten gibt es viele legitime Gründe, Innovationsprojekte aus den zentralen Einheiten abzulehnen:
- Jedes von zentraler Stelle herangetragene Projekt bedeutet zunächst einmal Zusatzarbeit. Wenn diese nun mit bestehenden Ressourcen geschultert werden soll, dann wird es zu einem Prioritätenkonflikt mit dem laufenden Geschäft kommen. Das Spannungspotenzial wird möglicherweise noch zunehmen, wenn die Sparte bereits umfangreiche Kapazitäten in Initiativen für inkrementelle Innovationen zum Einsatz bringt.
- Innovationen benötigen in der Regel einige Zeit, bevor sie Verkaufszahlen generieren. Noch mehr Geduld ist auf der Ebene der Rentabilität gefordert. In Anbetracht der hohen Flopraten bei Innovationen bestehen zudem Zweifel daran, ob diese überhaupt jemals zur Verbesserung der Ertragslage beitragen werden. Der Widerstand in den operativen Bereichen wird umso mehr wachsen, je stärker deren Leistung anhand von quantitativen Werten gemessen wird, was vor allem für die Positionen gilt, die an der Wertkette ganz vorn am Interface zum Markt liegen, wie etwa der Vertrieb. Je näher das Innovationsvorhaben an das Kundensystem heranrückt, desto weniger motiviert dürften demnach die Akteure sein, die zu deren Kommerzialisierung beitragen sollen.
- Der Widerstand wird insbesondere dann zunehmen, wenn Neuerungsaktivitäten Aktivitäten außerhalb bewährter Handlungsmuster erfordern. Vor allem bei Vorhaben, die aus generellen Markttrends oder neuen technologischen Optionen (Technology Pushs) abgeleitet werden, müssen oft neue Kundengruppen erschlossen oder gar neue Geschäftsmodelle implementiert werden. Damit müssen sich die dezentralen Einheiten auf eine *terra incognita* begeben, und dies noch dazu bei Vorhaben, die von ihnen gar nicht initiiert wurden, was schon per se eine Akzeptanzbarriere darstellen kann.
- Die zentralen Einheiten operieren bei der Umsetzung von Ideen in Projekte oft in Systemen mit dem Anspruch von Open Innovation. D. h., sie setzen externe Knowhow-Träger ein, wie etwa Forschungsinstitute. Selten wird es so sein, dass deren Output produktionstechnisch sofort umgesetzt werden kann. Hier sind dann die

eigenen Fachkräfte der dezentralen Einheiten gefordert. Dabei kann das »Not Invented Here«-Syndrom eine wichtige Rolle spielen. Auch außerhalb dieser problematischen Konstellation werden Prozesse des Open Innovation oftmals die unternehmensinternen FuE-Instanzen behindern (Doudorova/Bevis, 2014). Im gegebenen Fall dürfte deren obstruktive Haltung eher noch gefördert werden.

Diese Zweiteilung im Innovationsmanagement birgt naturgemäß erhebliche Konfliktpotenziale in sich und führt zu Spannungsfeldern in vier strategisch bedeutsamen Bereichen:
- Innovationsart: Technology Push versus Demand Pull
- Innovationsintensität: radikale Neuerungen versus inkrementelle Verbesserungen
- Kundenorientierung: potenzieller Bedarf versus aktuelle Kundenwünsche auf der einen und nicht erschlossene Zielgruppensegmente versus bestehendes Kunden-Portfolio auf der anderen Seite
- Fristigkeit in der Prioritätensetzung: Wunsch nach Geduld bei fundamentalen Neuerungen versus Druck der Kapitalmärkte und des Topmanagements zur raschen und stetigen Verbesserung der Quartalszahlen.

Technology Push versus Demand Pull
In der unternehmerischen Praxis werden zwar oftmals »hybride Typen« (Herstatt/Lettl 2006) zwischen beiden Innovationsvarianten praktiziert, allerdings wird das Prioritätensystem letztlich stark davon abhängen, welche Promotoren hier mitwirken und welche Interessen diese verfolgen. Bei den von uns besuchten Firmen hat der Technology Push (auch in der kombinierten Form) kaum noch Chancen auf Entfaltung. Die dezentralen Einheiten konzentrieren sich in ihren innovationsorientierten Aktivitäten vorwiegend auf die Befriedigung aktueller Kundenbedürfnisse, während die zentralen Einheiten diese Beschränkung zwar zu vermeiden versuchen, aber in der Regel dennoch beginnen, das Projekt vom Ende her zu durchdenken. Ausgangspunkt ist oft ein vermuteter Bedarf am Markt und weniger eine technologische Kompetenz im Unternehmen. Die vorhandenen Fähigkeiten und Kompetenzen werden in erster Linie als Voraussetzung betrachtet, um sich gegenüber vorhandenen Trends positionieren zu können.

Radikale Neuerungen versus inkrementelle Verbesserungen
Der Lebenszyklus einer Innovation läuft in der Regel so ab, dass ein Produkt nach der Markteintrittsphase kontinuierlich verbessert wird, wobei im zeitlichen Ablauf Prozesselemente eine immer stärkere Rolle spielen. Daher ist es normal und ökonomisch sicher auch sinnvoll, dass auch in einem stark innovationsorientierten Unternehmen inkrementelle Innovationen stets stärker repräsentiert sind als radikale Neuerungen, für die es bei vielen der von uns besuchten Konzerne allerdings einen sehr geringen Entfaltungsspielraum gibt. Die beiden Neuerungsarten müssen nicht zueinander in Konkurrenz stehen, werden aber durch das Organisationssystem dorthin gebracht, wobei sich der inkrementelle Bereich in einer weitaus komfortableren Position befindet.

Potenzieller Bedarf versus aktuelle Kundenwünsche

Aus den zurückliegenden Ausführungen wird deutlich, dass die Kundenorientierung in vielen der von uns besuchten Konzernen in erster Linie an aktuellen Bedürfnissen ausgerichtet ist. Dies birgt zwei kognitive Risiken in sich:

a) Man reduziert das Zielgruppensystem auf aktuell vorhandene Klienten.
b) Man begrenzt seine Beiträge auf das, was der Kunde fordert, und weniger auf das, was er eigentlich benötigt und auch nachfragen würde, wenn er sich ein entsprechendes Angebot überhaupt vorstellen könnte.

Langfristigkeit versus Kurzfristigkeit

Die Fortschritte in der IT geben uns schon seit längerer Zeit die Möglichkeit, die finanzielle Entwicklung eines Unternehmens sehr rasch abzubilden. Dadurch kann man negativen Trends schneller gegensteuern. Auf der anderen Seite fördert ein derartiges Seismografen-System die Risikoaversion im Unternehmen. Die betreffenden Akteure werden damit unter Druck gesetzt, kurzfristige Erfolge zu realisieren, was fast immer zulasten längerfristig ausgelegter Vorhaben geht.

Insgesamt entstehen damit im Innovationssystem der Unternehmen gefährliche Ungleichgewichte, die das Innovationsvermögen längerfristig beeinträchtigen. Man schafft geradezu eine Kultur der hektischen Reaktion auf Kundenwünsche. Diese einseitige Orientierung an kurzfristigen Kundenbedürfnissen kann die Reaktionsfähigkeit des Unternehmens bei fundamentalen Veränderungen im Umfeld erheblich einschränken. Es darf bezweifelt werden, dass die zentralen Einheiten stark genug sein werden, um dieser Entwicklung entgegenwirken zu können. Schlimmstenfalls können sie diesen Trend sogar verschärfen, weil mit ihrer Gründung das Selbstverständnis der dezentralen Einheiten noch stärker von der Erfordernis fundamentaler Neuerungen weggelenkt wird.

Aus den Interviews wurde bei vielen Konzernen deutlich, dass das Topmanagement grundsätzlich sichergestellt sehen will, dass jeweils beiden Ausprägungen Rechnung getragen wird, in den Prozess zur Ausbalancierung aber selbst nicht (hinreichend) eingreift. Bei dieser Konstellation haben die zentralen Einheiten keinen leichten Stand. Die Suche nach Auswegen schien bei vielen unserer Interviewpartner noch nicht abgeschlossen zu sein. Einige kamen zu dem Schluss, dass dezentrale Einheiten so früh wie möglich in die Projektentwicklung einzubeziehen seien. Allerdings würde dies den Ressourcenaufwand erhöhen. Es stellt sich die Frage, welche Konsequenzen dies vor allem in den Konstellationen nach sich ziehen wird, bei denen Projekte vorzeitig abgebrochen werden müssen. Einer der Teilnehmer sprach daher von einem »*Pareto-Optimum*« für die Einbindung, »nicht zu früh«, wegen der mangelnden Projektreife, und »nicht zu spät«, da sonst das »Not Invented Here«-Syndrom zu wirken beginnt.[83]

Als Ultima Ratio sehen einige der befragten Akteure aus den zentralen Instanzen inzwischen die Gründung von Start-ups zur kommerziellen Umsetzung der von ihnen initiierten Projekte.[84] Dies hat bei vordergründiger Betrachtung zunächst viele Vorteile:

---

83   Zitiert aus dem Bericht von Patrick Planing (Daimler AG).
84   Auch konzerninterne Venture Capital Funds rücken immer mehr ins Blickfeld des Interesses.

- Man löst sich von einer bestehenden Organisationskultur, die mit dem Vorhaben nicht kompatibel erscheint.
- Es besteht mehr Kontrolle über die weitere Realisierung des Vorhabens.
- Gleichzeitig erzeugt es einen legitimatorischen Effekt zugunsten der zentralen Einheit.
- Der psychologisch wohl wichtigste Punkt dürfte aber sein, dass man bei der Projektfortführung nicht auf die Kooperationsbereitschaft der dezentralen Einheiten, bei denen zudem eine negative Grundhaltung vermutet wird, angewiesen ist.

Wenn man im Management eine Option auch deshalb wählt, weil damit Nachteile einer an sich näherliegenden Variante vermieden werden können, dann zeichnen sich damit in der Regel auch neue Herausforderungen und Risiken ab. Für Start-ups in diesem Kontextsystem sind vor allem folgende Aspekte von Relevanz:
- Der Aufbau einer neuen Einheit mit kompletter Wertschöpfungskette benötigt mehr Zeit und verzögert damit den Markteintritt der geplanten Innovation.
- Die betreffenden Mitarbeiter müssen entweder von außen rekrutiert oder intern abgeworben werden. Im ersten Fall entstünden weitere Zeitverluste (auch für die Einarbeitung), im zweiten Fall Konfliktpotenziale im Verhältnis zur bisherigen Organisationseinheit der jeweiligen Person.
- Betriebswirtschaftlich ist es in der Regel nicht sinnvoll, dass die neue Organisation überhaupt nicht auf Ressourcen des bestehenden Systems zurückgreift. Bei Produktinnovationen dürften auch bei einer Ausgliederung Kapazitäten und Kompetenzen im Stammhaus — vor allem FuE, Produktion und Marketing — von Relevanz bleiben. Demnach würden die Abhängigkeiten nicht vermieden werden können, sondern sich nur später und in anderen Formen bemerkbar machen.
- In den meisten Fällen gelten Start-ups nur als Interimslösung und sollen bei erfolgreicher Entwicklung später in die dezentralen Einheiten integriert werden. Damit ergibt sich das Risiko, dass die involvierten Mitarbeiter eines Tages mit der Herausforderung eines fundamentalen Kulturwandels konfrontiert werden, was erhebliche Frustrationspotenziale in sich bergen und damit zu Diskontinuitäten im Leistungssystem führen kann.

Die von uns besuchten Firmen sind mit Start-up-Aktivitäten unterschiedlich weit, wobei der überwiegende Teil sich noch im Diskussionsprozess befindet, ohne dass daraus bisher konkrete Maßnahmen abgeleitet worden wären. In einem Fall war das Start-up auch nach sieben Jahren mit zahlreichen Kapitalerhöhungen nicht rentabel und wurde dann in das bisherige System reinkorporiert. Bevor ein Unternehmen dem Konflikt mit den operativen Einheiten über die Gründung eines Start-ups auszuweichen versucht, sollte es daher zunächst weitere Optionen prüfen, wie etwa die Bildung von Joint Ventures oder die Möglichkeit von Lizenzverträgen. Unter bestimmten Voraussetzungen erscheinen auch Franchising-Modelle denkbar, in der Regel jedoch nur im Endkundengeschäft, wobei Aspekte der Markenattraktivität eine wichtige Rolle spielen. Wir kommen auf das Thema in Abschnitt 4 noch einmal zurück und formulieren dort konkrete Vorschläge für den Umsetzungsprozess.

Schnittstellenproblematiken im Wertkettensystem

Die in der Literatur häufig diskutierten Schnittstellenprobleme — etwa im Verhältnis zwischen FuE und Konstruktion, zwischen Konstruktion und Design oder zwischen Produktion und Vertrieb — wurden in keinem unserer Interviews thematisiert, stattdessen standen in den Gesprächen ganz andere Themen im Vordergrund, die teils überraschend waren:

- So wird in der Literatur oft behauptet, dass die **FuE**-Abteilungen, insbesondere auf zentraler Ebene, relativ abgehoben von den Bedürfnissen des Markts operieren und daher viele Outputs generieren würden, die nicht verkauft werden können. Dies läge auch daran, dass Signale des Vertriebs dort ignoriert würden. In unseren Gesprächen hat sich hier eine klare Trendwende abgezeichnet. Man sprach von einer neuen Forschergeneration, die den Markt stets im Blick habe. Einzelne Fach- und Führungskräfte aus FuE spielen in manchen Konzernen offensichtlich eine Mittlerrolle zwischen Marketing und Supply Chain Management auf der einen und zwischen Konstruktion und Produktion auf der anderen Seite. Die Identifikation einzelner Mitarbeiter mit ihren Forschungsergebnissen reicht bisweilen so weit, dass sie in die Umsetzungs- bzw. Anwendungsphase promotorisch oder beratend eingreifen. Teils geschieht dies aktiv, teils als Reaktion auf Anfragen der Einheiten, die mit der weiteren Umsetzung und (potenziellen) Nutzung der FuE-Ergebnisse befasst und gegebenenfalls überfordert sind. Weiterhin wird oft thematisiert, dass FuE und Vertrieb in anderen Geschwindigkeiten operierten, was dazu führt, dass viele Innovationen erst mit Verzögerung auf den Markt kämen. Auch das scheint nicht mehr zuzutreffen, wie wir im Abschnitt zum Timing noch näher erläutern werden.
- Der **Vertrieb** wird in der Literatur bisweilen als Sprachrohr des Kunden und damit als wichtiger Impulsgeber für Innovationen hervorgehoben. In den Interviews bei fast allen Konzernen wurde der Vertrieb hingegen als wichtigster Hemmschuh im Market Launch von Innovationen kritisiert. Offensichtlich behindert das bestehende Anreizsystem eine größere Akzeptanz gegenüber Innovationsvorhaben. Das Risiko scheint umso größer, je mehr der klassische Konflikt zwischen Marketing und Vertrieb zugunsten von letzterem gelöst wird. Von vielen der Interviewpartner wurden die Marketingabteilungen als Verbündete bei dem Versuch gewertet, im Unternehmen Spielräume für längerfristig wirksame Entwicklungsaktivitäten zu finden. Gleichzeitig wurde deutlich, dass die Kapazitäten der zentralen Marketingabteilung bei einigen Konzernen unlängst zurückgefahren wurden, was zulasten der strategischen Kompetenz im Planungssystem ging.
- Ein dritter Bereich, der in diesem Zusammenhang von einigen Interviewpartnern als schwierig klassifiziert wurde, ist die **Umsetzung eines Business Plans in eine kommerzielle Geschäftstätigkeit**. Bei einigen Firmen werden diese beiden Elemente aufbauorganisatorisch strikt voneinander getrennt. Schwierigkeiten scheint es vor allem dann zu geben, wenn die Kommerzialisierung ein neues Geschäftsmodell beinhalten soll. Man verzichtet in einem solchen Fall lieber auf diesen Schritt und hofft, dass die Produkt- oder Serviceinnovation entweder ihren Weg in den klassischen Bahnen des operativen Geschäfts findet oder aber bei den betroffenen Einheiten erkannt wird, dass es ohne diese Veränderungen nicht geht. Neue Geschäftsmo-

delle sind häufig eine conditio sine qua non für erfolgreiche Aktivitäten bei der Kommerzialisierung neuer Produkte. Bei vielen unserer Interviewpartner gibt es dafür offensichtlich kein geeignetes Terrain, auch deshalb nicht, weil die Verantwortlichkeit im Wertkettenverbund nicht klar geregelt ist. Dieser Tatbestand könnte auch daraus resultieren, dass viele der Gespräche in der Chemie-Industrie stattgefunden haben, wo man gegenüber neuen Geschäftsmodellen grundsätzlich mehr Zurückhaltung erkennen lässt als in vielen anderen Branchen.

Einer der Befragten äußerte als seine wichtigste Empfehlung zur Vermeidung der zuvor dargestellten Schnittstellenprobleme die Umbesetzung des Teams je nach Projektetappe. Am Anfang wird mehr mit kreativen Mitarbeitern, oft aus FuE, gearbeitet, während mit zunehmendem Projektfortschritt Akteure mit mehr Umsetzungserfahrung in produktionstechnischer und kaufmännischer Hinsicht hinzugezogen werden. Eine derartige Variation im Ownership wäre ein sehr unkonventioneller Ansatz, der allerdings beträchtliche Kontinuitätsrisiken beinhaltet. Wir kommen auf diesen Aspekt bei der Entwicklung unseres Konzepts für ein Output-orientiertes Innovationsmanagement (Kapitel 4) noch einmal zu sprechen.

Insgesamt ist bei uns der Eindruck entstanden, dass kreative Projekte immer weniger auf Impulse von Kunden zurückgehen. Die Tatsache, dass Inspirationen für bahnbrechende Innovationen ihren Weg am Ende der Wertkette nehmen und dann Schritt für Schritt bis zum Anfang alle zurückliegenden Glieder erfassen, scheint so nicht mehr zu funktionieren.

Ressourcenausstattung im Innovationsprozess
Cooper (1999) gelangte in einer Bilanz nach 20 Jahren Forschungsarbeit hinsichtlich der Frage nach der optimalen Ressourcenausstattung zu der simplen Formel »*Doing the right projects... right*«. Viele der Befragten sehen die zentrale Herausforderung in etwa genauso, würden sie aber wohl etwas konkreter auf den Punkt bringen:
»*Finding the right projects and the right people!*«[85]
Benötigt würden Leute, die sich durch folgende Attribute auszeichnen: »flexibel, unternehmerisch denkend, selbstständig, kundenorientiert, strategisch langfristig orientiert, Out-of-the-box-Denker«.[86] Dabei soll mit »cross-divisionalen« und »cross-funktionalen« Teams gearbeitet werden.

Für etwa ein Drittel der Befragten ist die qualifizierte Manpower der zentrale Faktor schlechthin. Dabei gilt die Maxime »*gute Leute machen gute Projekte, die zu guten Innovationen führen*«. Entscheidend für die Qualifikation sei weniger das Fachwissen als die Fähigkeit, breit und bereichsübergreifend denken und die Situation »mit einem Helikopter-Blick«[87] erfassen zu können.

---

85 Zitiert aus dem Bericht von Anette Brüne (Altana, Byk Chemie GmbH).
86 Ebd.
87 Zitiert aus dem Bericht von Michael Heckmeier (Merck KGaA).

Der Humanfaktor wird generell als wichtiger eingestuft als das für Innovationen erforderliche »Spielgeld«,[88] das als zweite wichtige Ressource genannt wurde.

Timing
Fast alle Befragten haben ausdrücklich betont, dass es im Innovationsmanagement nicht in erster Linie auf Geschwindigkeit ankäme. Die in der Literatur viel artikulierte These, dass sich die Unternehmen in einem Innovationswettlauf befänden und unter hohem Zeitdruck und Tempo Neuerungen auf den Markt bringen (Kessler/Chakrabarti, 1996), wird also nicht bestätigt. Zumindest handelt es sich nicht um einen Kurzstreckenwettbewerb, aber auch die Belastbarkeitseigenschaften eines Marathons sind nicht gefragt, denn bei einer Innovation ginge es nicht in erster Linie darum, dass man am Ziel irgendwie ankommt. Weit wichtiger sind aus Sicht der Teilnehmer hingegen zwei andere Eigenschaften:
- **Die Fähigkeit, zum richtigen Zeitpunkt zu starten**: Das Timing im Markteintritt ist wichtiger als die Geschwindigkeit. Bestimmt wird dieses durch verschiedene Reifefaktoren zum Projekt und auch in dessen Umfeld. Der Terminus »Marktreife« hat semantisch gesehen stets zwei Dimensionen, auch wenn er im allgemeinen Sprachgebrauch meist nur auf die Fähigkeit bezogen wird, eine Innovation auf den Markt bringen zu können.
- **Die Fähigkeit rechtzeitig auszusteigen**: Die Bereitschaft, auch dann aufzugeben, wenn man schon eine gewisse Strecke zurückgelegt hat, noch genügend weitere Reserven für eine Fortsetzung besäße, aber Signale empfängt, die einen Abbruch nahelegen. Dadurch können vorhandene Ressourcen in erfolgsträchtigere Projekte umgeschichtet werden. Innovationsmanagement folgt also der gleichermaßen simpelsten wie wirksamsten Börsenregel, die aber gleichzeitig von einem Großteil der Marktteilnehmer nicht respektiert wird. Vielleicht ist es im Innovationsmanagement ja doch ähnlich, womit erklärt werden könnte, warum so viele Vorhaben erst nach der Markteinführung scheitern.

3.4 Erkenntnisse aus der schriftlichen Befragung

Aus den Befunden der schriftlichen Befragung lässt sich die Folgerung ableiten, dass die durchschnittliche Zufriedenheit mit dem Innovationsmanagement der beteiligten Konzerne auf einem mittleren Niveau liegt; bei einer Skala von 1 (sehr positiv) bis 5 (sehr negativ) wird ein Durchschnittswert von 2,9 erzielt. Der Gesamteindruck verschlechtert sich allerdings zusehends, je stärker man die Auswertung auf Aspekte der Kommerzialisierung fokussiert.

---

88 Zitiert aus dem Interview mit Detlev Ruhland (DHL AG).

Der von uns eingesetzte Fragebogen besteht im Wesentlichen aus zwei Untersuchungsfeldern:
- Im ersten Teil haben wir um eine Bewertung der Firma hinsichtlich der in der Literatur dargestellten Erfolgsfaktoren zum Innovationsmanagement gebeten (Strategie, Projektmanagement, Networking, Informationsversorgung, Kultur und Topmanagement Support). Aus methodischen Gründen[89] wurden dabei die Faktoren »Kultur« und »Topmanagement Support« ersetzt durch »Orientierung am Kundennutzen« und »Umsetzung von FuE-Ergebnissen in kommerzialisierbare Produkte und Lösungen«.
- Im zweiten Teil sind wir dann auf verschiedene Prozessstufen im Innovationsmanagement eingegangen. Dabei ging es vor allem um Aspekte der Informationsverarbeitung und um zentrale gestalterische Herausforderungen vor und während der Kommerzialisierung.

Genau die Hälfte der Befragten hat das generelle Innovationsmanagement der eigenen Firma positiv beurteilt, weniger als 20 % gelangen zu einer negativen Einschätzung. Im speziellen Teil liegen die positiven Beurteilungen deutlich unter 50 %. Besonders gering sind die Werte in den Bereichen der »chancenorientierten Technologieforschung« und »Gestaltung des Markteintritts«. Die verschiedenen Bereiche wurden anhand verschiedener Unterkriterien abgefragt. Die dabei gewonnenen Befunde erlauben nähere Interpretationen zum Gesamtbild der bisher präsentierten Befunde (vgl. Abb. 18).

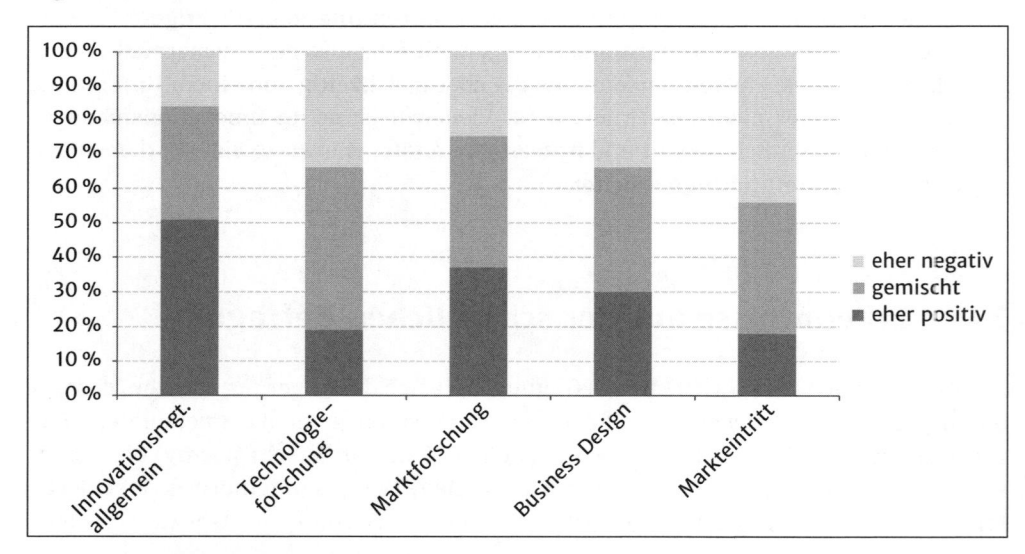

Abb. 18: Generelles Antwortbild im Überblick

---

89 Es war zu befürchten, dass die Nennung dieser beiden Faktoren das Antwortverhalten negativ beeinflusst.

Das Antwortbild zur ersten Fragekategorie lässt erkennen, dass etwa die Hälfte der Befragten ihre Firma strategisch gut aufgestellt sieht (vgl. Abb. 19). Sogar fast 80 % haben dabei ein positives Bild von der Orientierung am Kundennutzen. Allerdings scheint sich dies nur begrenzt auf den Projekterfolg auszuwirken, denn bei der Umsetzung von Innovationsideen in kommerzielle Produkte und Lösungen sieht nur gut jeder Vierte seine Firma in einem positiven Licht. Anscheinend treten die Probleme bereits auf der konzeptionellen Ebene auf, denn schon beim Kriterium der Projektplanung ist das Antwortbild deutlich negativer als im Fall der Strategieentwicklung. Dies kann nur so zu erklären sein, dass die konzeptionelle Gesamtqualität unter einer Verschiebung der organisatorischen Verantwortlichkeiten leidet. Insgesamt bestätigt dies die bereits bei der Wiedergabe der Interviewergebnisse formulierte Folgerung, dass die Strategie an sich keine bedeutsamen Defizite aufweist, ohne dass dies allerdings einen positiven Effekt auf den folgenden Prozess hätte.

Die beiden verbliebenen Kriterien »Networking« und »Informationsversorgung« hängen eigentlich eng zusammen. Demnach ist es überraschend, dass das Antwortbild hier stark differiert, wobei die Informationsversorgung deutlich besser abschneidet. Vermutlich liegt der Unterschied darin begründet, dass es bei der Vernetzung mit externen Partnern häufig zu operativen Schwierigkeiten kommt, wie wir es ja bereits bei Analyse der Interviewbefunde erläutert haben.

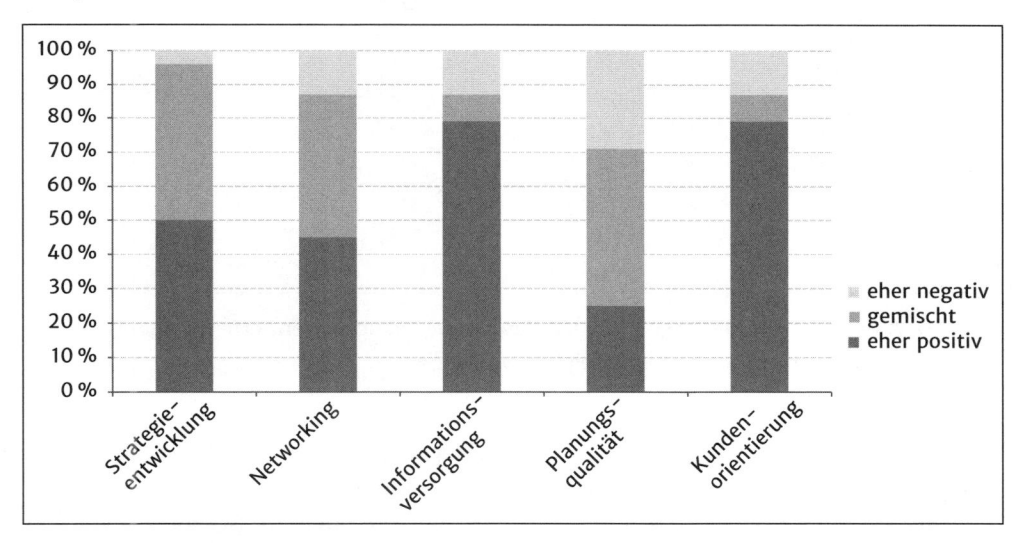

Abb. 19: Antworten auf die Frage »Wie sehen Sie das Innovationsmanagement Ihrer Firma hinsichtlich folgender Bereiche im Innovationsmanagement?«

Im Rahmen der zweiten Fragekategorie haben wir die Befragten verschiedene Kriterien zu den Bereichen Technologieforschung, Marktforschung, Gestaltung des Business Designs und Markteintritt bewerten lassen. Insgesamt fallen die Antworten weniger positiv als im Fall der ersten Antwortkategorie aus (vgl. Abb. 20). Dies liegt daran, dass hier mehr Aspekte der Umsetzung repräsentiert sind.

Bei einer Betrachtung des Antwortbilds zur »chancenorientierten Technologieforschung« fällt auf, dass bei allen Kriterien — von einer Ausnahme abgesehen — deutlich weniger als 20 % der Befragten das Innovationsmanagement der Firma positiv wahrnehmen. Besonders negativ ist das Antwortverhalten im Hinblick auf die Erstellung von Technologieprognosen; hier sehen immerhin 60 % einen deutlichen Optimierungsbedarf. Da wir unsere Befragung ausschließlich bei Technologiekonzernen durchgeführt haben, ist das Befragungsergebnis insgesamt zunächst einmal überraschend. Möglicherweise sind die Ansprüche hier höher als in klassischen Wirtschaftssektoren. Die Informationen, die aus diesem Aufgabenfeld hervorgehen, sind von unmittelbarer Relevanz für Strategie, Planung und auch den Prozess der Umsetzung im Innovationsmanagement. Sie lassen die in Schaubild 19 zusammengefassten Ergebnisse auf jeden Fall in einem anderen Licht erscheinen.

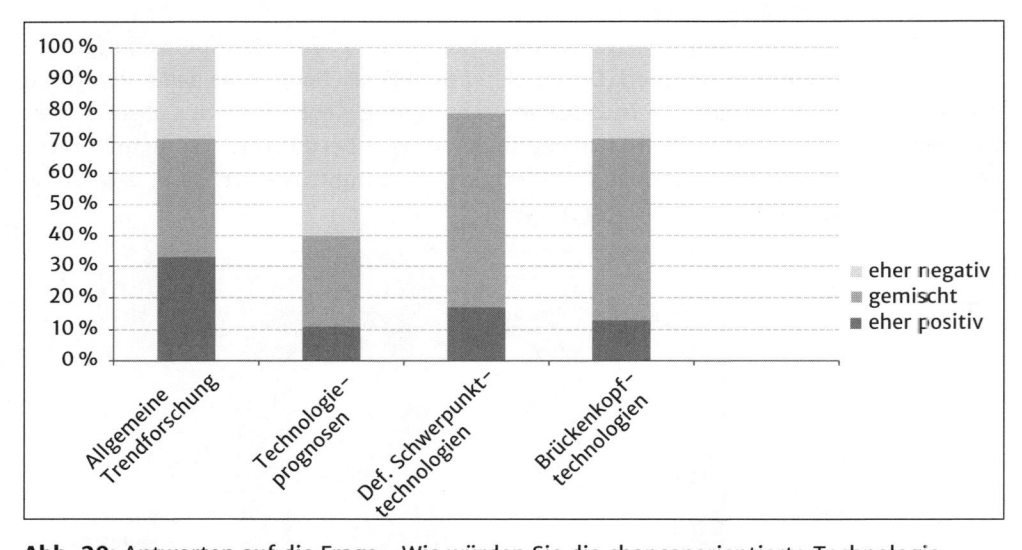

Abb. 20: Antworten auf die Frage »Wie würden Sie die chancenorientierte Technologieforschung Ihrer Firma in folgenden Bereichen werten?«

Etwas positiver erscheint das Antwortbild zum Thema »zukunftsorientierte Marktforschung« (vgl. Abb. 21). Allerdings lassen die Wertungen zu den Kriterien »Ermittlung der Wertkettenstruktur« und »Abschätzung des Time-to-Market« auch hier eine sehr geringe Zufriedenheit mit dem Leistungsstand des Innovationsmanagements in den betreffenden Unternehmen erkennen. Rund 60 % sehen bei ihrem Unternehmen Schwierigkeiten, das Timing für den Markteintritt richtig einzuschätzen. Dies dürfte gravierende Implikationen für die finale Phase im Innovationsprozess nach sich ziehen.

Offensichtlich kommt es auch zu Schwierigkeiten bei der Gestaltung des Business Designs, unserer nächsten Fragekategorie. Fast die Hälfte der Befragten sieht bei ihrer Firma Schwierigkeiten in der Definition neuer Geschäftsmodelle (vgl. Abb. 22). Dies ist umso mehr überraschend, als dies in der Chemie-Industrie (wo ein großer Teil unserer

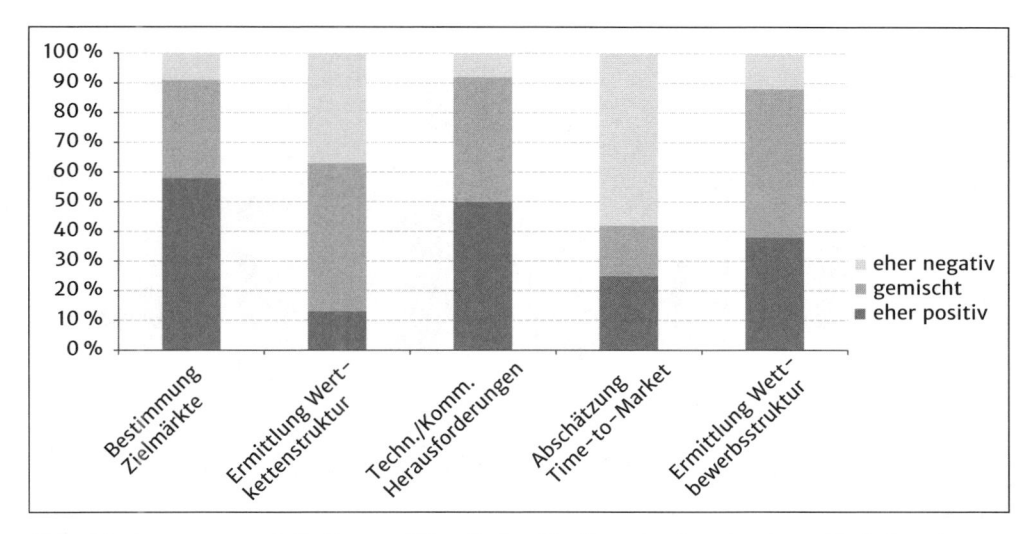

Abb. 21: Antworten auf die Frage »Wie würden Sie die zukunftsorientierte Marktforschung Ihrer Firma in folgenden Bereichen werten?«

Interviews geführt wurde) aus Sicht der meisten Interviewpartner gar keine große Rolle spielt. Bei allen anderen Konzernen dürfte der Anteil der negativen Einschätzungen daher noch weitaus höher sein. Auch bei fast allen anderen Kriterien zum Thema Business Design ist der Anteil der positiven Antworten deutlich unter 50 %. In den Bereichen »Definition der Markteintrittsform« und »Konfiguration des Kundennutzens« liegt er sogar unter 20 %. Letzteres war bei vordergründiger Betrachtung nicht zu erwarten, da zuvor fast 80 % der Befragten die generelle Kundenorientierung ihrer Firma positiv bewertet hatten. Für diese markante Differenz gibt es zwei Interpretationsmöglichkeiten:
a) Die subjektiv empfundene Kundenorientierung in frühen Phasen des Innovationsprozesses ist nicht tiefgehend genug, um als Basis für die kundengerechte Gestaltung des Innovationsoutputs zu dienen;
b) die Firma entfernt sich im Laufe des Prozesses von den Bedürfnissen des Kunden, wobei die finale Anpassung des Innovationsoutputs am Bedarf des Kunden vorbeigeht.

Am positivsten ist das Antwortbild im Themenbereich Branding. Allerdings dürfte dies bei Innovationen im Business-to-Business-Bereich (und hier arbeiten die meisten Firmen unserer Interviewpartner) in der Regel keine zentrale Rolle spielen.

Am negativsten wird die eigene Firma bei den Antwortkategorien in der letzten Fragekategorie zum Thema »Markteintritt« bewertet (vgl. Abb. 23). Besonders hervorstechend ist dies beim Kriterium »Aufbau der Sales Force«. Hier haben etwa 80 % der Befragten ein negatives Statement abgegeben, während die positive Bewertung auf einen einzigen Fall beschränkt bleibt. Dies stützt unsere Folgerung aus den mündlichen Interviews, dass im Vertrieb die bedeutsamste Barriere im Innovationsprozess gesehen

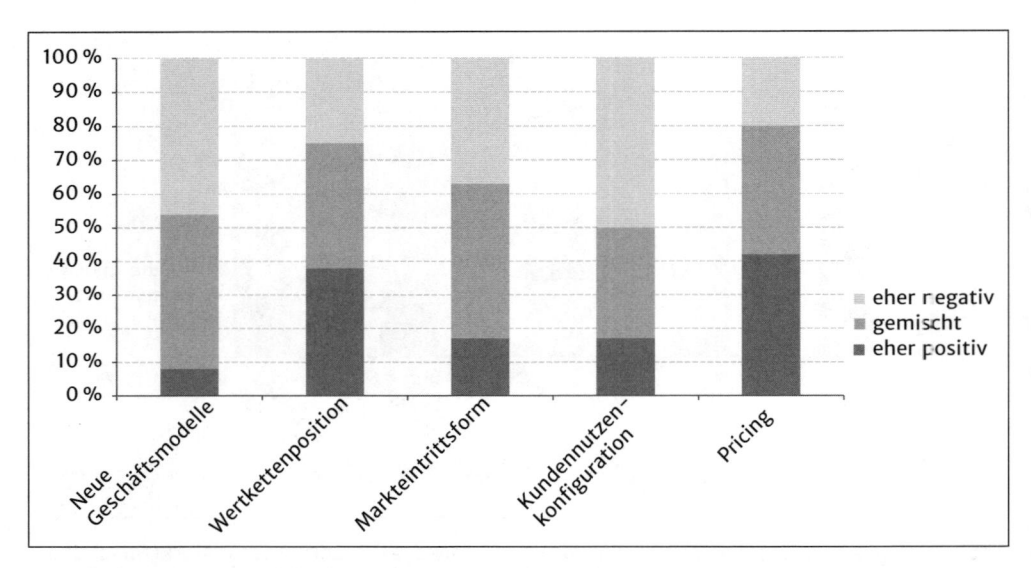

Abb. 22: Antworten auf die Frage »Wie würden Sie die Qualität des Business Designs Ihrer Firma in folgenden Bereichen werten?«

wird. Am wenigsten negativ wird der Bereich »Gewinnung von Pilot-Kunden« eingestuft, wo sogar fast 40 % zu einer positiven Einschätzung gelangt sind. Allerdings scheinen die vorhandenen Pilot-Kunden wenig hilfreich für die weitere Diffusion des Innovationsoutputs zu sein, sonst würden in den Bereichen »Frühe Phasen der Markteinführung« und »Gestaltung des Marketing-Mix« mehr positive Rückmeldungen zu verzeichnen sein.

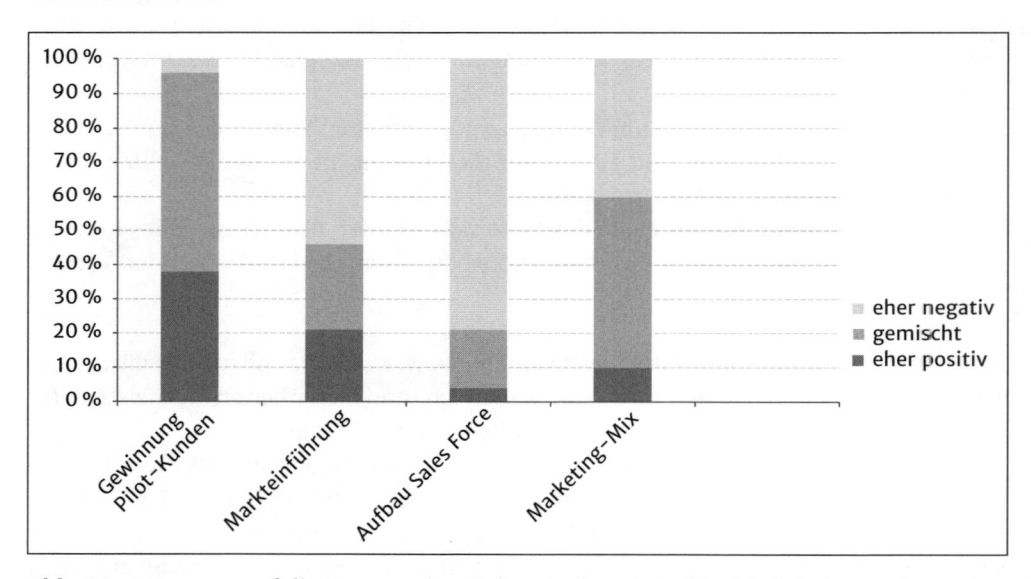

Abb. 23: Antworten auf die Frage »Wie würden Sie Ihre Firma hinsichtlich des Markteintritts bei Innovationen werten?«

Insgesamt vermitteln die Befunde aus der schriftlichen Befragung ein bedenkliches Gesamtbild zum Innovationsmanagement der berücksichtigten Unternehmen. Probleme werden schon in der Beschaffung von Informationen gesehen, was sich einerseits auf vorhandene Technologieoptionen und -perspektiven und andererseits auf das Verständnis zum Marktumfeld bezieht. Ein zentraler Engpass liegt offensichtlich auf der Ebene der Kommerzialisierung vor. Dies ist sicher weniger überraschend als die Eindeutigkeit in der negativen Bewertung hier relevanter Leistungsvoraussetzungen, wie etwa der Aufbau eines geeigneten Vertriebsteams.

Die neu geschaffenen Zentralbereiche für Innovation und Business Development konnten offensichtlich bisher nur wenig zur Lösung dieses Problems beitragen, sie haben es — zumindest in der Wahrnehmung — eher noch verschärft, da sie selbst keine oder nur wenige Möglichkeiten haben, um in der Kommerzialisierungsphase mitzuwirken. Mit ihrer Einrichtung wurde in den betreffenden Unternehmen in mehr Input für künftige Innovationsarbeit investiert, ohne dass dies einen nachhaltigen Effekt hinsichtlich der Output-Orientierung nach sich ziehen konnte. Dies hängt keinesfalls mit Qualifikationsdefiziten in diesen Bereichen zusammen, sondern ist vielmehr eine — vermutlich — unvermeidliche Folge des Two-Tier-Systems im Innovationsmanagement, wie wir es in Abschnitt 3.3 näher beschrieben haben.

3.5 Folgerungen: Innovationsmanagement als Gravitationszentrum organisatorischer Spannungsfelder

Mirow et al. (2007, S. 102) betonen unter Verweis auf Dougherty/Hardy (1996) »*Die Entwicklung und Umsetzung einer Innovation ist vielfach ein im Unternehmen gefürchteter Prozess*«. Das Fehler- und Fehlschlagpotenzial ist meist hoch, häufig kommt es zu Konflikten mit anderen Interessen, ein vielleicht behaglich anmutender Status quo wird gefährdet und einzelne Organisationsmitglieder riskieren nicht nur den Verlust der Komfortzone, sondern eine Überforderung mit der neuen Situation. Als Folge mehrerer Rationalisierungswellen und verschiedener Modetrends zum Thema Zertifizierung haben viele Unternehmen seit den 1990er-Jahren ihre Prozesse stärker standardisiert und damit den Konformitätsdruck für die Mitarbeiter erhöht. Sicher wurde das Thema Innovationsmanagement dabei nicht »vergessen«. Auch hier wurden Prozesse vereinheitlicht, Coopers »Stage-Gate-Modell« scheint bei vielen Großunternehmen zur gängigen Praxis geworden zu sein. Doch wird auf dem Wege der Prozessstandardisierung auch die Innovationsfähigkeit verbessert? Freund (2013, S. VIII) beantwortet diese Frage mit einem sehr skeptischen Statement: »*Malen nach Zahlen hat noch nie ein inspirierendes Kunstwerk hervorgebracht, und die wahren Künstler zeichnen sich durch Regelbruch und Nonkonformismus aus.*« Schaufeld (2015, S. 19) betont, dass das unkritische und undifferenzierte Befolgen der Standards eines bestimmten Projektmodells zu dessen Auto-Destruktion führen kann.

Unsere Recherchen haben verdeutlicht, dass Innovationen bzw. deren Organisationsformen zu Belastungen für nahezu alle Fach- und Führungskräfte in einem Unternehmen führen können. Denkbar ist auch ein breites Spektrum an — je nach Betrachtungsweise — teilweise irrationalen, auf jeden Fall aber dysfunktionalen Reaktionsmustern. Die auftretenden Spannungsfelder sollen im Folgenden noch einmal rekapituliert werden. Für die verschiedenen von Innovationsprojekten betroffenen aufbauorganisatorischen Instanzen stellt sich die Situation nach unserer Einschätzung wie folgt dar:

Topmanagement: Das Thema Innovation birgt für das Topmanagement verschiedene Dilemmata:
1. Vor allem bei börsennotierten Unternehmen werden einerseits kontinuierlich steigende Ertragszahlen und andererseits Visionen und Zukunftspläne erwartet, die in Zusammenhang mit Innovationen stehen; Innovationen wiederum wirken sich in der Regel kurzfristig negativ auf die Rentabilität aus.
2. Mancher Topmanager wird bei dieser Konstellation geneigt sein, in der Außendarstellung offensiv über laufende Innovationsvorhaben zu berichten. Dies kann die damit befassten Projektmitarbeiter motivieren, setzt aber gleichzeitig Signale gegenüber der Konkurrenz und kann damit schlimmstenfalls den Innovationserfolg gefährden.
3. Die Konfliktsituation, die der Topmanager bei Analystentreffen zu bewältigen hat (Ertragsdruck versus Innovation), wird sich auch in seinen Vorgaben gegenüber den operativen Einheiten widerspiegeln und dort führungstechnisch schwer aufzulösen sein.

Wie wir bereits angezeigt haben, ist das Topmanagement beim Bestreben, Innovationsaktivitäten zu fördern, stets einem »organisatorischen Dilemma« ausgesetzt, bei dem autoritäre und kooperative Elemente im Führungsstil miteinander zu harmonisieren sind. Das Thema erfordert für das Topmanagement daher permanent Balancen zu finden. Jedes Ungleichgewicht kann Beeinträchtigungen im Innovationspotenzial insgesamt und vor allem bei den Projekten nach sich ziehen. Mancher Topmanager wird dabei geneigt sein, die Verantwortung für Innovationsmanagement an eine bestimmte Stelle zu delegieren und dabei hoffen, dass es sich damit irgendwie von allein erledigt. Dabei kann die Einrichtung zentraler Innovationsabteilungen eine Feigenblatt- oder Alibifunktion einnehmen. Die Konfliktaustragung wird damit allerdings nicht gelöst, sondern nur vertagt. Viele Konfliktsituationen haben es an sich, dass sie an Intensität zunehmen, je später man versucht, sie auszutragen.

Besondere Belastungen stellen ambitionierte Innovationsprojekte in der Regel für den COO und den CFO dar. Ersterer hat eine Destabilisierung bestehender Abläufe zu befürchten, während bei letzterem die unsicheren Erfolgsperspektiven und die zumindest kurzfristig wirkende Belastung der Rentabilität für Unbehagen sorgen.

Zentrale Innovationsabteilungen: Die Mitarbeiter dieser Instanzen wenden viel Energie auf, um ihre Projekte intern zu verkaufen, bevor deren Output jemals einer Zielgruppe zum Verkauf angeboten werden kann. Insgesamt kann diese Konstellation die Geschwindigkeit des Innovationsprozesses auf drei Ebenen verzögern:

3.5 Folgerungen: Innovationsmanagement als Gravitationszentrum organisatorischer Spannungsfelder

1. Die Projektmanager stecken sehr viel Zeit in die Informationsbeschaffung zwecks Validierung ihrer Vorhaben.
2. Zur Durchsetzung benötigen sie die Flankierung des Topmanagements oder eines Lenkungsausschusses, die meist nur zu bestimmten Zeitpunkten eingeholt werden kann.
3. Die Sparten müssen ein Vorhaben gar nicht ablehnen, sie können es auch obstruieren oder später ganz scheitern lassen, worauf die zentrale Abteilung keinen oder kaum Einfluss haben wird. Viele Innovationsabteilungen werden sich in Anbetracht dieser Konstellation in Start-ups flüchten. Dies kann den Innovationsprozess weiter verlangsamen, die in der Organisation grundsätzlich vorhandenen Synergiepotenziale (sowohl im technischen wie auch im kaufmännischen Bereich) werden nicht genutzt und die unmittelbare Reaktion der Sparten ist möglicherweise sehr schwer zu prognostizieren. Nicht auszuschließen ist, dass das Vorhaben gerade wegen der Ausgliederung skeptisch gesehen und vielleicht sogar zu bremsen versucht wird. Die Mitarbeiter der zentralen Innovationsabteilungen sind daher mit sehr unterschiedlichen Anforderungen konfrontiert, die weit über den technisch-wissenschaftlichen Bereich hinausreichen. Dies ermöglicht ein breites Spektrum an Lerneffekten und qualifiziert sie daher in besonderem Maße für Führungsaufgaben in der Linie. Es wird daher nicht immer leicht sein, diese Mitarbeiter im Innovationsbereich zu halten; eher ist mit einer hohen Fluktuation zu rechnen. Dies ermöglicht zwar eine kontinuierliche Auffrischung, was für Aufgabenzusammenhänge mit kreativem Profil grundsätzlich hilfreich, jedoch auch mit Kontinuitätskosten verbunden ist. In der Konsequenz wird die Verhandlungsposition gegenüber den Sparten dadurch eher erschwert.

Operative Bereiche: Das lange Zeit propagierte Primat der Kundenorientierung hat viele Unternehmen im Business-to-Business-Bereich quasi zur verlängerten Werkbank ihrer Abnehmer werden lassen. Dies wirkt sich auch auf das Innovationsverhalten aus, das von inkrementellen Elementen dominiert wird. Die Innovationshöhe wird dabei fast zwangsläufig sinken. Cooper (2011, S. 6) hat dies mit zynischem Unterton wie folgt formuliert: »*Most companies call it innovation when they make product extensions, modifications, upgrades and tweaks.*« Das Risiko, dass innovationsorientierte Aktivitäten damit scheitern, wird auf diesem Weg erheblich begrenzt. Entsprechendes gilt aber auch für den Spielraum kreativer Entfaltung und damit eine der wichtigsten Triebfedern betrieblicher Innovationskraft. Bei einigen Konzernen scheint dieser Prozess so weit fortgeschritten, dass die Verfolgung eines Innovationsvorhabens, das sich nicht an aktuellen Kundenbedürfnissen orientiert, vielleicht sogar die Akquisition neuer Kunden erfordert und zur Überführung in die Kommerzialisierungsphase dann auch noch ein neues Geschäftsmodell voraussetzt, quasi einen Kulturbruch beansprucht. Die Akteure sehen sich gezwungen, die Komfortzone eines risikoaversen Umfelds zu verlassen und sich den Anforderungen eines schwer kalkulierbaren Wagnisses auszusetzen. Es ist daher verständlich, dass derartige Vorhaben zunächst einmal skeptisch beäugt und kritisch geprüft werden. Für die betreffenden Akteure wären damit allerdings durchaus auch attraktive Chancen verbunden:

1. Sie lösen sich aus dem Abhängigkeitsverhältnis bestehender Kunden, deren Ansprüche mit der Kooperationsintensität in der Regel wachsen und dabei zunehmend auch emotionale Belastungen nach sich ziehen.
2. Sie stoppen die gefährliche Eigendynamik, bei der kontinuierlich sinkende Preise immer wieder Druck auf die Kostensituation und damit den Einsatz der Mitarbeiter auslösen.
3. Sie federn das Risiko ab, in dieser Spirale eines Tages doch von Wettbewerbern aus Niedriglohnländern verdrängt zu werden. Auch hier ist also ein Dilemma zu bewältigen, das sich in der Praxis nur schwer auflösen lässt.

FuE-Mitarbeiter: Diese Mitarbeitergruppe ist in der Regel akademisch qualifiziert und lässt ein gewisses Anspruchsdenken hinsichtlich der inhaltlichen Komponente im eigenen Arbeitsvollzug erwarten. Diesem wird vor dem Hintergrund der im vorherigen Abschnitt beschriebenen Entwicklung immer weniger entsprochen werden können. Viele hochqualifizierte FuE-Kräfte werden ihren Aufgabenzusammenhang durch die strikte Priorisierung inkrementeller Innovationen abgewertet sehen. Hinzu kommt der Trend, im Rahmen von Open Innovation zunehmend Entwicklungsaufgaben sukzessive zu externalisieren. In einigen der von uns besuchten Firmen begegnen diese Mitarbeiter den damit verbundenen Herausforderungen mit verschiedenen Initiativen zur Variabilisierung des Aufgabenspektrums. Sie übernehmen zunehmend Beratungs- und Koordinationsfunktionen über die gesamte Wertkette hinweg, etwa in Feldern wie: technische Umsetzung von Inventionen in Konstruktions- und Produktionsprozesse; Beratung des Marketings bei Neuerungsvorhaben; Koordination zwischen Marketing und Supply Chain Management. All dies sind Aufgaben, die vom ursprünglichen Anforderungs- und meist wohl auch Qualifikationsprofil der FuE-Mitarbeiter abweichen. Damit flüchten sich viele FuE-Kräfte von einer Situation der Unterforderung in eine Risikokonstellation der Überforderung.

Vertrieb: In wohl keinem Bereich der Unternehmen ist der variable Gehaltsanteil derart hoch wie auf dieser Wertschöpfungsstufe. Mitarbeiter, die sich auf diese Bedingungen einlassen, bringen grundsätzlich eine gewisse Risikobereitschaft mit. Demnach wäre nun zunächst einmal zu erwarten, dass hier auch eine höhere Neigung zur Akzeptanz von Innovationen besteht. In fast allen Interviews konnte jedoch das Gegenteil festgestellt werden. Wie wir schon an anderer Stelle betont haben, wird der Vertrieb als die zentrale Barriere im Innovationsprozess wahrgenommen. Für einen Vertriebsmitarbeiter ist eine Innovation fast immer mit persönlichen Vorleistungen verbunden: Es bedarf größerer Anstrengungen, den Kunden von den neuen Produkten zu überzeugen, eventuell müssen neue Kunden akquiriert werden und oft geht dies zulasten der Provisionen, die von dem betreffenden Mitarbeiter fest eingeplant waren. Zudem sieht sich der Vertriebsmitarbeiter meist einem sehr hohen Erwartungsdruck seitens seines Arbeitgebers ausgesetzt. Es soll nun an ihm liegen, die hohen Investitionen aus dem Innovationsprozess wieder hereinzuholen und dabei gleichzeitig die Firma in eine neue Ära zu bringen.

Je mehr der Erwartungsdruck steigt, desto eher neigen Individuen dazu, diesen zu vermeiden. Genau dies scheint im Vertrieb bei vielen der von uns interviewten Konzerne der

Fall zu sein. Dabei wird ein Vertriebsmitarbeiter sich immer in eine schwierige Lage bringen, wenn er Innovationen von vornherein ablehnt. Taktisch wäre es aus seiner Sicht geschickter, wenn er erst abwarten und später dann Signale über negative Kundenreaktionen senden würde, und zwar unabhängig davon, ob er diese Reaktionen wirklich eingeholt hat. Gerade für die Vertriebsmitarbeiter könnten Innovationen allerdings auch als Instrument zur mittelfristigen Einkommenssicherung wahrgenommen werden. Sie sind von der erwähnten Abwärtsspirale im Preisbildungsprozess meist persönlich betroffen. Mit den Preisen sinken fast immer die Margen und damit ein Teil des variablen Einkommens. Die Tatsache, dass im Vertrieb dennoch erhebliche Widerstände gegenüber neuen Produkten auszumachen sind, wirft kritische Fragen zur Gestaltung des Incentive-Systems auf.

Supply Chain Management: Die verschiedenen Rationalisierungswellen seit den 1990er-Jahren haben in vielen Firmen eine Kultur der starken Prozessorientierung herbeigeführt. Dabei gilt die Maxime, dass möglichst viele Arbeitsvorgänge einheitlich, überschaubar und effizient durchgeführt werden. Ein weiterer Wesensbestandteil vieler Prozessorganisationen sind inzwischen auch geteilte Logistiksysteme mit Zulieferern (»inbound«) und/oder Abnehmern (»outbound«). Jede Innovation beinhaltet das Risiko, dass bestehende Prozesssysteme an Stabilität verlieren. Dies wird umso mehr der Fall sein, je stärker die Fertigung in Netzwerksysteme eingebunden und durch elektronische Steuersysteme koordiniert ist. Diese Entwicklung hat sich in den letzten beiden Dekaden erheblich beschleunigt und wird durch weitere Komponenten (die in Deutschland unter dem Schlagwort »Industrie 4.0« laufen) ergänzt werden. Es dürfte damit zunehmend schwieriger werden, Innovationen produktionstechnisch umzusetzen. Problematisch erscheinen weniger die technischen Restriktionen als vielmehr das System der organisationskulturellen Folgen. Nicht die Informationstechnologie kann Innovationen scheitern lassen, sondern eher der Akteur, der diese einsetzt. Dass Effizienzdenken zulasten der Innovationsfähigkeit geht, wissen wir spätestens seit den 1970er-Jahren (Hage/Aiken, 1972).

Fazit
Die zentralen Business-Development-Abteilungen operieren mit ihren strategisch ausgerichteten Innovationsprojekten daher im Spannungsfeld vieler Interessen, die einer erfolgreichen Kommerzialisierung entgegenstehen. Es ergibt sich damit die Gefahr, dass der Innovationsprozess vor seiner letzten und entscheidenden Etappe, dem Markteintritt, ins Stocken gerät oder gar auf eine unüberwindbare Akzeptanzbarriere stößt (vgl. Abb. 24).

Insgesamt wird mit diesen Ausführungen deutlich, dass es für Individuen in Unternehmen viele und gute Gründe gibt, um Innovationen zu vermeiden bzw. zu be- oder gar zu verhindern. Die Rahmenbedingungen sind möglicherweise sogar schlechter als je zuvor:

- Erstens haben die verschiedenen Rationalisierungswellen seit den 1990er-Jahren in vielen Unternehmen strukturelle und kulturelle Rahmenbedingungen geschaffen, die der Entfaltung von Innovationsaktivitäten nicht förderlich sind. Dies betrifft offensichtlich alle Hierarchieebenen und auch alle Stufen der Wertschöpfungskette. Die einstigen Protagonisten bahnbrechender Neuerungen, wie etwa Topmanager,

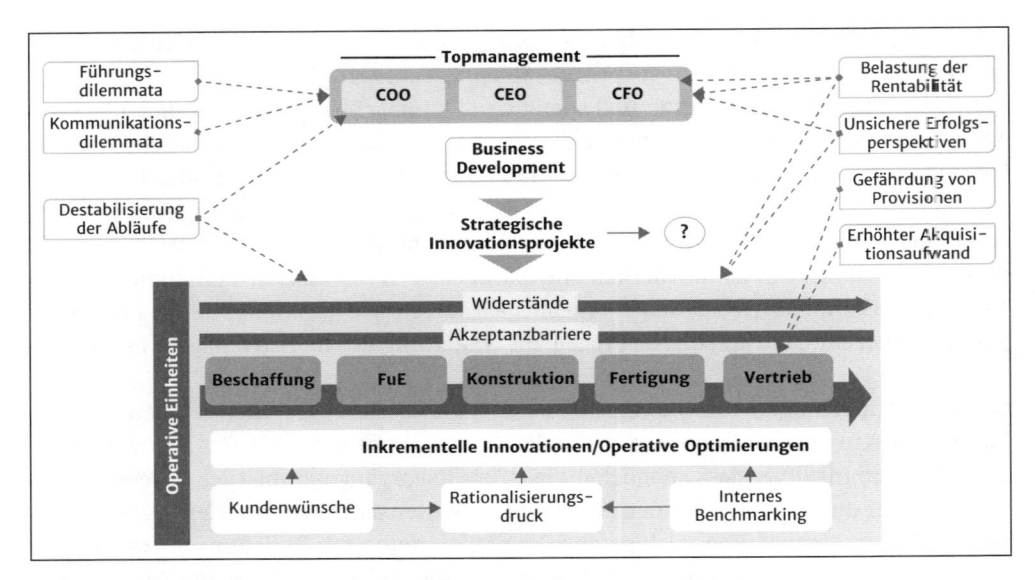

Abb. 24: Strategische Innovationsprojekte und deren Pain Points und Spannungsfelder

FuE-Akteure oder Vertriebsmitarbeiter, haben im Laufe dieses Prozesses erhebliche Änderungen in den ihnen entgegengebrachten Erwartungen, daraus resultierend in ihrem Rollenverständnis und teils auch in ihrem Vergütungsmodell[90] erfahren, sodass sie im betrieblichen Innovationsgeschehen keine tragende Rolle mehr spielen (dürfen bzw. können) und schlimmstenfalls Neuerungen sogar blockieren.
- Dem Rationalisierungsdruck seit den 1990er-Jahren sind große Teile der Industrie in den USA, Großbritannien, Frankreich und Italien zum Opfer gefallen. Dies hat den Wettbewerbsdruck für viele deutsche Unternehmen zunächst einmal reduziert. In einigen Bereichen ist zwar neue Konkurrenz aus den Schwellenländern hinzugekommen, allerdings ist die Wettbewerbsintensität in vielen technologieorientierten Bereichen bei Weitem noch nicht so hoch wie bis zum Ende des vorherigen Jahrtausends. Damit hat ein traditionelles Motiv für Innovationen, das schon Schumpeter als wichtigste Triebfeder hervorgehoben hatte, an Bedeutung verloren.
- Als Konsequenz dieser Tendenzen fahren die deutschen Unternehmen seit einigen Jahren Rekordgewinne ein. Auch dies schafft psychologische Voraussetzungen, die dem Innovationspotenzial abträglich sein können.
- In punkto Kundenorientierung wurde von den Unternehmen vieles von dem umgesetzt, was von der akademischen Welt massiv postuliert worden war. Die enge Verzahnung mit bestehenden Kunden hatte gleichzeitig den Vorteil einer Markteintrittsbarriere für neue Wettbewerber, insbesondere aus dem Ausland. Als Kehrseite der Medaille bildete sich bei verschiedenen Konzernen eine wachsende Abhängigkeit von einzelnen Abnehmern. Wenn diese in ihrer Firmenphilosophie nun selbst nicht sehr innovations-, sondern in erster Linie kostenorientiert aufgestellt waren, dann

---

90 Z. B. Abhängigkeit der Vorstandstantiemen vom Aktienkurs.

hat dies auch die Innovationsbereitschaft im Zulieferbereich beeinträchtigt. Als Beispiel kann hier die Lackindustrie angesehen werden, in der eine umfassende Innovationsaktivität inzwischen sehr schwer umzusetzen ist.
- Stand im Business-to-Business-Geschäft die Orientierung am individuellen Kundenbedürfnis im Vordergrund, so ging es im Business-to-Customer-Geschäft tendenziell mehr um die weltweite Vereinheitlichung von Produkten (vgl. Daanefard/Abbasi, 2011). Immer mehr Firmen haben sich darauf konzentriert, erfolgreiche Produkte zu kopieren, anstatt eigene Neuerungen hervorzubringen. Shenkar (2010) greift diese Entwicklung auf und geht in einem Interview im Harvard Business Review sogar so weit, die Fähigkeit zur Imitation als wertvoller für den Unternehmenserfolg einzustufen als die Innovationsfähigkeit.
- Als Folge der Globalisierung sind in vielen Firmen Rahmenbedingungen entstanden, die kreative Arbeit erheblich erschweren. Faktoren, die hier eine wichtige Rolle spielen, sind etwa (vgl. Sander/Janovsky, 2016):
    a) die zunehmend große räumliche Distanz in den innerbetrieblichen Kommunikationsprozessen, die mit Substitutionen auf der Kanalebene einhergeht und dabei die für den kreativen Austausch wichtigen intuitiven Elemente zurückdrängt;
    b) die typischen Stressmomente in der Kommunikation interkulturell zusammengesetzter Teams;
    c) die Verschärfung des bereits erwähnten Problems des *Information Overload*. In den USA wird die nationale Kreativitätsleistung seit langem statistisch erfasst. Seit den 1990er-Jahren ging sie je nach Kriterium entweder drastisch zurück oder stagnierte (Kim, 2011). Deutschland, einst als Erfindernation gefeiert, befindet sich im Weltkreativitätsindex nur auf einem mittleren Rang (Florida et al., 2011).
- Mit der Globalisierung sind viele deutsche Unternehmen in die Abhängigkeit global tätiger und rein renditeorientierter Finanzinvestoren (Hedge Fonds und Private-Equity-Häuser) geraten (vgl. Löwer, 2010). So sind beispielsweise die Fälle des Autozulieferers Edscha, des Bodenbelagherstellers Rinol, der Modemarke Boss oder des Modelleisenbahnherstellers Märklin hinreichend bekannt, auch was die daraus resultierenden Konsequenzen für das Management und die Unternehmensleistung anbelangt. Diese Unternehmen haben nicht zuletzt durch den Einfluss der Investoren auf Dividendenpolitik, Verschuldung und Strategie massive Restrukturierungen oder Insolvenzverfahren durchlaufen müssen, wurden mehrfach weiterverkauft und/oder sind letztlich aufgespalten worden. Eine erfolgreiche Innovationsstrategie ist in solchen Situationen kaum zu verfolgen.
- Auch die Subventionspolitik einiger Schwellenländer führt dazu, dass Innovationen für deutsche Firmen schwerer zu rentabilisieren sind. Als Beispiel kann etwa die Solarindustrie angesehen werden, in der massive Interventionen der chinesischen Regierung letztlich zahlreiche deutsche Firmen in eine finanzielle Schieflage gebracht haben (Janovsky/Pilarek, 2014).

Damit wird deutlich, dass im Innovationsprozess von der kreativen Entwicklung bis zur operativen Umsetzung zahlreiche Restriktionen zu berücksichtigen und gefährliche Klippen zu umschiffen sind. Dies könnte zu der Folgerung verleiten, dass man Innovationen nur noch dann zulassen will, wenn es unbedingt nötig ist. Allerdings kann der Zeitpunkt, zu dem es »nötig« wird, dann schon zu spät sein, um hier aktiv werden zu können. Nötig kommt von Not und ein Unternehmen in Not wird weniger günstige Voraussetzungen für eine erfolgreiche Innovationstätigkeit aufweisen als ein finanzkräftiger Wettbewerber. In einer hochentwickelten, international eng verzahnten Volkswirtschaft wird es auf Dauer vermutlich nicht gut gehen, dass nur ein sehr geringer Teil der Unternehmen Marktneuheiten hervorbringt, die sich von bestehenden Leistungsprogrammen deutlich abheben.

Als klassischer Grund für den Misserfolg von Innovationen gilt die fehlende Ausrichtung am Kundenbedürfnis. Wir zweifeln daran, dass das heute noch zutrifft. Fast alle Unternehmen haben im Laufe der letzten beiden Dekaden umfängliche Anstrengungen unternommen, um den Kunden stärker in die Innovationsprozesse einzubinden. Vielleicht geschieht dies nicht immer in der gebotenen Variabilität (vgl. Homberg, 1991), aber dies dürfte nicht dazu führen, dass die Firmen mit ihren Innovationsprojekten die Bedürfnisse des Markts letztlich ignorieren. Eher ist es wahrscheinlich, dass man mit der Kundenorientierung zu weit gegangen ist. Vielleicht ist es ja gerade die starke Einbindung *bestehender* Kunden, die zulasten der Innovationsfähigkeit geht und sich insbesondere auf die Realisierungschancen von ambitionierten Innovationen mit radikalem Anspruch negativ auswirkt. Wenn der Kunde wie ein »König« behandelt wird, dann degradiert dies den Provider zu einem Vasallen und damit zu einem Funktionsträger, der sich in der Geschichte nicht durch kreative Leistungen hervorgetan hat und deswegen irgendwann vom »Markt« verschwunden ist.

Die wahren Gründe des Scheiterns wird man oft erst dann verstehen, wenn man die Geometrie der *Pain Points* in der jeweiligen Organisation gut kennt und daraus mögliche Gestaltungsinitiativen ableitet. Dies wird Gegenstand von Kapitel 4 sein.

3.6 Persönliche Berichte der Interviewpartner

13 der Befragten haben im Nachgang zu dem Interview einen kurzen Beitrag zu unserem Buch erstellt und dabei persönliche Erfahrungen im Innovationsmanagement rekapituliert. Dabei wurden unter anderem die in Tabelle 3 aufgelisteten Aspekte behandelt.

Autor	Firma	Behandelte Themen (u. a.)
Paolo Bavaj	Henkel AG & Co. KGaA	Foresight Management und Scouting, Start-ups
Anette Brüne	Altana, Byk-Chemie GmbH	Business Scouting, Kundenorientierung
Armin Czeppel	Robert Bosch GmbH	Ideenbewertung und -umsetzung
Thomas Eisenbarth	Daimler AG	Kultur, disruptive Geschäftsmodelle

3.6 Persönliche Berichte der Interviewpartner

Autor	Firma	Behandelte Themen (u. a.)
Marcella Gagliardo	Akzo Nobel NV	Schnittstelle FuE/Geschäftsentwicklung
Michael Heckmeier	Merck KGaA	Kommunikation, Führung, Timing
Roman Maisch	Merck KGaA	Kultur, Umgang mit Fehlschlägen
Reiner Mauch	SCHOTT AG	Cross-Industry Projects, Networking, Monitoring
Peter Nagler	Evonik AG	Netzwerke im Innovationsprozess
Patrick Planing	Daimler AG	Innovationsprojekte intern »verkaufen«
Arndt Schlosser	Wacker KGaA	Business Incubators
Burkhard Straube	SGL Group	Organisation von FuE, Kundenorientierung
Peter Vanacker	CABB Group GmbH	Strategie, Kultur, Personal, Prozesse

Tab. 3: Persönliche Erfahrungen der Interviewees zu Aspekten des Innovationsmanagement

Bericht 1

Dr. Paolo Bavaj
Corporate Director New Business Development, Adhesive Technologies
Henkel AG & Co. KGaA

Im Geschäftsbereich Adhesive Technologies von Henkel zählt Innovationsführerschaft zu den zentralen Erfolgsfaktoren. Wir arbeiten kontinuierlich an der optimalen Balance aus Verbesserungen bestehender Produkte und Lösungen und der Erschließung neuer strategischer Geschäftsfelder und Märkte. Unsere Forschungs- und Entwicklungsaktivitäten konzentrieren sich zum einen auf inkrementelle Innovationen, um unseren Kunden kurz- und mittelfristig einen Mehrwert zu bieten. Darüber hinaus verfolgen wir systematische Ansätze zur Entwicklung neuer Technologien und Anwendungen sowie zur Erschließung neuer Kundensegmente mit einem langfristigen Zeithorizont von etwa 5—10 Jahren, um auch zukünftig Innovationen als Vorreiter voranzutreiben. Im letztgenannten Bereich haben wir in den vergangenen Jahren einen neuen Bereich aufgebaut: das New Business Development für Henkel Adhesive Technologies.

Eine wichtige Rolle kommt dabei unserem Team »Foresight Management und Scouting« zu. Auf Basis umfangreicher Trendanalysen erarbeiten die Mitarbeiter potenzielle Zukunftsszenarien, aus denen wir für unser Geschäft relevante und konkrete Innovationsprojekte ableiten. Grundlage dafür ist ein gleichermaßen engmaschiges wie weitflächiges Netzwerk innerhalb der Forschung & Entwicklung und den operativen Geschäftseinheiten bei Henkel weltweit sowie zu einer Vielzahl externer Experten aus Wissenschaft und Industrie. Das Team hat sich inzwischen als Ideenfabrik für innovative neue Geschäfte mit interessantem Wachstumspotenzial etabliert. Wir begleiten diese Innovationsprojekte in einem Stage-Gate-System bis zur Marktreife.

Eine weitere wichtige Komponente unseres langfristigen Innovationsmanagements ist das systematische Screening von Start-ups. Hier bewerten wir unter strategischen Gesichtspunkten neue Schrittmacher-Technologien und -Anwendungen. Gleichzeitig suchen wir Kooperationen mit zukunftsträchtigen Start-ups, die uns den Zugang zu bahnbrechenden technologischen Neuerungen ermöglichen. Beispielsweise haben wir im Jahr 2014 eine Entwicklungspartnerschaft mit einem amerikanischen Start-up über das patentierte Know-how zur effizienten Fertigung von flexiblen Barrierefolien geschlossen. Barrierefolien werden zum Schutz von elektronischen Komponenten

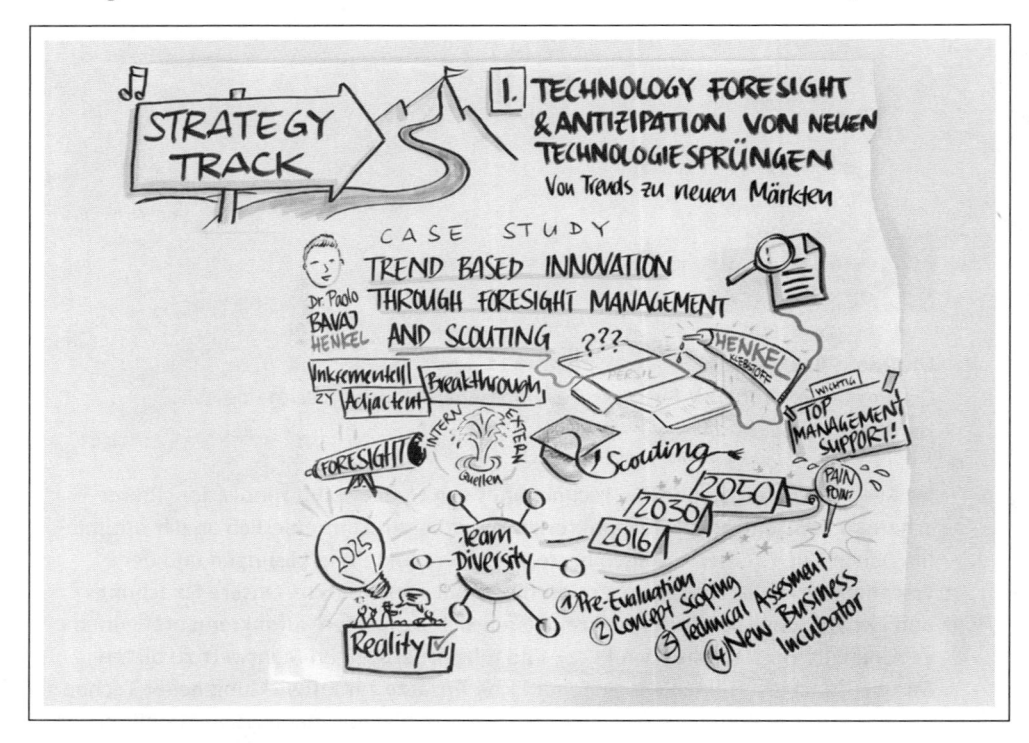

Abb. 25: Technology Foresight bei Henkel Adhesive

gegen Feuchtigkeit und Sauerstoff eingesetzt. Die neue Technologie wird eine Schlüsselrolle bei der Entwicklung von vollflexiblen Displays einnehmen. Henkel nutzt dabei sein Know-how für Produkte und Lösungen im Bereich Klebstofftechnik und Schutz von verschiedenen Substraten und Materialien, die hier zum Einsatz kommen. Die dabei entstehenden technologischen Systeme bieten große Potenziale für OLED Display, für flexible OLED Beleuchtungssysteme sowie für Quantum Dots.

Für unseren Bereich »New Business Development« ist Kommunikation sehr wichtig, da wir dadurch intern Transparenz und Akzeptanz sowie extern Interesse an Kooperationen schaffen. Wir verfolgen dabei ein klares strategisches Konzept. Unser Bereich ist — auch räumlich — vom operativen Geschäft getrennt, weil sich unser zeitlicher Horizont und damit verbunden sowohl unser methodischer Ansatz als auch das Risikoprofil deutlich voneinander unterscheiden. Darüber hinaus erlaubt unser Konzept der Inkubation von neuen Geschäften eine von kurzfristigen Geschäftsinteressen »abgeschirmte« Entwicklung und Kommerzialisierung von Zukunftsinnovationen.

Bericht 2

Dr. Anette Brüne
Head of Strategic Business Development
Altana, Byk-Chemie GmbH

New Business als Schlüssel für den Erfolg von Unternehmen in der Zukunft
- Ein wichtiger Teil des Erfolges, den ein Unternehmen heute hat, ist das Resultat von systematischem New Business Development Jahre vorher.
- Die Entscheidung eines Unternehmens, langfristig in New Business zu investieren, ist eine Voraussetzung für Wachstum.
- In der heutigen Zeit schneller globaler Veränderungen ist New Business eine Lebensversicherung für die Zukunft.

Diese und andere Überzeugungen leiten mich in meiner täglichen Arbeit.

Während meiner beruflichen Laufbahn war ich fast durchgängig mit Innovationen und langfristigen Strategien befasst. Zunächst standen Forschungsaufgaben im Vordergrund. Später habe ich mich viele Jahre mit der Entwicklung von Strategien und Strategieprozessen beschäftigt. Vor einigen Jahren führte mein Berufsweg ins

Business Development. Dieser Aufgabenbereich ist ausgesprochen faszinierend für mich, denn er vereint langfristige Strategien mit Innovationen.

Wohl niemand hat die Erfolgsfaktoren zu Innovationsaktivitäten intensiver untersucht als Robert G. Cooper. Nach rund 20 Jahren Studienarbeit gelangte er in seinen zentralen Empfehlungen zu der simplen Formel »Doing the right projects... right«. Ich sehe die zentrale Herausforderung genauso, würde sie aber noch ergänzen: »Finding the right projects and the right people!«

Für das Finden erfolgsversprechender Projekte gibt es zwei Wege:
1. In bestehenden Märkten die Kundenwünsche konsequent analysieren und alle Aktivitäten darauf ausrichten
2. Neue Märkte und Anwendungen erschließen und neue Kunden gewinnen.

Eine auf Dauer erfolgreiche Organisation benötigt die Kombination beider Wege. Die erste Variante wird in erster Linie durch die operativen Einheiten abgedeckt. Sie operieren nahe am Kunden und haben die technische Kompetenz, um diesem mit Neuerungen kontinuierlich bessere Produktangebote und Lösungen bieten zu können. Market Pulls und inkrementelle Innovationen stehen dabei im Vordergrund. Strategisch ist es allerdings besonders wichtig, dass man sich im Innovationsverhalten nicht nur an bestehenden Kunden und deren Wünschen ausrichtet, sondern überdies der Frage nachgeht, wie man neue Kunden in neuen Märkten gewinnen kann. Oft wird dies nur im Rahmen von Technology Pushs möglich sein. Und hier wird es anspruchsvoller. Die operativen Einheiten hätten dafür sicher sehr viele Ideen und Kompetenzen. Oft führt aber der Fokus auf das Tagesgeschäft dazu, dass für die Umsetzung in konkrete Innovationsvorhaben nicht genügend Kapazitäten bereitstehen. Dies betrifft insbesondere den mitunter aufwändigen Prozess des aktiven Suchens, Identifizierens und Bewertens von neuen Märkten und Anwendungsgebieten im Rahmen der Gesamtstrategie des Unternehmens.

Hier setzt der zentrale Bereich »strategische Geschäftsentwicklung« an, den ich seit fünf Jahren leite. Das Aufgabenfeld reicht von Trendanalysen (»Scouting«) und Technology Foresight über die Durchführung von Machbarkeitsstudien und von der Entwicklung von konkreten Value Propositions für Innovationen bis zur Leitung von New Business Projekten in der Anfangsphase.

Wo liegen die Erfolgsfaktoren für die erfolgreiche Durchführung dieser Aufgaben, die immer am Ziel ausgerichtet sind, aus Projektansätzen New Business Opportunities für die operativen Geschäftseinheiten zu generieren? Ich sehe hier inzwischen folgende Handlungsimperative als bedeutsam:
- Auch wenn die Projekte an zentraler Stelle entwickelt werden, sollten die operativen Einheiten sehr früh eingebunden werden. Ich denke da z. B. an Patenschaftsmodelle mit definierter Incentivierung, die sich auch an Bereiche wie Marketing & Sales (auf globaler Ebene) richten.

- Ebenso früh ist die Markteinführung zu antizipieren. Vor diesem Hintergrund wird die Kundeneinbindung zu einem wichtigen Primat, wobei es eben auch und teilweise zuvorderst um potenzielle Kunden geht, die noch nicht zum Geschäftsportfolio des Konzerns gehören. Dort hat auch der Proof of Concept im Rahmen eines stringenten Projektmanagements zu erfolgen.
- Derartige Prozesse erfordern einen langen Atem. Es ist daher wichtig, den Projekten einen realistischen Zeitrahmen zu geben. Die ersten zwei Jahre sind dem Erkenntnisgewinn und weniger dem Erreichen von Umsatz- und Ertragszielen zugewandt.
- Dies wird nur möglich sein, wenn das Topmanagement das Vorhaben unterstützt und entsprechende Signale sendet. Bei dieser Instanz sehe ich eine zentrale Verantwortung für die Schaffung von Voraussetzungen dafür, dass Technology Pushs ihren Platz im konzerninternen Innovationsmanagement finden.
- Und dann ist da noch der eine wichtige Punkt, den ich oben schon erwähnt habe: Right People. Wir benötigen für solche Vorhaben Leute, die sich durch folgende Attribute auszeichnen: unternehmerisch denkend, strategisch langfristig orientiert, innovativ denkend, kundenorientiert, out-of-the-box denkend. Idealerweise arbeiten wir dabei mit cross-divisionalen und cross-funktionalen Teams.

Wenn dann noch ausreichend finanzielle Mittel und personelle Ressourcen zur Umsetzung der Projekte in Geschäftsmodelle zur Verfügung stehen, ist die Chance groß, dass die Projekte erfolgreich sein werden. Ein Scheitern kann man allerdings nie ausschließen. Die Organisationskultur sollte so gestrickt sein, dass sie Fehlschläge nicht (nur) negativ, sondern als Quelle wichtiger Erfahrungen wertet. Es muss also auch möglich sein, Projekte mit ursprünglich vielversprechenden Perspektiven abzubrechen, ohne dass dies zu Verwerfungen im Interaktionssystem des Unternehmens führt.

Investitionen in New Business sind entscheidende Investitionen in eine erfolgreiche Zukunft!

Bericht 3

Armin Czeppel
Director Organizational Development
Robert Bosch GmbH

Wenn viele gute Ideen auf Barrieren prallen
Innovationsvorhaben bei Bosch sind so heterogen wie das Unternehmen selbst. Ideen entstehen von innen und außen, top-down oder bottom-up, systematisch oder eher zufällig. Wenn man aber etwas pauschalieren kann, dann dies:
Es gibt unbestritten sehr viele und sehr gute Ideen bei Bosch. Dafür sorgt ein Heer an Entwicklern und Forschern mit den unterschiedlichsten Kompetenzen ebenso wie die Impulse, die aus dem Markt kommen. Darin liegt eine der großen Chancen von Bosch: Es findet sich für fast jedes Fachgebiet die richtige Kompetenz. Cross-funktionale Innovationsworkshops oder andere Verfahren generieren eigentlich immer eine Vielzahl von hochwertigen Ideen.

Doch obwohl dies in einer internationalen Spitzenposition im Bereich Patentanmeldungen mündet, schlummern unzählige dieser Ideen in Schubladen oder in den Köpfen, weil sie diverse Barrieren nicht überwinden können. Nach meiner Erfahrung lassen sich diese durch folgende Fragen umreißen:

- Welche Filter bzw. Evaluationsverfahren werden eingesetzt? Sind praktikable Methoden vorhanden, die einerseits die Datenmenge auf ein beherrschbares Maß beschränken, aber auch andererseits nur die relevanten Ideen passieren lassen?
- Wie plakativ bzw. selbsterklärend sind die Ideen, die durchkommen? Wenn es um die Überzeugung der nächsten Managementebene geht oder der Marketing-Kollegen, dann helfen noch so ausgefeilte Technologiebeschreibungen und Feature-Kataloge nichts, wenn dabei kein greifbares Bild über die Gestaltung und den Kundennutzen entsteht. Gute Lösungsansätze gibt es durch die iterative und greifbare Nutzung von User-Experience-Methoden in sehr frühen Innovationsphasen.
- Wie finde ich den Produktsponsor bzw. den aufnehmenden Bereich? Gerade bei bereichsübergreifenden Ideen sind oft viele Teilnehmer des Kreativprozesses begeistert über ihre Ideen — aber die Suche nach der richtigen Heimat und den adäquaten Ressourcen fällt schwer. Im Zweifelsfall haben die großen Serienprojekte immer Vorrang vor der »Störung« durch neue Themen mit unbekannten Erfolgsaussichten. Darauf reagiert Bosch zunehmend mit Spin-offs, Start-up-Plattformen und anderen Modellen, um den kleinen und interessanten, aber mit Risiko behafteten Themen eine Chance zu geben, außerhalb des durchregulierten Seriengeschäfts zu gedeihen.
- Und schließlich: Wie gehe ich mit der Fehlerkultur um? Angetrieben von einer Nullfehler-Toleranz als führender Lieferant für die großen OEMs dieser Welt, fiel es lange Zeit vielen Entwicklungsverantwortlichen schwer, Projekte zu starten, bei denen der erfolgreiche Abschluss nicht klar berechenbar war, womit es inkrementelle Innovationen immer leichter hatten. Zum Glück wird mittlerweile auch top-down das Prinzip des »fail fast, fail cheap« vermittelt, das gerade für den Einstieg in radikale Innovationen Grundvoraussetzung ist. Bis sich diese Kultur aber flächendeckend durchgesetzt hat, wird wohl noch einige Zeit vergehen.

Selbst wenn es noch weitere Innovationsbarrieren geben mag, die oben genannten sind sicherlich vielen kreativen Boschlern in der Praxis begegnet. Sie sind aber mittlerweile erkannt und adressiert und werden sukzessive abgebaut.

Bericht 4

Thomas Eisenbarth
Leiter Business Innovation
Daimler AG

Innovationsmanagement »en vogue«!
Für die meisten ist es selbstverständlich, dass sich auch Unternehmensinitiativen und -strategien modischen Zyklen unterwerfen. Gerade in Großkonzernen sieht das Management sich gerade dazu verpflichtet, immer wieder einmal neue Schwerpunkte/Moden zu setzen, die sich einerseits nur teilweise aus tatsächlich veränderten Markt- und Wettbewerbsgeschehen, andererseits aus einer starken Fokussierung auf eine kurzfristige Zielerreichung sowie die generelle größere PR-Orientierung des Managements ableiten lassen.

Nach einer Phase der Konzentration auf das Kerngeschäft mit »operational excellence«-Programmen inkl. notwendiger Kostensenkungs- und Compliance-Programmen sehen wir jetzt das Thema Innovation zunehmend wieder auf die Agenda zurückkommen bzw. kann es schon als Management Hype angesehen werden. Inflationierung von Tagungen und Kongressen, zahlreiche neue Bücher und Veröffentlichungen und ein extensives Reisen zu den Innovationshotspots der Welt, vor allem das Silicon Valley. Firmen wie »Plug and Play« können ihr Geschäftsmodell um das Thema Reise- und Museumsführung erweitern oder haben es längst schon getan, um die Heerschar an Delegationen aus Deutschland durch die immer gleichen Start-ups und/oder »Techgiants« des Valley zu führen.

Es ist nicht mein Ansinnen dies zu kritisieren, im Gegenteil, aber die kritische Auseinandersetzung soll helfen, das Hype-Getöse zu durchdringen und sich auf das Wesentliche zu konzentrieren.

Wenn es stimmt, dass wir uns in einer Zeitenwende befinden und die Möglichkeiten durch die technologischen Entwicklungen sich exponentiell entwickeln, müssen sich die Unternehmen gerade in einem noch gesund industrialisierten Land wie Deutschland Gedanken machen, welche Auswirkungen die technologischen Möglichkeiten auf das eigene Geschäftsmodell haben. Vielleicht hat die gute wirtschaftliche Lage in

Deutschland auch dazu geführt, dass die Industrie und der Staat zu zögerlich in dieser Zeitenwende agieren und nun ein Run auf das »neue« Gedankengut entstanden ist.

Ohne wissenschaftliche Untermauerung sehe ich fünf wesentliche Schritte hin zu einem modernen Innovationsansatz unabhängig auch von der Unternehmensgröße. Der vielleicht wichtigste, allererste Schritt ist allerdings, sich ein klares Bild über die bestehende Innovations-DNA im Unternehmen zu erarbeiten und dann hierauf basierend einen authentischen und individuellen Weg zu beschreiten. Hieran anschließend sehe ich im Wesentlichen vier Umsetzungsmaßnahmen:

1. Wiederentdeckung einer »neuen« Kultur — transparent und offen, weniger hierarchisch und mit höherer Fehlertoleranz. Dabei gilt es, nicht alle Mitarbeiter im Unternehmen kreativ zu machen, sondern eine breite Akzeptanz für Innovationen zu schaffen.
2. Weiterentwicklung der bestehenden F&E-Aktivitäten — Integration von BMI in die Forschung sowie die Bereitstellung und Weiterentwicklung von Tools wie »Design Thinking« oder die Übertragung von »Scrum«-Ansätzen.
3. Breitere Diskussion in Form von festen Labs mit Mitarbeitern, Kunden, Partnern, Zulieferern und anderen industriefremden Unternehmen. Erlebbare, anfassbare Auseinandersetzung mit Trends und Technologien zur Generierung neuer Geschäftsmodelle.
4. Schaffung einer Plattform zum Austausch mit Start-ups (Accelerator-Incubator-Beteiligungen/Kombinationen) als Win-Win-Situation. Konzerne mit großem Kundenstamm als erste Kunden oder Piloten für die Start-up-Produkte. Dies ist für viele Start-ups oftmals interessanter als Kapital in jeglicher Form, da sich ein Kunde Daimler oder BASF etc. oftmals stark auf die Reputation auswirkt und dazu beiträgt, das Vertrauen neuer Kunden schneller zu gewinnen.

Bereits 2007 wurde bei Daimler der Ansatz, neue Geschäftsmodelle zu entwickeln und einzuführen, durch die Einrichtung des Bereiches Business Innovation Rechnung getragen. Losgelöst vom Kerngeschäft sollte dieser »Think and Acting Tank« neue Geschäftsideen entwickeln, pilotieren und nachhaltig implementieren. Das wohl bekannteste neue Geschäftsmodell, das für einen Automobilhersteller als durchaus disruptiv betrachtet werden kann, bei dem es darum geht, Fahrzeuge nicht mehr zu besitzen, sondern mit anderen zu teilen, ist Car2go. An 30 Standorten in Europa, Nordamerika und China nutzen derzeit über eine Million Kunden 13.500 Smarts und werden nach Nutzungszeit abgerechnet — ein Erfolg, der die Implementierung eines eigenen Geschäftsbereiches sicher rechtfertigt.

Als Erfolgskriterien für die erfolgreiche Implementierung neuer Geschäftsmodelle bei Daimler Business Innovation zeigten sich:
1. Die Nutzung von bestehenden Produkten und Dienstleistungen oder anderen Assets, z. B. die Marken des Konzerns
2. Das neu entstandene Modell oder Produkt wird von der bestehenden Organisation, z. B. dem Marketing, als deren Kerngeschäft betrachtet, um die Gefahr einer Ablehnung zu verringern.

3. Das neue Projekt/Idee/Geschäftsmodell ist vor dem Hintergrund einer zunehmenden digitalen Transformation im Unternehmen relevant und ist somit in die Strategie des Unternehmens eingebettet; bei Daimler z. B. vom Fahrzeughersteller hin zum Mobilitätsanbieter.

Heute stellen wir fest, dass die Business Units sich zunehmend dem Gedankengut und der Arbeitsweise von Business Innovation mit eigenen Innovationseinheiten anschließen bzw. weiterentwickeln. Dies wird sicher nochmals einen Schub an Transformationsgeschwindigkeit erzeugen und für Daimler Business Innovation neue Ansatzpunkte generieren. Es bleibt die Notwendigkeit, den Wertbeitrag der aufgebauten Innovationskultur und Organisation permanent zu überprüfen und an den aktuellen Trends zu spiegeln. Da die Geschwindigkeit, getrieben durch die technologische Entwicklung, sich weiter erhöht, wird sich auch der Bedarf, über neue und disruptive Geschäftsmodelle nachzudenken, weiter verstärken, weil es eben nicht abzusehen ist, inwieweit sich ein heute sehr profitables Geschäftsmodell auch noch in 5, 10 oder 20 Jahren trägt.

Zitat aus The Second Machine Age: »Das ist der Anbruch des zweiten Maschinenzeitalters. Um zu begreifen, warum er sich gerade jetzt vollzieht, müssen wir das Wesen des technischen Fortschritts in der Ära digitaler Hardware, Software und Netzwerke durchschauen. Insbesondere müssen wir seine drei maßgeblichen Merkmale verinnerlichen: er ist exponentiell, digital und kombinatorisch.« (Erik Brynjolfsson/Andrew McAfee: The Second Machine Age, 4. Auflage 2015, S. 51, Originalausgabe 2014).

Bericht 5

Dr. Marcella Gagliardo
Innovation Platform Owner
Akzo Nobel NV

Many people would agree that innovation has become more important to business success in the past few years, and it will continue to be a priority for the future. Innovation is a very broad subject and encompasses many diverse issues. Looking at my experience, some of these issues proved to be crucial for introducing globally a framework or model for innovation. Sharing with the many innovation practitioners,

I realized that we had a lot in common, but that in the end our challenges were very different as well, since each of us came from a different starting point. I learned that there are some general guidelines, but there is no «one size fits all» solution.
It is important to create a «fresh start» atmosphere and be prepared to do whatever it takes to make something new happen. And this is going to require some leadership capabilities, have some degree of interpersonal intelligence so that you can read emotions and motives of those around. It is important to be persuasive if you want to buy in the organization. It is not done easily and it takes an enormous dedication and commitment.

Support of top management of all functions is priority number one. Followed by starting to «innovate» both climate and culture. The innovation management function needs to be organized as a matrix. Fulltime dedicated to the task, it has to operate outside the official bureaucracy of the company. Involve the right people is a state-of-the-art «politic». Especially if the organization is under pressure and focused on cost-saving strategies. It can be a tough job, and management might turn resistant and resilient in a long run.

Clear communication at all levels of the role played by the new product strategy in the business unit (commitment and higher impact on performance and KPIs) is important. If you do your job right, this gives involvement of lower management and functions as well. The new culture gives to many people «a reason to be there». People is naturally drawn to activities that allow them to feel like they are making a contribution in some way to help solving problems or growing the business. And if you communicate clearly the What?, Who?, How?, and Targets? people are able to see the whole picture and contribute to the change. Contributors have to be rewarded and their achievements made visible.

The successful approach consists on making the Stage-Gate less relevant and integrated with portfolio management and portfolio reviews. Go/Kill criteria have to be less financially focused and based on more strategic, competitive and leverage factors. Senior managers need to be more involved in the investment decision process, ready to commit if necessary the resources to execute the innovation project in an accelerated fashion. Organizationally, the system would require a dedicated cross-functional project team, organized as a project matrix and operate outside of the official structure of the company. The project team operates with the resources needed to move the project forward quickly, composed by dedicated people. To implement this model, innovation management will have to operate at the interface of technical and business functions, at various levels of the organization (top and mid management).

The business outcome of the innovation projects have to be periodically reported and published. It is important that the innovation projects are part also of value engineering and operational excellence programs sponsored by the business and/or corporate functions.

Another success factor is to set (open) innovation practices to develop fast, flexible and well connected R&D processes, necessary to guarantee commercial viability and success of products/services in the company. The R&D organization, supply chain and the business all need to be intensely involved if the goal is to streamline the R&D portfolio with «what the organization wants to get». Based on my experience, approaches to innovation will be revolutionized through exploring opportunities for Open Innovation and understanding best approaches for establishing co-collaboration with external partners.

Bericht 6

Dr. Michael Heckmeier
Head of Business Unit
Performance Materials | Pigments & Functional Materials
Merck KGaA

Innovation stand fast immer im Mittelpunkt meines Berufslebens. In meiner inzwischen schon recht langen Laufbahn bei Merck befasste ich mich sowohl mit Neuerungen, die zu unserem Kerngeschäft gehör(t)en bzw. (!) dazu wurden, als auch mit vielen Erfindungen unserer Forscherteams, die a priori nicht so recht zu unseren zentralen strategischen Vorstellungen passten. Dabei war ich mit dem Thema Innovation in sehr unterschiedlichen Rollen konfrontiert: zunächst als Mitarbeiter in verschiedenen Forschungsgruppen, später als Leiter einer Zentralstelle für die Förderung von neuen Geschäftsmöglichkeiten, danach in vergleichbarer Position eines innovationsorientierten Aufgabenbereichs im Ausland und letztlich in verschiedenen Führungsaufgaben in der Linie, darunter in der Sparte für Flüssigkristalle, die aufgrund ihrer innovativen Leistungen seit über einem Jahrzehnt zu den tragenden Säulen unseres Konzerns gehört.

Wenn ich nun in der Mitte meines Berufslebens zurückblicke auf die überaus zahlreichen Innovationsideen, die mir im Laufe der Jahre präsentiert wurden, so bin ich sehr froh über viele der Projekte, die wir erfolgreich umgesetzt haben, relativ gelassen wegen der wenigen Vorhaben, die unsere Erwartungen nicht immer ganz erfüllt haben, und — offen gestanden — manchmal etwas unsicher in der Frage, ob wir nicht doch mehr hätten wagen sollen. Zu einem guten Innovationsmanager gehört es sicherlich, Prioritäten zu fixieren und sie konsequent und geradlinig zur Umsetzung zu bringen; das hat bei mir meist recht gut geklappt. Indessen, ein Innovationsmanager, der nicht nur gut, sondern auch ehrlich ist, gibt offen zu, dass viele der Entscheidungen, die sich im Nachhinein als erfolgreich erwiesen haben, intuitiv, also aus dem Bauch heraus, getroffen wurden. Das soll auch für mich gelten. Manchmal frage ich mich heute, ob ich mich bei bestimmten Entscheidungssituationen zu rasch und zu stark auf meinen Bauch verlassen habe. Auch wenn ich wegen dieser Überlegungen heute keine Bauchschmerzen habe, habe ich inzwischen gelernt, in meinen Beurteilungen und Erwartungen bei holprig verlaufenden Projekt-Präsentationen mehr Nachsicht und Geduld zu zeigen. Die Tradition und Kultur unseres Konzerns bieten dafür einen guten Rahmen. Dank des Einflusses der stets an Aspekten der Nachhaltigkeit orientierten Inhaberfamilie sowie eines entsprechend verantwortungsbewusst operierenden Vorstands können wir es uns leisten, im Innovationsverhalten einen langen Atem zu zeigen. Der Flüssigkristallbereich ist dafür ein gutes Beispiel. Über das dafür erforderliche Know-how verfügten wir schon Jahrzehnte vorher, ohne dies wirtschaftlich nutzen zu können. Unsere besondere, auf Langfristigkeit ausgelegte Firmenkultur hat uns dennoch die Möglichkeit gegeben, auf den richtigen Zeitpunkt warten zu dürfen, und das war letztlich gut so.

Inzwischen bin ich mir sicher: Das richtige Timing ist für den Innovationserfolg weitaus wichtiger als eine hohe Geschwindigkeit in der Projektrealisierung. In unserem Umfeld haben wir viel zu viele Innovationsprojekte beobachtet, die ein interessantes Potenzial hatten, aber zu überhastet in Angriff genommen wurden und deswegen letztlich weniger erfolgreich verliefen.

Ein aktives Innovationsmanagement setzt natürlich mehr als nur ein Abwarten auf den richtigen Zeitpunkt voraus. Es gehört zu den Grundprinzipien, dass man immer wieder rasch auf veränderte Markttrends reagiert bzw., was noch viel wichtiger ist, diese antizipiert. Um die wirklich bedeutsamen Entwicklungen rechtzeitig erkennen und einschätzen zu können, benötigt man ein sehr aktives und offenes Kommunikationsverhalten, gleichsam nach außen und im bereichsübergreifenden Innenverhältnis. Das ist für mich ein zentraler Erfolgsfaktor. Wenn sich daraus interessante Impulse ergeben, dann wird das weitere Innovationsmanagement sich zunächst auf den Aufbau von Tandems konzentrieren, in denen sich Wissenschaftler (als Ideenentwickler) und Manager (als Promotoren) in einem aufrichtigen Interaktionssystem ergänzen.

Wir haben das oft geschafft und damit dokumentiert, dass wir dazu in der Lage sind, Neuerungen voranzutreiben, die einen Wert für unsere Zielgruppen generieren, uns im Wettbewerb besser aufstellen und letztlich auch die Ertragsziele unserer Aktionäre erfüllen. Darüber kann man sich freuen, darauf kann man sich aber nicht ausruhen. Innovationsfähigkeit ist etwas »Flüchtiges«. Leider geht sie einem rasch verloren, wenn man nicht tagtäglich um sie kämpft. Das kann anstrengend sein. Man muss ständig Balancen finden und dies vor allem auf folgenden Ebenen:

- Im Führungsstil: verständnisvoll, teils sogar fürsorglich in Phasen der Ideenentwicklung sowie bei der Bildung von Start-ups und eher straff und autoritär bei der Projektimplementierung
- In der Ressourcenallokation: einerseits für die Reaktion auf Kundenwünsche zu inkrementellen Innovationen und anderseits für die Vorbereitung von Technology Pushs
- In der Zeitperspektive: Quick Wins und längerfristige Erfolge sind aus unterschiedlichen Gründen gleichsam wichtig.

Von Mitarbeitern im Innovationsumfeld erwarte ich vor diesem Hintergrund,
- dass sie ein breites technisches Verständnis entwickeln, das seinen Niederschlag in einem professionellen »Technical Awareness Management« findet;
- dass sie dabei einen »Helikopter-Blick« auf Trends in der Nachfrage und im Wettbewerb erkennen lassen;
- dass sie neben der Hingabe für ihre Projekte auch Spaß an diesen verantwortungsvollen Aufgaben haben.

Dies alles gilt natürlich auch für mich selbst. Ich freue mich inzwischen auf diese Herausforderung und werde versuchen, mich selbst dabei immer wieder zu erneuern. Jede gute Entwicklung braucht Geduld — gerade im Hinblick auf zunächst abenteuerlich klingende Innovationsideen.

Bericht 7

Dr. Roman Maisch
Senior Vice President Marketing & Sales Performance Materials
Merck KGaA

Innovation — Kultur

Die Frage, ob ein Unternehmen erfolgreich Innovationen in den Markt bringt, hängt nach meiner Erfahrung sehr stark von der Unternehmenskultur ab. Ist die Unternehmenskultur offen für neue Ideen, fördert sie die Entwicklung von Innovation durch spezielle Programme, wie Innovationspreise oder Auslobung von Mitteln, um innovative Ideen in einem Projekt zu bearbeiten, gibt das Unternehmen Anreize, welche die Mitarbeiter anspornen, sich zum Beispiel mit neuen Anwendungen, der Entwicklung neuer Prozesse, sei es im Produktionsbetrieb, im Personalwesen oder im Marketing, zu befassen? Das sind einige der Kriterien, an denen sich ein innovationsförderndes Klima in einem Unternehmen messen lassen kann und muss. Ein weiterer nicht zu unterschätzender Aspekt ist der Umgang mit Fehlschlägen in Innovationsprojekten. Gerade hier zeigt sich, wie die Unternehmenskultur im Hinblick auf Innovation tatsächlich entwickelt ist. Werden solche Fehlschläge oder das Scheitern von Innovationsprojekten sanktioniert, dann ist es meiner Meinung nach nicht weit her mit der innovativen Unternehmenskultur und damit auch mit der Fähigkeit, Innovationen erfolgreich im Markt umzusetzen. Ein innovationsförderndes Klima verlangt Offenheit und vor allem Vertrauen. Vertrauen, dass z. B. aus Fehlschlägen gelernt wird, sodass diese eher als Ansporn, denn als Demotivation empfunden werden.

Vertrauen muss auf beiden Seiten gelebt werden, vom Mitarbeiter zum Vorgesetzten und umgekehrt. Vertrauen in Bezug auf die Führung und Kontrolle von Projekten bedeutet oft »Führen an der langen Leine«, um möglicherweise unkonventionellen Ideen Raum zur Entfaltung zu geben. Das widerspricht in keiner Weise einer strikten und pragmatischen Erfolgskontrolle, z. B. durch die Festlegung klar definierter Meilensteine, deren Erreichen beziehungsweise deren Nichterreichen, dann auch entsprechende Konsequenzen hat.

Bericht 8

Dr. Reiner Mauch
Leiter Corporate Business Development
SCHOTT AG

Mit Innovationen befasste sich Schott schon lange bevor dieser Begriff Einzug in den deutschen Sprachgebrauch gehalten hat. Die Hervorbringung neuer Produkte und Prozesse war seit der Gründung vor nunmehr 130 Jahren immer ein zentrales Thema in der Firmenentwicklung. Immer wieder ist es Schott gelungen, mit innovativen Gläsern und Glaskeramiken neue Anwendungsfelder zu ermöglichen. Dabei seien exemplarisch Fiolax, seit dem Anfang des letzten Jahrhunderts der Standard bei pharmazeutischen Primärverpackungen aus Glas, oder das seit den 1970er-Jahren bekannte Ceran, welches das Kochen revolutioniert hat, zu nennen. Als Technologiekonzern mit Spezialisierung auf Glas und Glaskeramiken zählen Materialinnovationen zu einem wesentlichen Baustein unseres zukünftigen Wachstums.

Die Anforderungen in Bezug auf Time-to-Market werden auch im Bereich von grundlegenden Materialinnovationen deutlich anspruchsvoller. Und ein weiterer Aspekt wird immer deutlicher: Eine Materialklasse allein kann oft die gestiegenen Performance-Anforderungen nicht mehr erfüllen. D. h., der Blick muss breiter werden, z. B. können neuartige Materialkombinationen uns helfen, die Kunden mit verbesserten Materialien in deren Weiterentwicklung zu unterstützen.

Wir sind deshalb überzeugt, dass sich Innovationen mit Partnern auf vergleichbaren Wertschöpfungsstufen mehren werden. Diese sogenannten »Cross-Industry«-Projekte sind besonders zielführend, da die Partner ihre aus verschiedenen Richtungen gewonnenen Kompetenzen und sich oft ergänzenden Fähigkeiten einbringen. Ist in solchen Projekten noch ein potenzieller Kunde mit an Bord, erhöhen sich die Erfolgschancen nochmals deutlich.

Die Durchführung unserer Innovationsprojekte erfolgt anhand von definierten Prozessen. Stage-Gate und andere strukturierte Prozesse zählen seit langem zum Standardrepertoire, nicht nur bei Schott. Auch Key-Performance-Indikatoren wie Innovationseffizienz dienen zum Monitoring und Benchmarking der eigenen Fähigkeiten im Vergleich zum Wettbewerbsumfeld und werden verstärkt genutzt, um uns weiterzuentwickeln.

Im Rahmen unseres Innovationsprozesses werden die Projekte ab der Studienphase konsequent von einem Lenkungsausschuss begleitet. Dieser gibt auch den Übergang in die folgenden Phasen frei und unterstützt den Projektleiter im Falle von Ressourcenkonflikten, notwendigen Priorisierungen und anderen Fragestellungen. Beim Übergang vom Konzept zur Entwicklung ist eine Businessplanung vorzulegen. Diese zugegebenermaßen noch auf eher groben Annahmen basierte Betrachtung verlangt auch von einer R&D-Organisation eine frühe Auseinandersetzung mit kommerziellen Fragestellungen. Außerdem sind sehr fundamentale Fragen zu möglicher Alleinstellung unserer Lösung, bezogen auf für die Anwendung wichtige Spezifikationsparameter, zu beantworten. Erst nach befriedigender Beantwortung wird das Projekt in die nächste Phase überführt. Diese wird dann mit detaillierter Planung freigegeben, wobei neben dem Budget vor allem ein Aspekt immer stärker in den Vordergrund rückt: Ist das Projektteam für die nächste Phase, bezogen auf die erforderlichen Kompetenzen, richtig zusammengesetzt? Jeder tendiert auch in Innovationsprojekten zu dem Motto »Never change a winning team«. Das mag durchaus ab und an auch richtig sein. Meist ist dem aber nicht so. Anforderungen ändern sich, je weiter das Projekt fortgeschritten ist; von der grundlegenden Entwicklung einer Idee mit ersten Demonstratoren hin zu einem industrialisierten Prozess eines Produktes sind andere Kompetenzen erforderlich. Neben der Anpassung des erforderlichen Kompetenz-Portfolios im Projekt, erhalten die Vorhaben dadurch auch sukzessive einen neuen Impetus.

Unsere Aufgabe im Bereich Business Development bei R&D ist es, neue Geschäftschancen für Schott außerhalb des derzeitigen Produkt-Portfolios zu identifizieren, Neugeschäftsprojekte zu initiieren und verantwortlich durchzuführen. Diese Verantwortung kann bis zum Launch eines neuen Produktes gehen, bevor dann die operativen Einheiten übernehmen. Allerdings hat die Erfahrung gezeigt, dass eine möglichst frühe Einbindung der Zieleinheit bei der operativen Überführung sehr hilfreich ist, um Risiken in der kritischen Launch-Phase zu minimieren. In den letzten fünf Jahren konnten wir wichtige Erkenntnisse gewinnen, die für ein Unternehmen auf unserer Wertschöpfungsstufe bei Innovationsprojekten erfolgsrelevant sind:

- Durch die Einbindung von Kunden in frühen Phasen des Innovationsprozesses gewinnen wir ein besseres Verständnis hinsichtlich der Bedürfnisse unserer Zielgruppe.
- Cross-Industry-Projekte werden an Bedeutung gewinnen.
- Auf der Forschungsseite ist ein bewährtes Kooperationsnetzwerk mit externen Partnerinstitutionen wichtig.
- Die Projektteams müssen zu jeder Phase des Innovationsprojekts mit den richtigen Kompetenzen ausgestattet sein.
- Es werden verstärkt Mitarbeiter benötigt, die in der Lage sind, strategische Optionen zu erkennen, um diese rasch und konsequent in konkrete Projekte umzusetzen, aber gleichzeitig in industriellen Prozessen denken können.

Abschließend sei bemerkt, dass in einem modernen Innovationsprozess die große Herausforderung besteht, einerseits genug Freiheit zu gewähren, die für die Umsetzung von kreativen Ideen erstmal die Basis darstellt, jedoch anderseits mit einer gewissen Stringenz das Projekt-Portfolio zu managen, um die immer zu knappen Budgets zielgerichtet einzusetzen. Damit alle Beteiligten dies akzeptieren und noch wichtiger aktiv mitgestalten, sind nachvollziehbare Prozesse von der Planung über die Auswahl bis zur Durchführung der Projekte unabdingbar.

Bericht 9

Dr. Peter Nagler
Head of International Innovation
Evonik Industries AG

Leading Change — Leading Innovation
Für Evonik, ein global führendes Unternehmen der Spezialchemie, ist Innovation ein Kernelement, um Wettbewerbspositionen zu erhalten bzw. auszubauen und zusätzliches Wachstum zu generieren. Aber Innovation geschieht nicht spontan, sondern

muss gestaltet werden. Doch wie macht man das am besten in einer zunehmend komplexeren und sich immer schneller ändernden Umgebung, in der Wissen schnell und ubiquitär verfügbar ist?

Grundvoraussetzung für erfolgreiche Innovation ist das Vorliegen von Geschäftszielen und einer abgeleiteten Geschäftsstrategie. Danach können Innovationsziele und eine entsprechende Innovationsstrategie entwickelt werden. Typischerweise sollte hier ein Zeitraum von zehn Jahren betrachtet werden. Ein adäquates Portfolio- bzw. ein effizientes und effektives Projektmanagement sollten eine Selbstverständlichkeit sein.

Doch genügt dies? Häufig zielt das Management von Innovationsprozessen auf die sogenannte Back-end-Innovation. Aber die heutigen Anforderungen an Innovation erfordern viel mehr Kreativität und »Querdenken«, um ungewöhnliche Ideen und Lösungsansätze zu generieren, insbesondere auch, wenn man in neue Innovations- bzw. attraktive Geschäftsfelder eintreten möchte. Modernes Innovationsmanagement muss diesen Freiraum im sogenannten »fuzzy front-end« schaffen.

Um dieses zu erreichen, hat sich Evonik in den vergangenen Jahren intensiv mit dem Thema Innovationskultur und insbesondere mit der Frage nach dem richtigen Führungsmodell für Innovation auseinandergesetzt. 2012 wurde dazu die »Leading Innovation Initiative« (Führen von Innovation, um führend in Innovation zu sein) mit der Vision gestartet, eines der innovativsten Unternehmen weltweit zu sein. Gerade Führungskräfte sind hier besonders gefordert, um entsprechende Rahmenbedingungen in ihrem Verantwortungsbereich zu schaffen, die Mitarbeiter zu ermutigen, außergewöhnliche Ansätze zu entwickeln und anschließend Ressourcen für deren Realisierung bereitzustellen.

Evonik setzt hierbei stark auf sogenannte »lose gekoppelte Systeme« (nach Prof. K. E. Weick), letztlich variierende, sich den Notwendigkeiten anpassende Netzwerke. Lose Kopplung ermöglicht die Gleichzeitigkeit von Stabilität und Flexibilität einer (großen) Organisation: Kopplung stellt Stabilität sicher. Das »lose sein« produziert Flexibilität. Dies mag einfach klingen, erfordert jedoch eine signifikante Änderung des Führungsstils, der lateraler, direktiver, offen und systemisch sein muss — und eben wenig hierarchisch und kontrollierend.

Die Erfahrungen sind bisher überwiegend positiv. Komplexe Themen wurden von cross-funktionalen, hierarchieübergreifenden Teams (sogenannten Netzwerkteams) aus freiwilligen und interessierten Mitarbeitern bearbeitet, wie z. B. die Weiterentwicklung der strategischen Innovationseinheit Creavis, die Formulierung konzernweit gültiger Innovationsziele oder der Ausbau von Open-Innovation-Ansätzen. Eine »Erfolgskontrolle« findet u. a. auf den globalen »Leading Innovation Conferences« der Topführungskräfte von Evonik statt, auf denen auch neue Schwerpunktthemen gesetzt werden.

Fazit: Durch Führen von Innovation in lose gekoppelten Systemen werden gerade die unsichtbaren, aber wichtigen Elemente (z. B. Verhaltensweisen, Werte, Motivation, Kreativität) einer Organisation deutlich stärker angesprochen und gezielt beeinflusst und schaffen somit die entsprechende Kultur, die für nachhaltig erfolgreiche Innovationen unerlässlich ist.

Bericht 10

Dr. Patrick Planing
Business Innovation
Daimler AG

Innovationsakzeptanz als Erfolgsfaktor des Innovationsmanagements in Zentralfunktionen
In vielen Großunternehmen ist Innovationsmanagement als Zentralfunktion organisiert. Dies bringt spezielle Herausforderungen mit sich, da ab einem gewissen Reifegrad eines Innovationsprojekts auch dezentrale Funktionen des Unternehmens in das Projekt mit eingebunden werden müssen. In der frühen Phase werden neue Projekte meist relativ isoliert in der Zentralfunktion entwickelt und dort mit bereitgestellten Ressourcen pilothaft umgesetzt. Verläuft der Pilot erfolgreich, muss das Projekt in eine Linienfunktion des Unternehmens übergeben werden, um einen dauerhaften Betrieb zu gewährleisten und das Projekt weiter auszurollen. Genau hier befindet sich eine der kritischsten Phasen des Innovationsmanagements aus der Zentralfunktion. Voraussetzung für den Erfolg dieser Phase ist, dass der Zielbereich bereit ist, das neue Geschäftsmodell als Teil seiner eigenen Aufgaben weiterzuführen und aus eigenem Interesse heraus weiterzuentwickeln. Ist dies der Fall, so steht es um den weiteren Erfolg des Projekts meist gut. Hierbei gibt es im Innovationsprozess jedoch zwei gegenläufige Faktoren, die im Wesentlichen die Akzeptanz des Zielbereiches beeinflussen.

Akzeptanzfaktoren: Reife des Projekts und »Not Invented Here«.

Während des Innovationsprozesses entwickelt sich aus einer Idee ein Konzept, das Stück um Stück mit Informationen, Berechnungen, Visualisierungen und ersten Erfahrungen aus dem Pilotbetrieb angereichert wird. Grundsätzlich steigt mit der zunehmenden Reife des Projekts auch dessen Wert und es wird einfacher, andere Stakeholder von der Umsetzbarkeit zu überzeugen. Die Reife des Projekts wirkt sich also grundsätzlich positiv auf die Akzeptanz in dezentralen Bereichen aus. Gleichzeitig beginnt aber auch ein gegenläufiger Prozess. In der frühen Phase, während man noch lose mit einer Idee spielt, ein erstes Konzept entwickelt und mit ersten Annahmen experimentiert, ist es grundsätzlich einfacher weitere Stakeholder einzubinden. Diese beeinflussen die weitere Entwicklung des Projekts mit und entwickeln so eine Verbundenheit mit dem Projekt — auch Buy-in genannt. Hat man das Konzept schon weit entwickelt, aufgrund von Erfahrungen aus dem Pilotbetrieb bestimmte Entscheidungen getroffen und entsprechende Weichen gestellt, wird es zunehmend schwieriger, das Buy-in der unterschiedlichen Stakeholder zu gewinnen. Dies liegt vor allem daran, dass der in der Praxis oft erlebte »Not Invented Here«-Effekt eintritt. Dieser ist zum einen darauf zurückzuführen, dass der Fachbereich, selbst wenn er das Projekt übernimmt und es erfolgreich ist, sich nicht die Urheberschaft des Projekts zuschreiben kann, da dieses ja ohne sein Zutun entwickelt wurde. Zum anderen fehlt dem Fachbereich in dieser späten Phase das Verständnis für die getroffenen Entscheidungen, da diese sich im Wesentlichen auf Erfahrungen berufen, die nur der zentrale Innovationsbereich in der Pilotphase durchlebt hat.

Das Pareto-Optimum des Innovationsprozesses

Da sich beide beschriebenen Effekte über die Zeitachse des Innovationsprozesses gegenläufig entwickeln, ergibt sich ein Pareto-Optimum, das den idealen Zeitpunkt beschreibt, an dem ein Innovationsprojekt aus einer Zentralfunktion in Fachbereiche übergeben werden sollte. Wird dieses unterschritten, so ist das Projekt noch nicht reif genug, um den Fachbereich von dessen Umsetzbarkeit zu überzeugen. Wird dieser überschritten, so tritt der »Not Invented Here«-Effekt ein und die Überlebenschancen des Projekts sinken. Erfahrungen im praktischen Innovationsmanagement aus der Zentralfunktion zeigen, dass Projekte, die genau diesen Zeitpunkt treffen, die größten Erfolgschancen haben.

Bericht 11

Dr. Arndt Schlosser
Leiter Innovationsprozesse & New Business
Wacker KGaA

Rolle des Inkubators im Unternehmen
Der Inkubator stellt das Bindeglied zwischen der Forschung und den Geschäftsbereichen dar. Seine Aufgabe besteht aus zwei Blöcken, einerseits muss er die Hochska-

lierung der Synthesen, die von der Forschung im Labormaßstab realisiert wurden, über Technika und Pilotanlagen bis in den Produktionsmaßstab aktiv begleiten und vorantreiben, andererseits muss er den Markt auf das neue Produkt bzw. die neue Technologie vorbereiten, mit ersten Kunden einen Proof of Concept umsetzen und erste signifikante Umsätze erzielen.

Das Spannende im Bereich der Hochskalierung liegt darin, das Laborverfahren so zu optimieren bzw. anzupassen, dass das Produkt auf existierendem Produktionsequipment hergestellt werden kann. Dafür muss der Inkubator über hohes Fachwissen bezüglich der bestehenden Anlagen und deren Infrastruktur verfügen. Das beginnt bei den zugelassenen Stoffen, geht über Materialverträglichkeiten bis hin zu Dosiermöglichkeiten und Anlagenbelegungen. Nur mit diesem Wissen kann er die optimale Anlage auswählen und die Synthese darauf anpassen.

In der Vermarktung ist es wichtig, sich einen Überblick über die komplette Wertschöpfungskette des zu vermarktenden Produkts und seiner Folgeprodukte zu verschaffen. Nur mit diesem Verständnis kann der Wertbeitrag des Produkts in der finalen Anwendung beim Konsumenten richtig eingeschätzt werden. Deshalb wird in diesem Bereich jemand benötigt, der sowohl technisches als auch kommerzielles Wissen mitbringt, nur so können die richtigen Partner für einen Proof of Concept identifiziert und mit diesen die Markteinführung durchgezogen werden.

Die beiden kritischsten Punkte bei der Arbeit mit einem Inkubator sind die Übernahme des Themas aus der Forschung und die Abgabe an den Geschäftsbereich. Bei der Übernahme aus der Forschung muss sichergestellt sein, dass das Produkt reproduzierbar herstellbar ist und es den Marktanforderungen entspricht. Eine zu frühe Übernahme führt dazu, dass versucht wird, ein nicht stabiles Verfahren zu übertragen und hochzuskalieren; dies resultiert in Verzögerungen und Zusatzkosten, da während der Skalierung noch Produkt- und Verfahrensänderungen vorgenommen werden müssen.

Eine zu späte Übernahme, z. B. nach bereits erfolgter Bemusterung an erste Kunden durch die Forschung, kann leicht dazu führen, dass ein Produkt nicht mehr an den optimalen Produktionsprozess angepasst werden kann und so über nicht optimierte Produktionsprozesse höhere Herstellkosten entstehen.

Am anderen Ende des Prozesses, der Abgabe an den Geschäftsbereich, ist das Risiko bei einer zu frühen Abgabe, dass das noch kleine neue Pflänzchen in der Routine des Bereichs untergeht, da es aus Umsatzsicht noch keine Rolle spielt. In diesem Fall war die Arbeit des Inkubators umsonst, da das mögliche Potenzial nicht gehoben werden kann. Deshalb ist darauf zu achten, dass der Inkubator ein neues Thema erst abgibt, wenn erste, auch für den jeweiligen Geschäftsbereich, relevante Umsätze erzielt werden.

Umgekehrt ist eine zu späte Abgabe sehr kritisch, weil die Gefahr besteht, dass der Inkubator eine Parallelstruktur zum Geschäftsbereich in der Vermarktung aufbaut und das Geschäft nicht aus der Gesamtsicht des Konzerns, sondern nur aus Inkubatorsicht optimiert wird.

Um diese Risiken zu minimieren und einen nahtlosen Übergang von Forschung zu Inkubator und weiter zum Geschäftsbereich zu gewährleisten, sind eine frühzeitige Einbindung der jeweils übernehmenden Einheit und eine klare Definition der Übergabekriterien notwendig. Dann kann der Inkubator zu einem Erfolgsmodell werden.

Bericht 12

Burkhard Straube
Chairman BU Graphite Materials & Systems
SGL Group

Erfolgsfaktoren im Innovationsmanagement
Inventionen werden nur zu Innovationen, wenn sie sich am Kundennutzen ausrichten bzw. eine bis dahin nicht oder nicht ausreichend erfüllte Kundenanforderung adressieren. Aus diesem Grund halte ich die Einbeziehung des Kunden schon am Ausgangspunkt des Innovationsprozesses für unerlässlich. Eine Zentralforschung ohne enge Einbindung in das operative Geschäft läuft Gefahr, sich an dem sich immer schneller ändernden Markt vorbei zu entwickeln. Aus diesem Grund sollte jedes Entwicklungsprojekt frühzeitig eine Geschäftseinheit oder eine andere operative Funktion mit regelmäßigem Kundenkontakt als Sponsor und zukünftigem Heimathafen — und somit Umsatz- und Ergebnisverantwortlichem für das Innovationsprojekt — haben. Eine dezentrale Forschung innerhalb einer Geschäftseinheit kann diese Herausforderung lösen. Je nach Unternehmensgröße und Verwandtschaftsgrad verschiedener Geschäfte gehen dabei jedoch mögliche Synergieeffekte einer zentralen Innovationsabteilung verloren. Bei dem häufig von Zentralforschungen gewählten Ansatz, mit einem bzw. für einen Leadkunden zu entwickeln, ist es wichtig, dass dieser Kunde repräsentativ für den Markt steht, d. h., die Innovation später auch breit vermarktet werden kann. Alternativ sollte das Potenzial des Leadkunden groß — und zuverlässig — genug sein, um die Innovationsaufwendungen zu rechtfertigen.

Kundennutzen ist untrennbar mit den Kosten verbunden, die der Kunde zum Beispiel in Form des Produktpreises tragen muss. Daher steht am Anfang jeder Innovation auch die Frage nach der Wirtschaftlichkeit für den Kunden. Nur wenn diese gegeben ist, ergibt sich auch eine nachhaltige Wirtschaftlichkeit für das eigene Unternehmen. Dies ist ein weiterer Grund, warum eine enge Anbindung der Forschung und Entwicklung an das operative Geschäft notwendig ist. Vertrieb und Marketing müssen definieren, wie viel ein Kunde für eine Lösung zu zahlen bereit ist. Sie müssen im Laufe eines oft mehrjährigen Projekts stets sicherstellen, dass sich diese Position nicht verändert bzw. geänderte Anforderungen, z. B. aufgrund von Wettbewerbsangeboten/-innovationen oder grundsätzlichen Marktveränderungen, frühzeitig kommunizieren. Die Innovationsabteilung muss sicherstellen, dass diese Anforderungen erfüllt werden und gegebenenfalls auch ein Projekt ablehnen oder stoppen, wenn dies nicht (mehr) der Fall ist.

Innovationsprozesse leiden häufig an einem Mangel an Ideen, welche die oben genannten Anforderungen erfüllen. Eine enge Einbindung des Vertriebs, der Schnittstelle zum Kunden, kann ein Lösungsansatz sein. Ein klar beschriebener und diszipliniert eingehaltener Prozess ist dabei notwendig, damit es nicht zu einer Lawine kleiner, rein auf Einzelkunden bezogener Projekte kommt. Es gilt, in der Fülle vieler Vertriebsrückmeldungen die großen Trends und Anforderungen zu identifizieren. Darüber hinaus besteht die Gefahr von »innovation by decibel«, d. h., die lauteste Meldung wird als erstes oder vorrangig verfolgt — ein Phänomen, das gerade in Organisationen mit alten und engen Seilschaften beobachtet werden kann. Die Einbeziehung des Vertriebs in die Ideenfindung birgt eine weitere Herausforderung: Vertriebsmitarbeiter sind in der Regel eher kurzfristig orientiert; längerfristige Innovationen sind nicht ihr primärer Fokus. An dieser Stelle möchte ich eine Incentivierung des Vertriebs anregen, bei der Mitarbeiter längerfristig an der erfolgreichen Implementierung ihrer Innovationsideen partizipieren.

Bericht 13

Peter Vanacker
CEO und Managing Director
CABB Group GmbH

In den letzten 25 Jahren habe ich verschiedene Fach- und Führungsfunktionen bei Chemie-Unternehmen in Deutschland und Übersee wahrgenommen. Innovation war für mich stets integraler Bestandteil des Geschäftsmodells. Dem habe ich sowohl auf strategischer wie auf operativer Ebene Rechnung zu tragen versucht. Rückblickend würde ich sagen, dass erfolgreiches Innovationsmanagement auf folgenden Komponenten fußt:

- Innovationsstrategie: Damit werden die vorhandenen Ressourcen auf Prioritäten bei Neuerungsvorhaben fokussiert. Mindestens ebenso wichtig ist der psychologische Effekt: Eine klare bzw. klar kommunizierte Strategie erhöht die Sensibilität für die Notwendigkeit von Innovationen in der Organisation und ist die Basis für ein couragiertes Auftreten in dieser Frage.
- Personal: Unabdingbar erscheint mir die Etablierung von Fellow Career Paths. Ich hatte vor einigen Jahren die Möglichkeit, bei einem Weltkonzern eine interne Marketing-Akademie aufzubauen. Dort haben wir talentierte Leute gezielt in Fragen des Innovationsmanagements geschult. Zu den an der Akademie vermittelten Kompetenzen gehörte es unter anderem, dass junge Manager und FuE-Kräfte lernen, Aspekte von Marketing und Vertrieb früh in Innovationsprojekte zu integrieren. Ein guter Innovationsmanager schafft es, kreative Köpfe möglichst frühzeitig — bestenfalls schon bei der Einstellung — zu identifizieren und dann gezielt zu fördern, wobei die Bildung einer Community eine tragende Rolle spielen kann.
- Kultur: Ich glaube sehr stark an bottom-up-getriebene Initiativen, wenn die Organisation Raum dafür lässt.
- Prozesse: Ich sehe die Prozessoptimierung als komplementären Bestandteil der Produktinnovation. Ziel ist es, durch mehr Transparenz und Homogenität zu erreichen, dass wichtige Projekte mit Innovationspotenzial frühzeitig identifiziert, mit adäquaten Ressourcen ausgestattet und im weiteren Verlauf einem professionellen Monitoring-Prozess unterzogen werden. Dazu gehört ein Stage-Gate-System ebenso wie etwa der Einsatz von aktueller Software (z. B. Sopheon Accolade). Flankiert wird dieses System durch einen Council.
- Kooperation: Ein regelmäßiger Erfahrungsaustausch der Akteure auf den verschiedenen Stufen der Wertschöpfungskette beschleunigt den Prozess. Ergänzend sind Open-Innovation Aktivitäten durchzuführen; die Zusammenarbeit mit Universitäten (z. B. CAT Centre Aachen) ist für mich dabei ebenso wichtig wie die Mitwirkung an Innovationsplattformen.

Auf der Basis dieser Prinzipien haben wir von der CABB uns als verlängerte Werkbank im Innovationsprozess von Unternehmen aus der Chemieindustrie etabliert. »Custom Manufacturing« steht dabei im Mittelpunkt. Dabei bündeln wir externe Know-how-Ressourcen für innovative Projekte.

Nach einigen Jahren in Lateinamerika und Asien glaube ich persönlich sehr stark an das Potenzial von Reverse Innovations. Einige Schwellenländer verfügen inzwischen über hochqualifizierte Experten-Pools und smarte Manager, um Innovationsprojekte eigenständig voranzutreiben. Attraktiv erscheint vor allem, dass man durch eine hohe Investitions- und Risikobereitschaft schneller Innovationen umsetzen kann. Auch der lokale Mindset führt dazu, dass Inhalte anders (z. B. low-cost, fit-to-purpose) gestaltet werden. Für einen international aufgestellten Konzern ergeben sich damit sehr interessante Entwicklungsmöglichkeiten jenseits des klassischen Exportgeschäfts. Schon heute kommen viele wichtige Neuerungen aus den Schwellenländern. Dieser Trend dürfte sich in den kommenden Jahren noch verstärken und ein vorausschauendes Innovationsmanagement kann dies durchaus als Chance nutzen, statt damit eine Bedrohung zu assoziieren.

Zum Schluss noch einige sehr persönliche Tipps für angehende Innovationsmanager:
- Versuchen Sie stets genügend emotionale und kognitive Distanz zu Ihren Projekten zu halten, um die Schwachstellen zielsicher zu erkennen.
- Seien Sie geduldig. Der Weg zur erfolgreichen Innovation ist meist steinig, insbesondere voll mit Stolpersteinen.
- Denken Sie entlang der Wertschöpfungskette und beziehen frühzeitig Marketing und Vertriebsaspekte in die Projektentwicklung ein, das erhöht die Realisierungschancen.
- Seien Sie sich Ihrer eigenen Stärken bewusst, dann wissen Sie, wo Sie externe Ergänzung benötigen. Jenseits von Open Innovation werden in Zukunft wohl nur wenige Projekte erfolgreich verlaufen können, zumindest in technologieorientierten Branchen.

4 Pain Point Driven Innovation Management

Die bisherigen Ausführungen erlauben die Schlussfolgerung, dass es in vielen Firmen nicht an Ideen oder Projekten für Innovationen mangelt. Schwierigkeiten scheint es vielmehr im Hinblick auf die Kommerzialisierung zu geben. Dies liegt allerdings keinesfalls daran, dass die Unternehmen hier weniger professionell aufgestellt wären als in den Etappen zuvor. Von maßgeblicher Bedeutung ist stattdessen, dass sich Aktivitäten zur Bewältigung von zwei zentralen Herausforderungen nicht länger hinausschieben lassen:
a) die definitive Prüfung der tatsächlichen Kundenakzeptanz
b) die Austragung von internen Konflikten hinsichtlich der Wertigkeit der Innovation.

Beide Aktivitäten sind eng miteinander verknüpft, allerdings mit einer etwas unerwarteten Ursache-Wirkungs-Beziehung: Es ist keinesfalls so, dass angesichts interner Reibungen die Energie für die Ausrichtung am Kundenbedarf verloren ginge. Vielmehr führt die Form der Kundenorientierung dazu, dass eine sehr wichtige Art von Innovationsideen[91] gar nicht erst den Weg in die Kommerzialisierung findet oder aber dort unter suboptimalen Voraussetzungen starten muss. Das kann wiederum Ursache für viele Spannungen im institutionellen System des Innovationsvorhabens sein. Wenn man also sicherstellen will, dass Innovationsprojekte erfolgreich in die Kommerzialisierungsphase geführt werden, dann sind dafür weniger neue oder mehr Techniken der Vermarktung erforderlich, sondern vielmehr die Aktivierung von Stellhebeln, über die sichergestellt werden kann, dass
a) die Unternehmen eine differenzierte Form der Marktorientierung verfolgen und
b) die Voraussetzungen für die Entschärfung der internen Konfliktfelder schon in früheren Prozessetappen geregelt sind.

Anschließend geht es dann um Fragen des professionellen Projektablaufs zur Validierung der Geschäftschancen sowie der Gestaltung des Markteintritts.

Mit den dabei aufkommenden Herausforderungen werden wir uns im Weiteren Schritt für Schritt auseinandersetzen. Dabei orientieren wir uns an folgender Struktur:
- Markt- und Kundenorientierung im Innovationsprojekt
- aufbauorganisatorische Regelungen für Innovationsprojekte

---

91 Nämlich die, die von den aktuellen Kunden gegenwärtig nicht eingefordert werden.

- organisationskulturelle Rahmenbedingungen für Innovationsprojekte
- Akteursebene bei Innovationsprojekten (Manager & Mitarbeiter)
- Validierung von Geschäftschancen
- Kommerzialisierung.

Im Mittelpunkt der konzeptionellen Grundausrichtung stehen die Pain-Points im Zielgruppensystem. Es handelt sich dabei um nicht oder suboptimal gelöste Probleme oder sonstige unzureichend bewältigte Herausforderungen. Dies kann Muster betreffen, die im Stimulus-Response-System der Gesellschaft so stark verankert sind, dass eine innovative Lösung gar nicht einmal erwartet wird. Ein Beispiel hierfür ist die Nutzung eines Taschentuchs im Falle eines Schnupfens. Obwohl dieses Verhaltensmuster unter hygienischen Gesichtspunkten problematisch erscheint, wird kaum jemand an einen anderen Ansatz denken, wenn die Nase zu laufen beginnt. Dabei sind wir technisch vermutlich längst so weit, um einen kugelschreibergroßen Sensor zu entwickeln, der die Nasenschleimhaut in wenigen Sekunden für mehrere Stunden trocknet. Niemand würde ein solches Produkt erwarten, aber jeder würde es vermutlich erwerben, wenn es denn jemals zu einem erschwinglichen Preis und in stabiler Funktionsqualität auf den Markt kommt. Damit wird gleichzeitig deutlich, dass bahnbrechende Neuerungen keinesfalls immer einen disruptiven Charakter aufweisen müssen. Sie können auch auf sehr banale Probleme des Alltagslebens ausgerichtet sein, ohne gleich strukturelle Änderungen im Gesellschaftssystem nach sich zu ziehen.

4.1 Organisatorischer Rahmen

Auf der Organisationsebene geht es vor allem um die in Tabelle 4 genannten Fragestellungen.

Thema	Herausforderung	Beschreibung
1	Zielsichere Markt- und Kundenorientierung	Vom aktuellen Kundenbedürfnis zur Erschließung des latenten Bedarfs und der längerfristigen Potenziale
2	Innovationsorientierte Organisation	Von der Trennung zwischen strategischen und operativen Verantwortlichkeiten zum integrierten Innovationsmanagement
3	Innovationskultur	Von Alibi-Aktivitäten zum innovationsorientierten Intrapreneurship
4	Manager und Mitarbeiter	Von der Tortur zum Teamerfolg

Tab. 4: Kernfragen auf der Organisationsebene

Die im Folgenden beschriebenen Änderungsperspektiven sind in Schaubild 26 zusammengefasst.

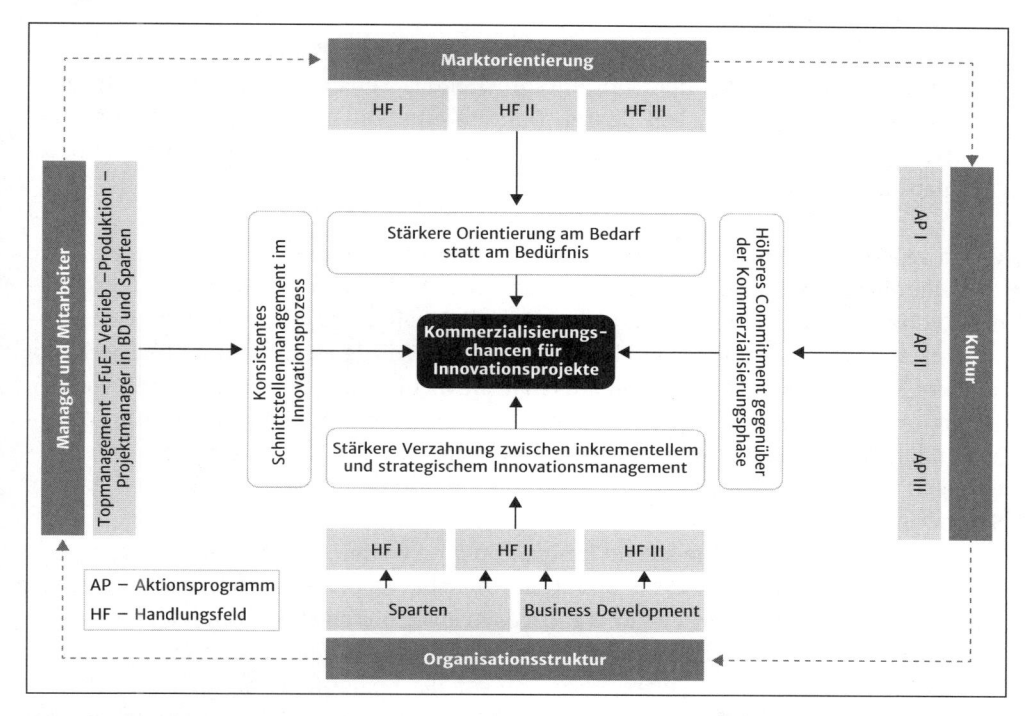

Abb. 26: Einfluss des organisatorischen Rahmens auf die Kommerzialisierung von Innovationen

4.1.1 Markt- und Kundenorientierung

Die dramatischen Änderungen, die sich seit einiger Zeit hinsichtlich der Anforderungen in punkto Markt- und Kundenorientierung abzeichnen, wollen wir im Folgenden zunächst anhand eines Beispiels für den Übergang von der »Old« zur »New Economy« skizzieren, wobei wir uns dabei sukzessive den speziellen Anforderungen an einen Technologiekonzern annähern:

Benötigt man einen Buchladen, um das vorliegende Buch erwerben zu können? Die Antwort hängt vom Zeitpunkt ab:
- Vor 20 Jahren wäre die Frage sicher von der Mehrzahl der Befragten mit ja beantwortet worden.
- Vor zehn Jahren wäre das Gegenteil der Fall gewesen.
- Heute würde die Frage in erster Linie neue Fragen aufwerfen, allerdings ausschließlich in Bezug auf den Fragesteller.

Muss man das Buch mit in den Urlaub schleppen? Die Antworten wären ähnlich wie im Fall zum Buchladen. Nur die Zeitpunkte müssten geändert werden.

Benötigt man eine Lesebrille, wenn man mit diesem Buch arbeiten will? Das hängt davon ab, ob man weitsichtig ist. Ist das zwangsläufig so? Nehmen wir an, es stünden zwei Alternativen zur Auswahl:
a) Ein eBook Reader, der 30 % billiger ist als vergleichbare Produkte
b) Ein eBook Reader, der über ein entsprechendes Sensorsystem die Sehkapazität des Lesers erfasst, sich auf dessen Defizite einstellt und damit das Lesen ohne Brille ermöglicht. Er kostet etwa 30 % mehr als bisherige Modelle vergleichbarer Qualität.

Wofür würde sich der *weitsichtige* Konsument eher entscheiden?

Leider haben wir die Entscheidungsoption noch nicht; die Hersteller von eBook Readern konzentrieren sich in ihren Innovationstätigkeiten auf inkrementelle Verbesserungen, teilweise um billiger anbieten zu können. Würde man Variante b) überhaupt auf dem Markt suchen? Falls ja und falls man sie nicht findet, würde man dann von den Herstellern erwarten oder gar verlangen, dass sie so ein Modell entwickeln? Wahrscheinlich ist das nicht einmal dann der Fall, wenn wir unsere Lesebrille bei drei Ferienreisen hintereinander vergessen haben. Eher schon finden wir uns mit einer ganzen Sammlung von Brillen wieder.

Für Buchläden wäre eine solche Innovation eine weitere Bedrohung. Wie reagieren sie auf die inzwischen veränderte Situation? Viele haben den Betrieb längst eingestellt, andere stehen mit dem Rücken zur Wand. Als Ausweg bieten einige ihren Kunden einen Bringservice an. Kann man auf diesem Weg seine Existenz und Unabhängigkeit dauerhaft sichern? Voraussetzung wäre, dass man von der Logistik her ähnlich gut funktioniert wie etwa der Marktführer im onlinegestützten Buchhandel. Was bedeutet dies für die Menschen, die eine Buchhändlerausbildung haben? Noch immer werden in über 100 deutschen Städten dazu dreijährige Ausbildungsgänge angeboten.

Wir haben dieses Buch für den Leser geschrieben, ohne dass er es von uns verlangt hätte. Und wir wissen auch, dass es viele andere Publikationen gibt, die sich mit diesem Thema befassen. Die genaue Zahl, so ehrlich sind wir, ist uns nicht bekannt. Insgesamt werden in Deutschland pro Tag mehr als 250 Bücher herausgebracht. In einer Zeit, in der die Nutzung von Printmedien immer mehr zurückgeht.

Die Konkurrenz ist hart und die Nachfrage rückläufig. Wie können wir trotz dieser Bedingungen sicherstellen, dass jemand das Buch erwerben und später auch lesen wird? Indem wir es billiger anbieten, als es unsere Wettbewerber tun? Wie würden Sie auf dieses Szenario reagieren?

Rein kaufmännisch betrachtet ist Ihre Antwort auf diese Frage eigentlich irrelevant. Denn erstens haben Sie das Buch schon erworben und zweitens sind Sie gerade dabei, es zu lesen. Eigentlich geht es ja gar nicht um Sie, sondern mehr um die Zielgruppen, die sich noch nicht zu der Kaufentscheidung durchringen konnten.

Auf den zurückliegenden Seiten haben wir verschiedene fragwürdige Formen einer Kundenorientierung präsentiert:

- Da ist zunächst der Hersteller des eBook Readers, dessen Innovationsleistung letztlich darin besteht, billiger zu werden, bevor asiatische Wettbewerber ihn vom Markt verdrängen oder die Hardware wieder vom Markt verschwinden wird.[92]
- Dann haben wir den Buchhändler, der einen für ihn selbst innovativen Service etabliert, damit vom Kerngeschäft völlig abrückt und letztlich vermutlich keine Chance hat, damit am Markt zu überleben.
- Nicht vergessen werden sollte das Autorenteam dieses Buches, das sich — wenn man das Szenario zu Ende spielt — allein an den Wünschen seiner aktuellen Leser ausrichten würde, wenn es darum geht, das Produkt innovativ zu erweitern.

In allen drei Fällen orientiert man sich an bestehenden Kunden und dabei konsequent an deren Kaufpräferenzen. Trotzdem oder gerade deswegen wird man vom Markt abgestraft. Dies hat im Wesentlichen drei Gründe:
- Die bestehenden Kunden sind nicht der Markt, sondern nur ein (oftmals kleiner) Teil davon.
- Wenn man sie in einer Kundenbefragung um Verbesserungsvorschläge bittet, dann werden sie fast immer eine bessere Qualität, einen erweiterten Service oder niedrigere Preise verlangen, und zwar unabhängig davon, ob dies für weitere Kaufentscheidungen von maßgeblicher Bedeutung ist.
- Am Interface zu unserem Unternehmen operiert stets der Einkäufer, der von einer ähnlichen Motivationsstruktur geprägt ist wie der Vertriebsmitarbeiter auf unserer Seite und Innovationen daher ebenfalls zurückhaltend sehen dürfte.

Bei strategisch bedeutsamen Innovationen können oftmals folgende Grundsätze von entscheidender Bedeutung für den (späteren) Kommerzialisierungserfolg sein:
- **Die Vertrautheit mit dem bestehenden Kunden ist weniger wichtig als das Verständnis für die Gesamtheit des Zielgruppensystems und die Fähigkeit zu dessen Segmentierung.** Nehmen wir als Beispiel den Aldi-Konzern. Er ist aus einem kleinen Krämerladen hervorgegangen und hätte die internationale Expansion nicht geschafft, wenn er sich nur an den Bedürfnissen der ursprünglich existierenden Kunden orientiert hätte, welche die Verkaufsräume in erster Linie als Kommunikationsplattform zu nutzen gewohnt waren. Zur Erschließung weiterer Kundengruppen waren ganz andere Präferenzsysteme zu beachten.
- **Für die Entwicklung von Innovationsideen sind aktuell artikulierte Kundenbedürfnisse in der Regel weniger inspirierend als eine Orientierung an potenziellen Pain Points im Kundensystem,** und zwar unabhängig davon, ob diese als Schmerzfaktor empfunden oder gar nach außen kommuniziert werden. Produkte wie der Staubsauger, die Waschmaschine oder das Auto wären nie herausgekommen, wenn deren Hersteller in ihrem Innovationsmanagement stets am aktuellen Kundenbedürfnis ausgerichtet geblieben wären. Stattdessen hätten sich die Neuerungen vermutlich auf Wischmobs mit antistatischen Materialien, hautschonendere Kernseife und schnellere Pferde konzentriert.

---

92 Etwa durch eine neue Variante des Smartphones.

- **Entscheidend ist nicht das Produkt, sondern der damit erzielte Nutzen zur Lösung eines Problems.** Wenn jemand ein Bild an der Wand befestigen will, dann benötigt er dafür nicht unbedingt einen Hammer, es gäbe sehr viel elegantere Varianten. Daher kann es bei den Werkzeugherstellern keinesfalls darum gehen, im Innovationsprozess immer neue Hammergenerationen hervorzubringen. Abgesehen davon, dass mit diesem Produkttyp in Europa kein Hersteller mehr Geld verdient, stellt dies keine notwendige Option zur Lösung des Kundenproblems mehr dar.
- **Zur Beseitigung der Pain Points kann die (komplementäre) Bereitstellung eines neuen Geschäftsmodells wichtiger sein als die Produktinnovation selbst.** Rolls-Royce verdankt den Kommerzialisierungserfolg zu seinen neuen Turbinen in erster Linie der Tatsache, dass es diese nicht mehr verkaufte, sondern zum Leasing mit entsprechenden Wartungsverpflichtungen anbot.

Das Nachfragepotenzial gegenüber Innovationen im Zielgruppensystem lässt sich in drei Kategorien unterteilen:
- aktuell artikulierte Bedürfnisse der gegenwärtigen Kunden
- latent vorhandene Bedarfskategorien zur Erbringung neuer Leistungs-Outputs
- künftige Herausforderungen als Folge längerfristiger Entwicklungstrends und -potenziale.

Das Zielgruppensystem selbst besteht aus vier Akteursgruppen:
- bestehende Kunden
- potenzielle Kunden, welche die gleichen Produkte bzw. Leistungen bei einem Wettbewerber nachfragen
- Kunden der Kunden
- Zielgruppen, die auf der Grundlage längerfristiger Entwicklungstrends und -potenziale erschlossen werden können.

Aus der Kombination dieser beiden Einteilungen ergeben sich die in Abbildung 27 markierten Konstellationen als Basis für die Definition von Innovationsaktivitäten.

Für eine Pain-Point-getriebene Innovationsaktivität lassen sich damit drei zentrale Handlungsfelder abgrenzen:
- Handlungsfeld I: Hier geht es darum, über **inkrementelle Innovationen**, teilweise in Form von Produktmodifikationen und ergänzenden Diensten, bestehende Kunden stärker an sich zu binden und gleichzeitig deren Wettbewerber zu akquirieren.
- Handlungsfeld II: Im Mittelpunkt steht hier die Identifikation von Pain Points bei bestehenden und potenziellen Kunden sowie deren Kunden zwecks der Generierung eines entsprechenden Nutzens. Dabei werden **kollaborative Innovationen** im Verhältnis zwischen Hersteller (Stufe 1) und Abnehmer (Stufe 2) vorangetrieben. Falls der Hersteller direkt mit dem Abnehmer seines Kunden (Stufe 3) kooperiert, erhält der Innovationsprozess letztlich einen Back-Selling-Charakter, d. h., die Neuerung wird von Stufe 3 bei Stufe 2 eingefordert, wobei Stufe 1 dann die dafür erforderlichen Technologien liefert.

4.1 Organisatorischer Rahmen

	Aktuelles Bedürfnis	Latenter Bedarf	Künftige Herausforderungen
Aktuelle Kunden	Inkrementelle Innovationen	Kollaborative Innovationen	Strategische Innovationen
Kunden von Wettbewerbern	Inkrementelle Innovationen	Kollaborative Innovationen	Strategische Innovationen
Kunden der Kunden	x	Kollaborative Innovationen	Strategische Innovationen
Weitere Zielgruppen	x	x	Strategische Innovationen

(Nähe zum aktuellen Geschäft / Expansionspotenzial)

Abb. 27: Formen der Zielgruppenorientierung im Innovationsmanagement

- Handlungsfeld III: Hier werden generelle Markttrends und die technologischen Know-how-Positionen des Unternehmens so miteinander abgeglichen, dass daraus künftige Chancen und Pain Points für bestehende und potenzielle Kunden zwecks der Generierung eines entsprechenden Nutzens abgeleitet werden, woraus dann **strategische Innovationen** resultieren können.

Damit entsteht ein dreistufiges System der Zielgruppenorientierung (vgl. Abb. 28).

Handlungsfeld III
Bedarf an Innovationen im Zielgruppensystem aufgrund längerfristiger Trends

Handlungsfeld II
Bedarf des Kunden an Innovationen im Wertschöpfungssystem

Handlungsfeld I
Bedürfnis des Kunden an inkrementellen Innovationen

(Gesamtmarkt / Bestehende Kunden / Operativ / Strategisch)

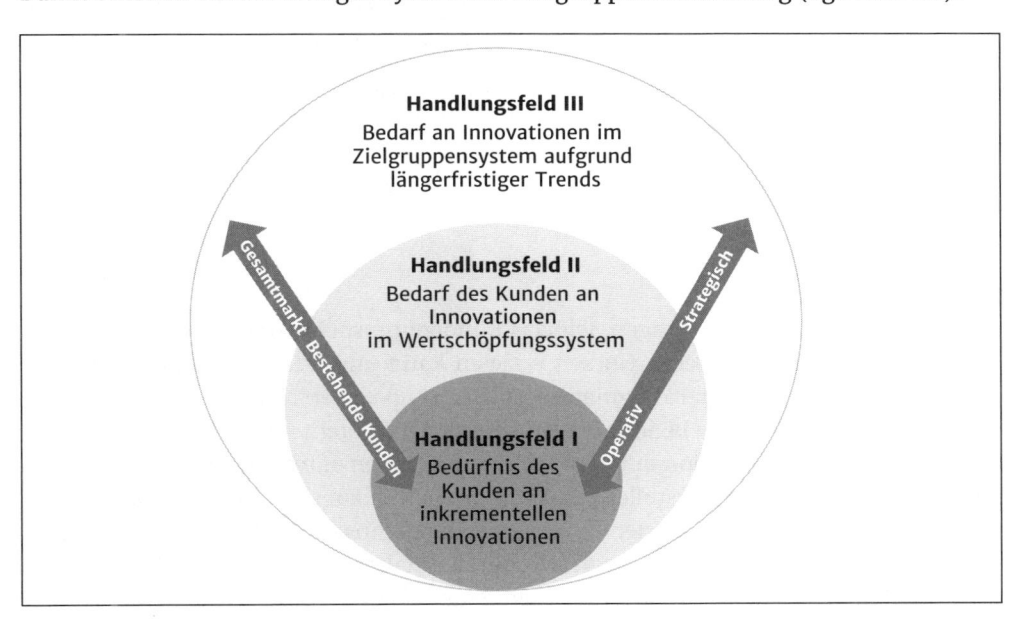

Abb. 28: System der Markt- und Kundenorientierung im Innovationsmanagement

Bei der Bearbeitung der drei Handlungsfelder stehen für das innovierende Unternehmen stets drei Fragen im Vordergrund:
- Was müssen wir wissen?
- Wie bekommen wir die Informationen?
- Wie generieren wir die am Kundenwert ausgerichtete Innovation?

Eine erste Übersicht hierzu liefert Tabelle 5. Ihr schließen sich weitere Erläuterungen zu den drei Handlungsfeldern an.

	Handlungsfeld I	Handlungsfeld II	Handlungsfeld III
Was müssen wir wissen?	Wie kann der Kunde über den Einsatz unserer Produkte einen höheren Nutzen erzielen?	Wie kann das Kundenunternehmen für seine eigenen Kunden einen besseren Nutzen generieren?	Was sind neue Chancen für unsere Zielgruppen?
Wie kommen wir an die Information?	• Kunden-Workshops • Produktionsbesuche • Vertriebsmitarbeiter • Kundenbefragungen	• Experteninterviews mit Kunden • Entsendung von FuE-Mitarbeitern • Round Tables • Mystery Shopping • Akzeptanzforschung	• Experteninterviews • Round Tables • Pilotprojekte • Gutachten • Technology Scouting
Mit welchem Schwerpunkt generieren wir die am Kundenwert ausgerichtete Innovation?	Eigene Entwicklung	Kollaborative Entwicklung (mit Kunden und deren Abnehmern)	Open Innovation

Tab. 5: Aktionstableau für die drei identifizierten Handlungsfelder

Handlungsfeld I
Im Vordergrund stehen die Fragen, wie das Kundenunternehmen mit dem Einsatz des neuen Produkts einen höheren Nutzen erzielen kann und welche Wege es gibt, über gewisse Anpassungen weitere Segmente der Zielgruppe zu erschließen.

Für den Erhalt der dazu benötigten Informationen besteht ein breites Spektrum an Möglichkeiten der Interaktion mit dem Kunden. Sie gehen entweder vom Hersteller aus oder vom Kunden. Große Hersteller haben für große Kunden stets »Key Account Manager«, die sich regelmäßig nach den Erfahrungen beim Einsatz der Produkte erkundigen und damit Anstöße für Innovationserfordernisse erhalten. Schlimmstenfalls wird eine vom Kunden eingeleitete juristische Auseinandersetzung zum Ausgangspunkt einer inkrementellen Innovation. Das Spektrum der Handlungsmöglichkeiten ist in Schaubild 29 visualisiert.

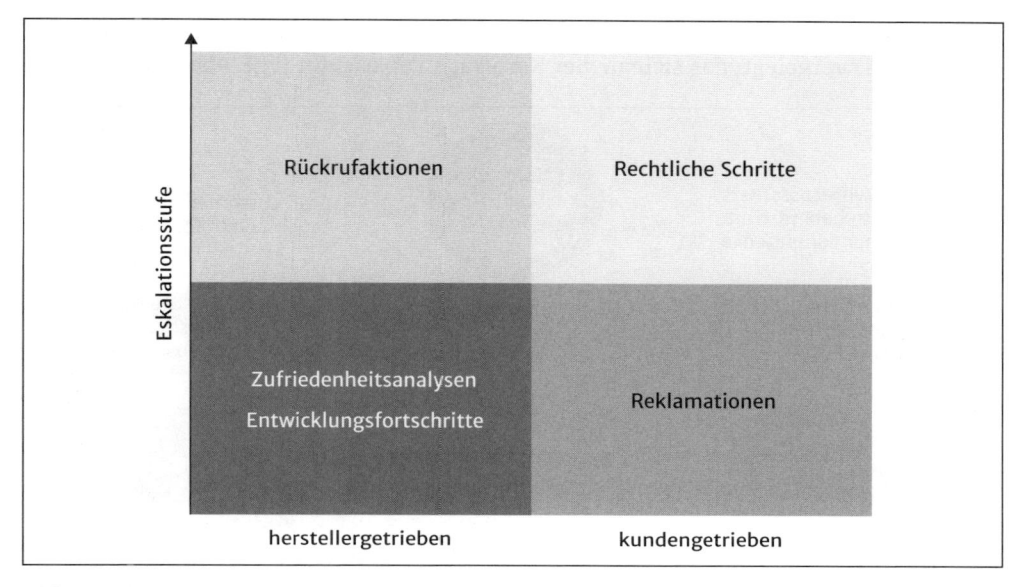

	herstellergetrieben	kundengetrieben
Eskalationsstufe ↑ hoch	Rückrufaktionen	Rechtliche Schritte
niedrig	Zufriedenheitsanalysen / Entwicklungsfortschritte	Reklamationen

Abb. 29: Ausgangspunkt von inkrementellen Innovationen

Die Struktur verleitet zu dem Hinweis, dass ein verantwortungsbewusstes Unternehmen versuchen wird, sich im Segment links unten zu bewegen. Allerdings wäre dies häufig mit einem hohen Aufwand und auch dem Risiko verbunden, dass die Innovation zu stark auf individuelle Kundenbedürfnisse zugeschnitten wird. Damit würde die Innovationshöhe immer mehr sinken und letztlich stünden vermutlich noch weniger Ressourcen und Energien für strategische Neuerungsprojekte zur Verfügung. Ökonomisch gesehen kann es daher durchaus sinnvoll sein, die Eskalationsstufe der Kundenreklamation abzuwarten. Wenn das Unternehmen darauf professionell zu reagieren vermag, kann dies sogar positive Effekte in punkto Kundenbindung nach sich ziehen und möglicherweise auch Voraussetzungen für eine stärkere Kooperation mit dem Kunden im weiteren Innovationsprozess schaffen.

Die Kommunikation mit den Kunden beim Einsatz der Innovationen lässt sich wiederum als Ausgangspunkt für die Akquisition weiterer Kunden nutzen. Über das inzwischen weit verbreitete Marketing-Instrument des »Storytelling« (Mendonca, 2015) besteht dabei die Möglichkeit, in anonymisierter Form über bisherige Anwendungserfahrungen mit innovativen Produkten zu kommunizieren. Wenn dabei nicht nur auf die Vorteile, sondern auch auf bisherige Probleme und die Reaktionsmuster der Firma eingegangen wird, bestünde eine weitere Möglichkeit, sich rasch den Pain Points des Adressaten annähern zu können.

Handlungsfeld II

In diesem Kontext geht es darum, den Wertschöpfungsprozess des Kunden sowie den von ihm generierten Nutzen für dessen Abnehmersystem besser zu verstehen, um davon ausgehend Optionen für künftige Innovationsprojekte abzuleiten. Dabei sollen Lösungen für bisherige Probleme gefunden werden, die über etablierte Muster hinausgehen.

Im Bereich der Serviceinnovationen wurde hierzu ein Konzept von Bettencourt et al. (2013, S. 16) vorgelegt, das sich an vier Kernfragen ausrichtet (vgl. Abb. 30).

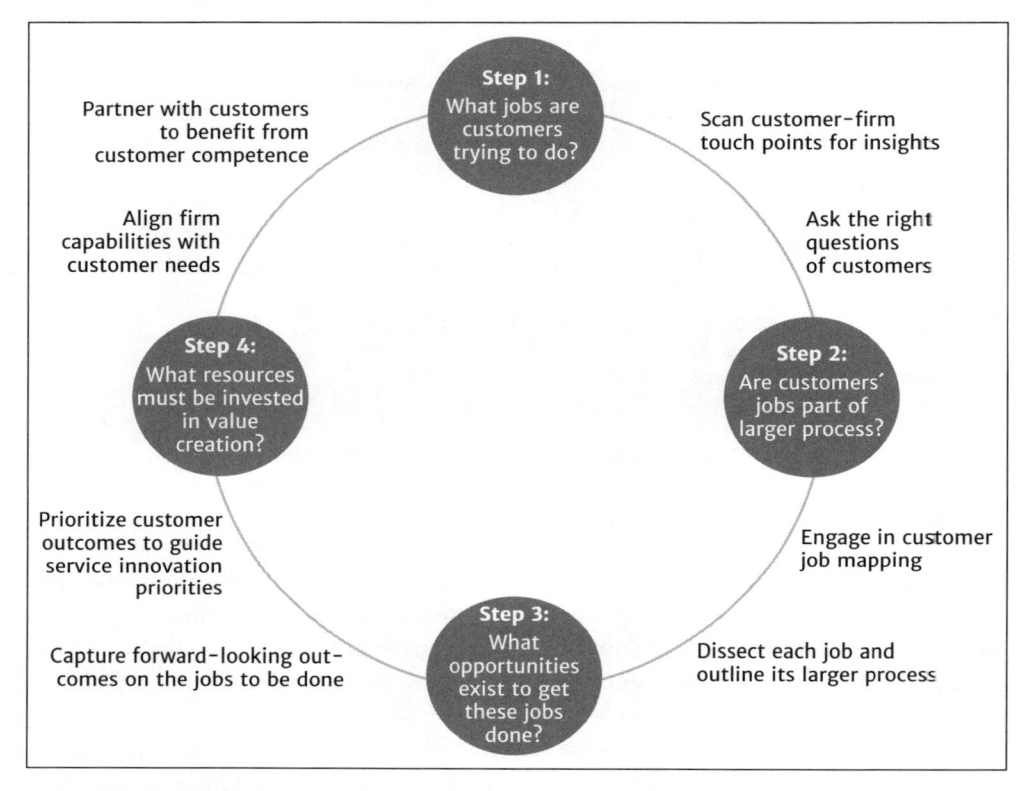

Abb. 30: Das Innovationsmodell von Bettencourt et al.
(Quelle: Bettencourt, L.A. et al. (2013), S. 16)

Es geht also um die Frage, welche Aufgaben der Kunde zu erledigen hat und inwieweit der Dienstleister ihn dabei zu unterstützen vermag. Einen ähnlichen Ansatz haben Christensen et al. (2007) entwickelt, wobei sie darauf hinweisen, dass die Marktsegmentierung in den Unternehmen den Veränderungen in der Bedürfniskonstellation der Zielgruppen meist hinterherhinkt. Als Folge davon driften das Leistungsangebot des Unternehmens und das Nachfrageprofil der Zielgruppen immer mehr auseinander.

Das Modell von Bettencourt et al. lässt sich durchaus auch auf Produktinnovationen übertragen:

Dabei geht es zunächst darum, das Wertschöpfungsmodell des Kunden und insbesondere den erwarteten Nutzen von dessen Zielgruppen zu verstehen.

Im nächsten Schritt wird das Prozessmodell über die gesamte Wertschöpfungskette mit Blick auf die Schnittstellen zwischen den verschiedenen institutionellen Partnern analysiert.

Davon ausgehend werden Verbesserungsansätze konzipiert, über die Effizienzvorteile oder ein höherer inhaltlicher Nutzen für den Endkunden abzuleiten sind.

Der finale Output dieser Aktivität ist ein neues Modell, über welches das Unternehmen seinen Ressourceneinsatz dergestalt rekonfiguriert, dass damit sein Kunde dessen Zielgruppen effektiver zu bedienen vermag (vgl. Abb. 31).

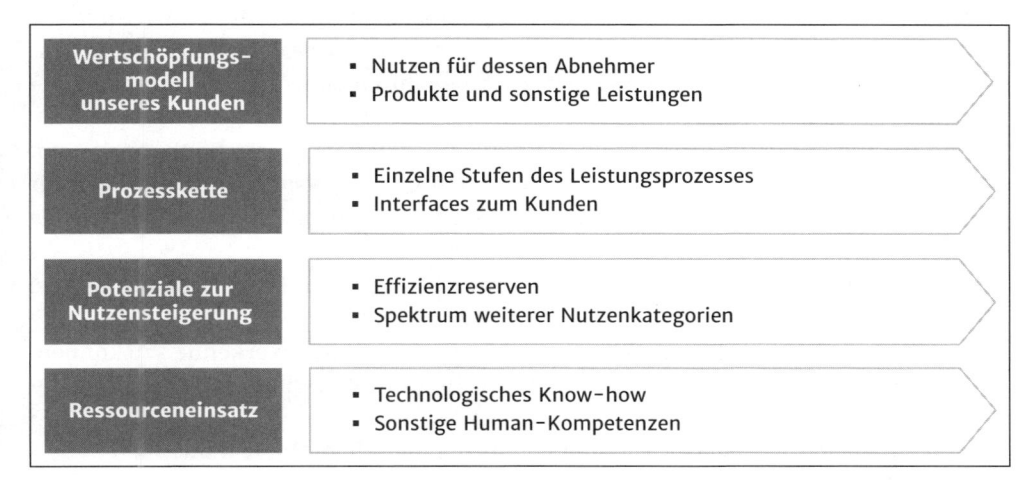

Wertschöpfungsmodell unseres Kunden	• Nutzen für dessen Abnehmer • Produkte und sonstige Leistungen
Prozesskette	• Einzelne Stufen des Leistungsprozesses • Interfaces zum Kunden
Potenziale zur Nutzensteigerung	• Effizienzreserven • Spektrum weiterer Nutzenkategorien
Ressourceneinsatz	• Technologisches Know-how • Sonstige Human-Kompetenzen

Abb. 31: Übertragung des Bettencourt-Modells auf Industrieinnovationen

Mit der Untersuchung dieser Bereiche kann das Unternehmen wichtige Anstöße nicht nur für neue Sachgüter, sondern auch für Innovationen auf der Ebene der Geschäftsmodelle erhalten. Ein Unternehmen, das nach diesem System verfährt, hat zunächst zwei Entscheidungen zu treffen:
- Beschränkt sich der erforderliche Interaktionsprozess auf Kontakte zum eigenen Kunden, auf dessen Abnehmer oder auf eine Kombination aus beiden?
- Wie ist der Interaktionsprozess konfiguriert? Geht es nur um Informationsbeschaffung oder schon um Beratung oder gar um die gemeinsame Vorbereitung einer Innovation?

Mit diesem Entscheidungsprozess wird präjudiziert, wie sich das Unternehmen künftig auf der Wertschöpfungskette positioniert. Für die deutsche Wirtschaft zeichnen sich hier in den letzten Jahren große Veränderungen ab, bei denen es sowohl zu Vorwärts- als auch zu Rückwärtsintegrationen gekommen ist. Während viele Industriekonzerne hier tendenziell noch zögerlich sind, lässt der Handel ein mitunter sehr aggressives Engagement erkennen. Firmen wie Lidl bieten immer mehr eigene Produkte an und begeben sich damit in Konkurrenz zu ihren bisherigen Zulieferern. Die deutsche Chemieindustrie, um nur ein Beispiel anzuführen, hat ihre bislang vorsichtigen Bestrebungen, sich in Konkurrenz zu einzelnen Kunden, etwa in der Kosmetikbranche, zu begeben, dagegen schnell wieder aufgegeben. Dafür waren verschiedene Gründe maßgebend. Dem Trend, dass Handel und Herstellung zusammenwachsen, wird man sich allerdings nicht mehr lange entziehen können.

Dementsprechend gibt es für ein Unternehmen drei mögliche Interaktionsmodelle:
Variante 1: Die Kontakte beschränken sich auf die Kunden der bisherigen Wertschöpfungsstufe. Damit ist die Komplexität überschaubar und das Risiko gering; entsprechendes gilt allerdings auch für das Inspirationspotenzial im Innovationsprozess.
Variante 2: Die Interaktionen laufen über beide Ebenen, den Kunden und dessen Abnehmer. Damit kann man für den Kunden neue Anregungen gewinnen, die dessen Interesse an bestimmten Innovationsprojekten erhöhen. Allerdings besteht das Risiko, dass bestehende Kunden direkte Verbindungen zwischen ihrem Zulieferer und ihren Abnehmern mit Argwohn betrachten.
Variante 3: Die Kommunikation läuft ausschließlich über das Wertschöpfungssystem, das den bestehenden Kunden nachgelagert ist. Dadurch ergeben sich Anregungen für neue Geschäftsmodelle und Produktinnovationen. Allerdings kann dies bestehende Geschäftsbeziehungen gefährden.

Dabei kommen für das innovierende Unternehmen drei Interaktionsformen in Betracht:
- Es tauscht sich mit den Vertretern des Kundensystems aus, um erkennen zu können, welche zusätzlichen Interventionsmöglichkeiten im Wertschöpfungsmodell denkbar sind.
- Es berät die Partner bei der Nutzung von technologischem Know-how.
- Es realisiert weitere Innovationen.

Umsetzungsoptionen zu Handlungsfeld II

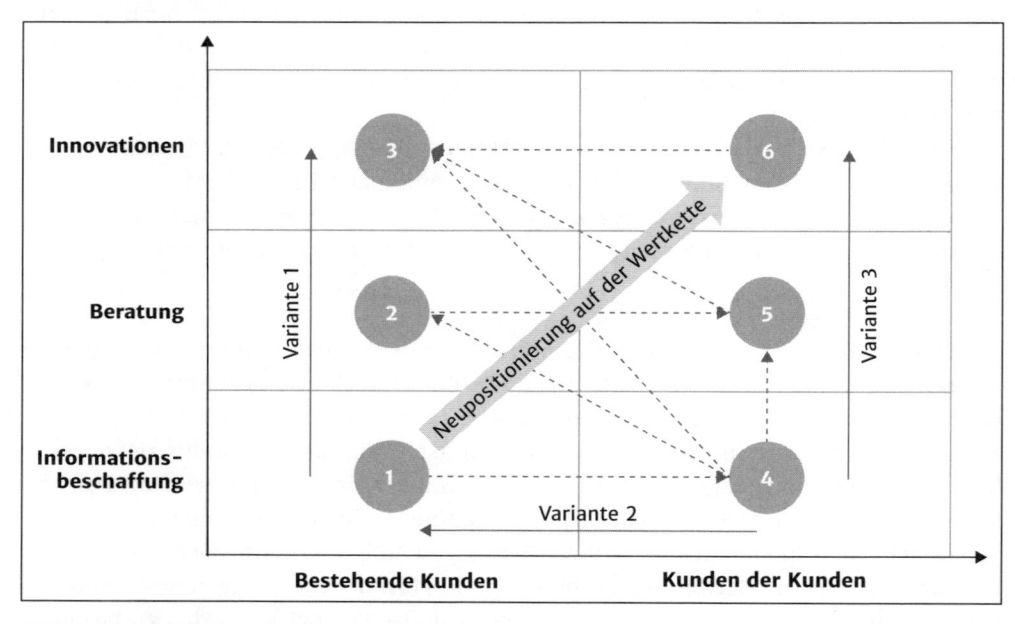

Abb. 32: Entwicklung des Innovationssystems

Jede Variante bietet somit gleichermaßen Chancen wie Risiken. Für die meisten Firmen wird es sinnvoll sein, mit Variante 1 zu starten und erst dann zu entscheiden, ob man einen oder zwei Schritte weitergeht. Kontakte zum Abnehmersystem des eigenen Kunden müssen auch bei dieser Konstellation nicht ausgeschlossen sein. Solange sich die Interaktionen auf Informationsbeschaffungsvorgänge beschränken, die in erster Linie darauf gerichtet sind, das Wertschöpfungssystem des eigenen Kunden besser zu verstehen, wird letzterer nichts dagegen einzuwenden haben. In bestimmten Fällen wird man das auch mit Back-selling-Komponenten verbinden können, um so das Interesse des Kunden an bestimmten Innovationen zu steigern. Bei der Orientierung am Nutzen des Abnehmers vom eigenen Kunden ist das Unternehmen mit komplizierten Anforderungen auf der Ebene des Scouting konfrontiert. Wir werden uns mit diesem Themenzusammenhang in Abschnitt 4.2 noch genauer auseinandersetzen.

Handlungsfeld III
Hier geht es darum, die Treiber verschiedener Märkte zu verstehen und davon ausgehend Potenziale für Produkt-, Service- und Geschäftsmodellinnovationen auf Basis der vorhandenen Kompetenzen zu erkennen. Zum Verständnis der Markttrends sind die Kontakte mit den Kundengruppen aus Handlungsfeld I und II sicher hilfreich, aber bei Weitem nicht ausreichend. Wenn diese gewohnt sind, neuen Markttrends vorwiegend reaktiv zu begegnen, wird die Kommunikation mit ihnen keinen Anstoß dafür geben, neue Entwicklungen zu antizipieren. Hier ist vielmehr eine sehr breite Betrachtung des Zielgruppensystems angezeigt. In der deutschen Wirtschaft beginnt sich hier der Bereich des Trend Scouting oder Trend Spotting zu etablieren. Das Autorenteam des vorliegenden Buches hat den Eindruck, dass viele Firmen, auch größere Konzerne, hier noch am Anfang stehen. Das wäre nicht das erste Mal, denn seit Mitte des letzten Jahrhunderts wurde die Notwendigkeit der Trendforschung etwa alle 15—20 Jahre neu entdeckt (vgl. Barthel/Baeyens, 2014). Möglicherweise hängt dies mit längerfristigen Zyklen in der wirtschaftlichen Entwicklung (Trott, 2008, S. 53)[93] zusammen.

Stehen bei den Handlungsfeldern I und II mehr horizontale bzw. vertikale Innovationsvarianten im Vordergrund, so geht es bei der Trendforschung auch und künftig vielleicht sogar schwerpunktmäßig um Potenziale der lateralen Veränderung im Leistungsprogramm (vgl. Ansoff, 1965). In der Vergangenheit waren dabei spektakuläre Entwicklungen festzustellen, bei denen sich bestimmte Konzerne von ihren bisherigen technologischen Schwerpunkten völlig gelöst haben. So wurde aus dem Stahlunternehmen Mannesmann ein Telekommunikationskonzern, die ehemals größte Kohleabbaufirma (Ruhrkohle AG) hat sich zu einem Konzern der Spezialchemie gewandelt und ein ehemaliger Computer-Hersteller (IBM) vermochte sich durch eine strategische Neuaufstellung und darauf folgende Firmenzukäufe inzwischen zum größten Beratungskonzern der Welt aufzuschwingen.

Ob der jeweilige Entscheidungsprozess wirklich systematisch einem linearen Modell gefolgt ist oder mehr durch Zufälligkeiten und intuitive Elemente bestimmt war, kann

---

93 Vgl. hierzu auch die sogenannten »Kondratieff-Cycles« (Händeler, 2013).

an dieser Stelle nicht beantwortet werden. In den meisten Firmen wird der Scouting-Prozess von vornherein auf drei Fragen verengt werden (Variante 1):
- Was bedeuten die Megatrends für unsere bestehenden Märkte?
- Gibt es dabei neue Märkte, die für uns künftig von Relevanz werden?
- Wie sind wir in Bezug auf diese Entwicklungen technologisch aufgestellt?

Realiter wird der Prozess in manchen Unternehmen eher in der umgekehrten Reihenfolge ablaufen (Variante 2), auch wenn sich seit einigen Jahren hier eine Trendwende abzuzeichnen beginnt (vgl. Nambisan/Sawhney, 2009).[94] Im Vordergrund steht die Frage, ob sich aus bestehenden Kompetenzen neue Marktsegmente erschließen lassen und was dies für die Positionierung gegenüber den Megatrends bedeuten könnte. Auch wenn abstrakt gesehen vieles für die Überlegenheit von Variante 1 spricht, da man sich stärker von bestehenden kognitiven Schemata lösen kann, sollte Variante 2 nicht grundsätzlich verworfen werden. Sie ermöglicht eine sehr viel raschere Fokussierung und auch Motivation vorhandener Know-how-Träger im Unternehmen. Ein sehr umfassendes Modell für den hier möglichen Prozess wurde im Rahmen eines Verbundforschungsprojekts von der Fraunhofer-Gesellschaft entwickelt (Warschat et al, 2015). In dem dazu veröffentlichten Bericht finden sich auch einige reale Anwendungsbeispiele. Wir gehen auf diesen Themenzusammenhang in Abschnitt 4.2 noch näher ein. Grundsätzlich empfehlen wir daher, den Prozess von zwei Seiten aus zu starten (vgl. Abb. 33).

Mega-Trends	• Zentrale gesellschaftliche Probleme • Technische Herausforderungen	Technologische Skills	• FuE-Know-how • Engineering-Kompetenzen • Partnernetzwerke
Veränderung der Märkte	• Neue Konfigurationen • Strategische Schwerpunkte • Regulatorische Entwicklungen	Trends	• Neue Schwerpunkte • Interdisziplinäre Verknüpfungen
Auswirkung auf bestehende Zielmärkte	• Marktstruktur • Technologische Anforderungen	Potenziale	• Neue Synergien • Neue Kompetenzprofile
Pain Points	• Bedarf an Lösungen • Bedarf an Produkten	Anwendungen	• Neue Produkte • Neue Lösungen

Strategische Neupositionierung über Innovationen

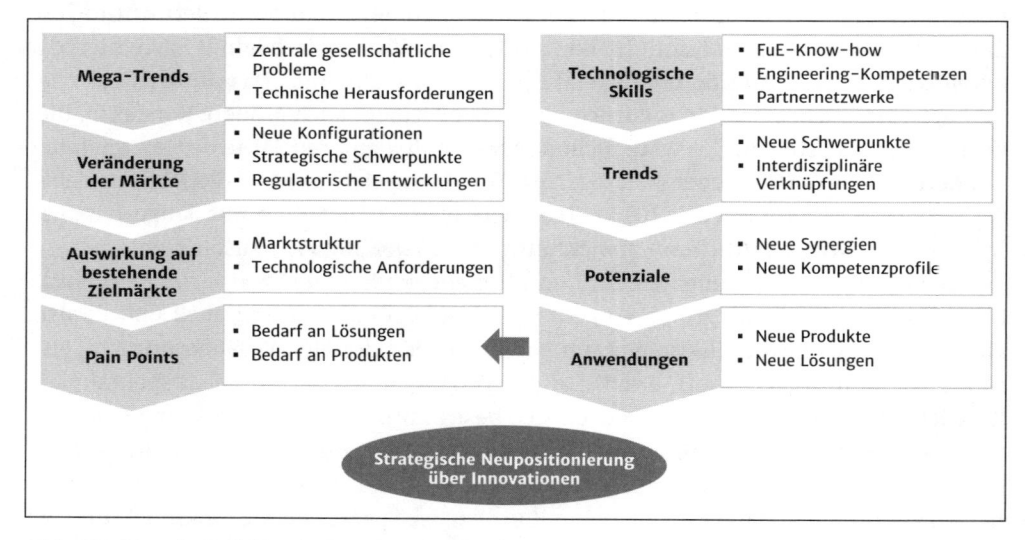

Abb. 33: Trends & Skills als Ausgangspunkt der Innovationsstrategie

Das Unternehmen wird hierbei mit verschiedenen Know-how-Trägern aus Wirtschaft und Wissenschaft in Dialog treten und dabei einzelne Aspekte durch eigene Gutachten

---

[94] Die beiden Autoren sprechen hier von einem »*shift from firm centric innovation to network centric innovation*« (S. 129).

näher prüfen lassen. Das Spektrum der hier möglichen Partner, Kooperationsformen und Methoden ist in Tabelle 6 zusammengefasst.

Potenzielle Kooperationspartner	Kooperationsformen	Methoden
• Vertreter der Grundlagenforschung • Marktforscher • Zukunftsforscher • Consultants • Aktuelle und potenzielle Kunden	• Round Tables • Pilotprojekte • Gutachten • Technology Scouting • Technology Spotting	• Scenario Writing • Brainstorming • Interviews • Content Analysis • Cost-Benefit Analysis • Simulations • Extrapolations

Tab. 6: Handlungsmatrix Kooperationen

Verbindungen zwischen den Handlungsfeldern
Aus unseren Interviews geht hervor, dass bei vielen Firmen der Bereich der Kundenorientierung auf Handlungsfeld I konzentriert zu sein scheint. Handlungsfeld III kam später ergänzend und institutionell anders verankert hinzu. Dabei bleibt es nicht aus, dass die Markt- und Zielgruppenorientierung bei einigen Unternehmen in zwei Welten zerfällt. In einem Teil steht das aktuelle Kundenbedürfnis und im anderen Teil das Spektrum möglicher Trends mit einer sehr viel breiteren Zielgruppenperspektive als das gegenwärtige Kunden-Portfolio. Die im zweiten Bereich analysierten Entwicklungen beginnen sich weit außerhalb des aktuellen Kundensystems abzuzeichnen, können sich aber eines Tages durchaus direkt auf dieses auswirken, wobei das Wissen hierüber noch sehr abstrakt erscheint. Handlungsfeld II könnte ein Verbindungsglied zwischen beiden Welten verkörpern. Es orientiert sich an aktuellen, unmittelbar bevorstehenden und potenziell aufkommenden Pain Points im Wertschöpfungssystem der bestehenden Kunden und geht damit über die Anforderungen des gegenwärtigen Leistungsprogramms und die daraus resultierende Perspektive der Kundenorientierung deutlich hinaus. Damit werden operative und strategische Aspekte integriert, was bisher in einigen Innovationsmanagementsystemen eher getrennt gewesen zu sein scheint. Wir werden in den folgenden Abschnitten noch erläutern, wie das organisatorisch umgesetzt werden könnte.

4.1.2 Aufbauorganisatorische Regelungen

Es ist durchaus sinnvoll, die Verantwortlichkeiten für die Handlungsfelder I und III institutionell so zu trennen, wie es viele Unternehmen vorgenommen haben, also strategische Innovationsprojekte am sogenannten »Fuzzy Front End« durch eine zentrale Einheit zu initiieren und bis zum Markteintritt voranzutreiben, während inkrementelle Innovationen in der Verantwortlichkeit der Sparten liegen. Längerfristig ausgerichtete Innovationsprojekte werden dadurch nicht permanent durch Ressourcenkonflikte im Verhältnis zum Tagesgeschäft blockiert. Die Sparten haben außerdem bessere Möglichkeiten, sich auf Aufgaben hoher Dringlichkeit zu konzentrieren.

Allerdings beinhaltet die Art, wie die Trennung zwischen zentraler und dezentraler Verantwortung gegenwärtig in einigen Konzernen umgesetzt wird, das Risiko, dass die Gesamtaufgabe des Innovationsmanagements organisationsintern zu stark desintegriert wird, und dies aus folgenden Gründen:
- Schlimmstenfalls trägt die Organisationsform dazu bei, dass die dezentralen Einheiten sich fortan überhaupt nicht mehr für strategisch ausgerichtete Vorhaben verantwortlich fühlen.
- Überdies ist nicht zu erwarten, dass auf diesem Wege der horizontale Austausch zwischen den Sparten erleichtert wird. Dabei werden für Innovationen immer häufiger interdisziplinäre Kompetenzen benötigt, was unter anderem durch einen regen Dialog der verschiedenen Sparten untereinander erleichtert werden könnte. Die schwierige Verhandlungsposition der zentralen Stellen im Vorfeld der Projektübergabe wird diese eher dazu motivieren, die Vorhaben auf einzelne Sparten zuzuschneiden, um so die Komplexität zu reduzieren und die Identifikation zu erleichtern. Die von zentraler Stelle initiierten Projekte binden Kapazitäten auf Spartenebene, die zulasten des horizontalen Austauschs gehen könnten. Damit wird deutlich, dass das gegenwärtige System die bereichsübergreifende Kooperation im Innovationsmanagement sogar negativ beeinflussen kann.
- Letztlich schafft das System eine Möglichkeit für das Topmanagement, sich der Verantwortung für diese Aufgabe zu entledigen.

Insgesamt wird damit deutlich, dass es bei der aufbauorganisatorischen Regelung der Verantwortlichkeiten nicht darum gehen sollte, die Trennung zwischen zentralen und dezentralen Verantwortlichkeiten im Innovationsmanagement grundsätzlich in Frage zu stellen. Es müssen allerdings Wege gefunden werden, wie diese Ebenen (stärker) miteinander verzahnt werden können. Dies wird für einige Konzerne nicht ohne Veränderungen in der Rollenkomposition der einzelnen Einheiten möglich sein.

Die **zentralen Stellen für Innovation und Business Development** sollten von der Ressourcenausstattung her dazu in der Lage sein, ihr Leistungsangebot so zu konfigurieren, dass sie von den operativen Einheiten weniger als »Bedrohung« denn als »Servicestelle Innovation« wahrgenommen werden. Denkbar wären Interventionen auf folgenden Ebenen:
- Sie unterstützen die Sparten bei der Organisation von Initiativen auf Handlungsfeld II. Dies liegt sehr viel näher am Interessenfokus der Sparten als die bisherigen Projekte zu Handlungsfeld III. Damit würde eine operative Klammer zwischen den verschiedenen Einheiten gefunden werden, die letztlich auch die Kooperation in Handlungsfeld III erleichtern dürfte. Dabei ist zu berücksichtigen, dass die zentralen Stellen großenteils mit Fach- und Führungskräften mit Linienerfahrung besetzt sind und damit gute Voraussetzungen für Interventionen in Handlungsfeld II mitbringen.
- Sie bauen für die Sparten einen Know-how-Pool auf, der zum einen konzerninternes Wissen zu potenziellen Innovationsfeldern beinhaltet als auch Informationen über Kompetenzen einzelner Netzwerk-Partner (vor allem außerhalb der eigenen Organisation). Open Innovation wird damit von den zentralen Stellen nicht nur praktiziert, sondern auch koordiniert.

- Letztlich operieren sie als Facilitator für horizontale Kooperationen zwischen verschiedenen Sparten. Die Intervention startet mit der Identifikation aktueller und potenzieller Schnittstellen mit Relevanz für künftige Innovationen und umfasst koordinative und moderationsbezogene Aktivitäten für die Realisierung von gemeinsamen (Pilot-)Vorhaben mit Innovationscharakter.

Mit diesem erweiterten Aufgabenspektrum würden die zentralen Abteilungen deutlich aufgewertet werden. Für deren Mitarbeiter gäbe es weitaus mehr Erfolgserlebnisse als im bisherigen System, bei dem es oft Jahre dauern kann, bis intensive konzeptionelle, kommunikative und organisatorische Arbeit ein messbares Ergebnis ermöglicht.

Auf **dezentraler Ebene** sollten Voraussetzungen für ein differenzierte(re)s Agieren im Innovationsmanagement geschaffen werden. Es wird sich dabei um einen Mix aus Incentives und Direktiven handeln, die später noch näher erläutert werden. Grundsätzlich sollte von jeder Sparte erwartet werden:
- Die Mitarbeiter engagieren sich auch in Handlungsfeld II. Davon können letztlich auch die Perspektiven für Interventionen in Handlungsfeld I verbessert werden. Jede Sparte sollte angehalten werden, in periodischen Abständen eine bestimmte Anzahl von Aktivitäten, möglichst mit Projektcharakter, auf dieser Ebene nachzuweisen.
- Es wird periodisch Personal für die zentralen Stellen abgestellt. Dies kann entweder in Teilzeit oder für einen bestimmten Zeitraum in Vollzeit sein. Für die betreffenden Mitarbeiter kann dies einen nachhaltigen Qualifizierungseffekt nach sich ziehen, der den Sparten nach der Rückkehr in besonderem Maße zugutekommt und auch deren Rezeptivität gegenüber mehr strategisch ausgerichteten Innovationsvorhaben verbessern dürfte.
- Jede Führungskraft wird dazu angehalten, an bestimmten Innovationsprojekten in anderen Sparten mitzuwirken. BP hat dies als einen zentralen Bestandteil im System zur Bewertung von Führungskräften verankert und damit sehr positive Erfahrungen zur Stimulierung von Innovationsaktivitäten gesammelt.
- Letztlich wird sichergestellt, dass die Sparten in den Lenkungsausschüssen zu Projekten in Handlungsfeld III vertreten sind.

Auf Spartenebene wird es damit zu einer Umschichtung von Ressourcen vom Tagesgeschäft und von inkrementellen Innovationen in mehr strategisch orientierte Innovationsaktivitäten kommen. Dies wird mit einer Anreicherung der Arbeitsinhalte verbunden sein. Für den einen oder anderen Mitarbeiter wird es jedoch auch eine andere Philosophie gegenüber dem bisherigen Rollenverständnis erfordern, wenn dieses in erster Linie von Optimierungs-, Effizienz- und kurzfristigen Maximierungsaspekten hinsichtlich Umsatz und Ertrag geprägt gewesen sein sollte.

Die oben beschriebenen Veränderungen in den Rollenzuweisungen werden Interventionen seitens des **Topmanagements** erfordern. Auf die dabei erforderlichen Führungssysteme werden wir im nächsten Kapitel noch näher eingehen.

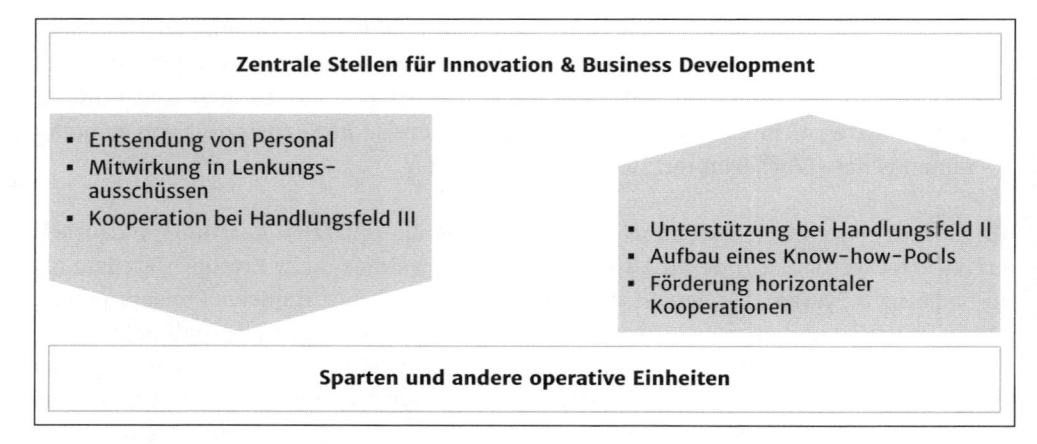

```
┌─────────────────────────────────────────────────────────────────┐
│           Zentrale Stellen für Innovation & Business Development │
│                                                                  │
│  • Entsendung von Personal                                       │
│  • Mitwirkung in Lenkungs-                                       │
│    ausschüssen                                                   │
│  • Kooperation bei Handlungsfeld III                             │
│                        • Unterstützung bei Handlungsfeld II      │
│                        • Aufbau eines Know-how-Pools             │
│                        • Förderung horizontaler                  │
│                          Kooperationen                           │
│                                                                  │
│              Sparten und andere operative Einheiten              │
└─────────────────────────────────────────────────────────────────┘
```

Abb. 34: Kooperationsformen zwischen zentralen Business Development Units und operativen Einheiten auf Spartenebene

4.1.3 Organisationskulturelle Rahmenbedingungen

Für Innovationsprojekte in Organisationen gibt es eine innere und eine äußere Kultur. Der innere Teil ist sehr stark abhängig von den Normen und darauf basierenden Verhaltensweisen des Projektpersonals, während im äußeren Teil mit der generellen Unternehmenskultur ein sehr viel komplexeres System wirkt, das über einen sehr langen Zeitraum gewachsen ist. Projektkulturen lassen sich relativ rasch ändern, während dies für Organisationskulturen sehr viel Zeit beansprucht, sofern es überhaupt möglich ist. Wie wir in unseren Interviews festgestellt haben, sind viele Unternehmen bestrebt, eine innovationsfreundlichere Gesamtkultur zu ermöglichen. Nach mindestens zwei Jahrzehnten, in denen Rationalisierungszwänge im Vordergrund standen, erfordert dies einen deutlichen Umbruch. Offensichtlich ist dieser Prozess in der Mehrzahl der von uns besuchten Konzerne bei Weitem nicht abgeschlossen. Innovationsorientierte Projekte werden daher in einen kulturellen Kontext eingebettet, der von den Akteuren, die mit den Vorhaben betraut sind, als nicht innovationsfreundlich empfunden wird. Die Projekte können selbst dazu beitragen, diese Kultur zu ändern, oder aber auch an dieser scheitern. Viele Topmanager werden eine solche Dichotomie ablehnen und postulieren, dass man es schaffen muss, Innovationsprojekte trotz ungünstiger kultureller Rahmenbedingungen zum erfolgreichen Abschluss zu bringen. Dies ist sicher möglich, bindet aber viele Energien, die der eigentlichen Projektarbeit dann nicht zur Verfügung stehen. Dabei sollen gerade Projekte Organisationen dazu in die Lage versetzen, Dinge konzentrierter anzugehen, als es das Tagesgeschäft ermöglicht, bei dem man sich in einigen Konzernkulturen durch zahlreiche, im Prinzip als unnötig empfundene Belastungen zu verschleißen riskiert.

Wenn man die kulturellen Rahmenbedingungen für Innovationsprojekte ändern will, wird dies nur dann in einem überschaubaren Zeitrahmen funktionieren, wenn man sich auf wenige Stellhebel fokussiert, durch deren Aktivierung einerseits eine klare

Botschaft an die Organisationsmitglieder ausgeht und andererseits konkrete Situationen generiert werden, die ein Verhalten, das mit der traditionell bestehenden Kultur nicht konform geht, attraktiv erscheinen lassen. Einigen der von uns besuchten Organisationen wäre vermutlich schon viel geholfen, wenn man sich auf drei Aktionsprogramme verständigen könnte:
- Aktionsprogramm I: Intrapreneurship[95]
- Aktionsprogramm II: Innovationsförderndes KPI-System
- Aktionsprogramm III: Innovationsfördernde Projektphilosophie.

Aktionsprogramm I: Intrapreneurship
Das Bestreben, dass Angestellte wie Unternehmer denken, hat in der westlichen Hemisphäre eine lange Tradition. In Deutschland hat man das zeitweise sogar zu formalisieren versucht. Mit dem aus der militärischen Führung abgeleiteten »Harzburger Modell« (Höhn, 1967) wurde beispielsweise in den 1960er-Jahren für viele Unternehmen eine neue Ära unternehmerischen Denkens auf Mitarbeiterebene einzuleiten versucht. Dieses Führungssystem hat zwar die Erwartungen zu einem großen Teil nicht erfüllt (Guserl, 1973), blieb aber dennoch lange Zeit prägend für die Organisationskultur deutscher Konzerne.

Einige Konzerne geben viel Geld für das betriebliche Vorschlagswesen oder das Ideenmanagement aus, um die Kreativität in der Belegschaft zu stimulieren. Kreativität ist aber nur dann hilfreich, wenn sie zu konkreten Veränderungen beiträgt. Werden Vorschläge nur gesammelt, aber nicht umgesetzt, dann wird daraus nicht einmal der davon erhoffte motivatorische Effekt resultieren. In vielen unserer Interviews wurde uns eine hohe Unzufriedenheit mit dem bestehenden System angezeigt. Kritisiert wurde insbesondere die geringe Effektivität des praktizierten Modells für das Ideenmanagement.

Dies sind nur zwei Beispiele für Motivationsinstrumente, die letztlich nicht zu den intendierten Wirkungen geführt haben. Dabei können viele der aus den angesprochenen Initiativen resultierenden Gedanken durchaus hilfreich sein, um auch im betrieblichen Innovationswesen neue Akzente zu setzen. Was fehlt, ist die Schaffung unternehmerischer Freiräume neben der ansonsten klar abgegrenzten Aufgabe und die systematische Einbindung der Ideengeber in die betriebliche Umsetzung.

Hier hat das Intrapreneurship anzusetzen. Es geht also nicht um ein Mehr an Aufgaben, sondern um ein Mehr an Gestaltungsmöglichkeiten, nicht um ein Mehr an Ideen, sondern um ein Mehr an Engagement für die Realisierung von Änderungsprozessen und damit auch Innovationen. Man muss dabei nicht so weit gehen, wie es in Zusammenhang mit dem in Presse und Literatur häufig glorifizierten Konzern 3M sein soll, wo angeblich jeder Mitarbeiter eine bestimmte Zeit zur freien Verfügung hat, um sich mit irgendwelchen aus Eigeninitiative hervorgegangenen Innovationsbeiträgen zu beschäftigen.[96] Es wäre vermutlich schon viel gewonnen, wenn man dem Mitarbeiter über-

---

95 Zum Begriff vgl. z. B. Kocjancic/Bojnec (2013).
96 In Deutschland gibt es durchaus auch Konzerne, die entsprechende Freiräume geschaffen haben (z. B. Bosch), allerdings wird dies nach außen hin weit weniger offensiv vermarktet.

haupt die Möglichkeit eröffnen würde, sich solche Verfügbarkeiten zu erarbeiten. Dabei könnten drei Projekttypen von Relevanz sein:
- Innovationen im eigenen Arbeitsumfeld der Handlungsfelder II und III
- Kooperationen zu Neuerungsprojekten im Verbund mit anderen Sparten
- Mitwirkung an zentral initiierten Innovationsvorhaben.

Für die Umsetzung kämen folgende Elemente in Betracht:
- Festlegung eines im Laufe der Konzernzugehörigkeit exponentiell ansteigenden Arbeitszeitkontos für derartige Aufgaben
- Verpflichtung der direkten Vorgesetzten zur entsprechenden Freistellung der Mitarbeiter
- Einbeziehung der Projekterfolge in das Personalbeurteilungssystem
- Koppelung mit einem KPI-System.

Die direkten Vorgesetzten werden vermutlich (weiter) Druck ausüben, dass die Mitarbeiter auf solche Freistellungen verzichten, allerdings wird die Ausgangssituation in der Verhandlung völlig umgedreht. Nicht mehr der Mitarbeiter muss sich rechtfertigen, wenn er diese Slots haben will, da sie ihm fürderhin entsprechend organisatorischer Vorgaben durch das Topmanagement zustehen, sondern der Vorgesetzte steht unter Argumentationsdruck, wenn er diese Freistellungen verweigert. Bei der Führungsleistung der Vorgesetzten sollte daher künftig auch berücksichtigt werden, wie viele Mitarbeiter in welchem Umfang für innovative Aufgaben freigestellt wurden, welche Unterstützung sie vom Vorgesetzten in der Projektdurchführung erhalten haben und welche Ergebnisse mit den Vorhaben realisiert wurden.

Flankiert wird der Prozess durch Intrapreneurship-Trainings und ein Mentoring-System, an dem auch das Topmanagement mitwirkt.

Zur Förderung des Intrapreneurships gehören auch Aktivitäten zur Stimulierung der Risikofreudigkeit. Diese wird in starkem Maße davon abhängen, wie das Unternehmen mit Projekten umgeht, die im Endergebnis nicht erfolgreich sind oder schon vorher scheitern. Wird das negativ sanktioniert — wie offensichtlich bisher in der Mehrzahl der von uns interviewten Unternehmen —, kann das die Bereitschaft zur Initiierung von Aktivitäten des Intrapreneurships eher bremsen. Wir werden auf mögliche Gegenmaßnahmen noch im Rahmen von Aktionsprogramm III eingehen.

Aktionsprogramm II: Innovationsförderndes KPI-System
Bisher sind die KPI-Systeme in den meisten Konzernen nicht dazu angelegt, strategische Innovationen zu fördern, sie stehen diesem Bestreben sogar entgegen. Es gäbe durchaus eine relativ einfach umzusetzende Initiative, um dies sowohl auf institutioneller als auch auf individueller Ebene zu ändern.

Im öffentlichen Finanzsystem ist es möglich, gewisse Aufwände von der Steuerschuld abzusetzen. Eine analoge Option, nur in umgekehrter Form, wäre auch auf Konzernebene denkbar: Im Buchhaltungssystem wird für die dezentralen Einheiten die Ertragssituation in zwei Varianten erfasst: einmal insgesamt und dann unter Abzug der Kosten für bestimmte innovationsorientierte Aktivitäten. Der betreffende Umfang in

Relation zum Gesamtumsatz wird gleichzeitig zu einem neuen KPI. Dieses System stellt die bisher vorhandene Logik auf den Kopf, da die Rentabilitätsperspektive im klassischen Geschäft durch Innovationsaktivitäten nicht mehr quasi automatisch beeinträchtigt wird, sondern sogar verbessert werden kann. Über den neuen KPI wird zudem ein völlig neuer Akzent im internen Benchmarking gesetzt. Insgesamt könnte das KPI-System auf Spartenebene die in Tabelle 7 aufgelisteten Komponenten berücksichtigen.

Input-Ebene	Output-Ebene
• Anteil der Aufwendungen für Innovationsaktivitäten gemessen am Umsatz[97] • Prozentsatz der Mitarbeiter in Aktionsprogramm I • Anzahl der Beteiligungen in Lenkungsausschüssen zu strategischen Innovationsprojekten • Anzahl der Übernahmen strategischer Projekte aus den zentralen Einheiten	• Umsatzanteil von Innovationen[98] • Rentabilitätsbeitrag der Innovationen • Rentabilität von Aktivitäten zu Aktionsprogramm I

Tab. 7: KPI-Komponenten der Spartenebene

Auf der individuellen Ebene wird das innovationsorientierte KPI-System in das Schema der Leistungszulagen integriert. Parameter sind dabei die Aktivitäten im Rahmen des Aktionsprogramms I und deren Ergebnisse. Das System sollte wesentlich einfacher sein als das entsprechende Äquivalent auf institutioneller Ebene, da die Messung individueller Leistungsbeiträge nach den oben angegebenen Parametern grundsätzlich sehr viel aufwändiger wäre. Als Leistungsmerkmale reichen in diesem Fall:
- Initiierung von Innovationsvorhaben
- Mitwirkung an strategischen Projekten, die von anderer Seite aus eingeleitet wurden
- konzeptionelle Qualität der Projektbeiträge.

Auf finanzwirtschaftliche Daten sollte verzichtet werden, da die dabei zu messenden Wirkungen oft sehr spät eintreten und dann auch schwer individuellen Beiträgen zuzuordnen sind. Erfolgreiche Innovationsaktivität ist meistens das Resultat gelungener Teamarbeit.

Letztlich sollte auch das Anreizsystem auf der Ebene der Vertriebsmannschaft den Erfordernissen an eine innovationsorientierte Firma angepasst werden. Das bedeutet nicht nur Prämien für Beiträge zum erfolgreichen Markteintritt in der finalen Phase von Innovationsprojekten, sondern auch Provisionsabzüge für die Fälle, in denen ein bestimmtes Maß an Verkaufserfolgen mit Innovationen nicht nachgewiesen werden kann, und damit einen veritablen Tabubruch, wie er bei keiner organisationskulturel-

---

97 Zu diskutieren ist, ob dies nur für die Handlungsfelder II und III gilt oder auch Handlungsfeld I einschließt.
98 Produkte, deren Market Launch weniger als fünf Jahre zurückliegt.

len Änderungsphilosophie ausbleiben kann. In diesem Zusammenhang sollte auch die Akquisition von Neukunden mit Relevanz für strategische Innovationen mit einem besonderen Bonus-System verknüpft werden.

Aktionsprogramm III: Innovationsfördernde Projektphilosophie
Auch wenn man über einzelne Projekte die gesamte Organisationskultur nicht (entscheidend) ändern kann, wird man mit der Gestaltung des Systems zur Akzeptanz, Führung und Bewertung von Innovationsvorhaben Maßstäbe setzen können, welche die Innovationsneigung der einzelnen Mitarbeiter verbessern kann, und dies selbst in einem Umfeld, das sonst eher risikoaverse Einstellungen fördert. Maßgebend sind dabei stets drei Leitlinien:
- Jeder Mitarbeiter muss das Gefühl haben, dass er jederzeit eine realistische Chance hat, seine Ideen in ein Innovationsvorhaben einzubringen.
- Der Prozess zur Bewertung der Vorschläge folgt einem einfachen und transparenten Verfahren, dessen Ergebnisse für den Initiator nachvollziehbar sind.
- Innovationsprojekte können auch dann für eine Organisation einen wichtigen Nutzen generieren, wenn sie nicht bis zur Kommerzialisierung geführt werden.

Wie kann man diese Prinzipien in praktische Innovationsarbeit umsetzen? Ein erfolgreiches Innovationsmanagement wird nie an der Devise ausgerichtet sein, möglichst viele Projekte möglichst weit im Prozess voranzutreiben. Dies würde nur dazu führen, dass versucht wird, so viele Projekte wie möglich zum Market Launch zu bringen und letztlich zur Folge haben, dass der Anteil der kommerziellen Misserfolge steigt. Wichtiger sind hingegen folgende Grundsätze:
1. Möglichst jede halbwegs vernünftige Idee sollte die Chance auf eine Projektprüfung haben.
2. Die erste Projektprüfung ist einfach und folgt einem transparenten Prozess. Die einzigen Bewertungskriterien sind der strategische Fit, die konzeptionelle Qualität der Aufbereitung und die ertragswirtschaftlichen Perspektiven.[99]
3. Die Reaktionen zu den Projektvorschlägen werden in vier Kategorien unterteilt: A) hohe Dringlichkeit für die Umsetzung in ein Innovationsprojekt; B) strategisch bedeutsam, aber weniger dringlich als Kategorie A; C) perspektivisch interessant, aber gegenwärtig strategisch von untergeordneter Bedeutung; D) für die Organisation im Moment nicht von Relevanz. Bei den Kategorien B und C liegt es an den Initiatoren, die Vorschläge später noch einmal einzubringen.
4. Der auf der Basis der ausgewählten Projekte zu erarbeitende Projektplan hat stets auch Synergien zu laufenden Vorhaben und anderen Vorschlägen zu berücksichtigen.
5. Je früher ein Projekt abgebrochen wird, desto geringer sind die *Sunk Costs*. Dementsprechend sind die Prüfmaßstäbe in frühen Phasen des Prozesses besonders hart.

---

[99] Mit der Operationalisierung dieser Gütekriterien befassen wir uns in Abschnitt 6.5, wenn es um die Frage geht, wie man die Projektpipeline im Innovationsmanagement füllt.

6. Das bedeutet umgekehrt nicht, dass das Anspruchsniveau in der Projektbewertung während des Prozesses kontinuierlich abnimmt, wie es aus psychologischen Gründen in der Praxis oft der Fall sein mag. Vor der Entscheidung zum Market Launch wird daher stets noch einmal eine besonders kritische Prüfung erfolgen, bei der auch Akteure konsultiert werden, die in den bisherigen Prozess nicht einbezogen waren. Im Gegensatz zum bisherigen System bei vielen Firmen sollten dies allerdings nicht (ausschließlich) Vertreter von operativen Einheiten sein, die im positiven Fall die Verantwortung für die Umsetzung zu schultern haben.
7. Jedes im Prozess vorzeitig abgebrochene Projekt wird als Quelle des Lernens interpretiert. Dabei ist der Project Owner gehalten, in systematischer Form herauszuarbeiten, welchen Nutzen das Vorhaben für das weitere Innovationsmanagement haben kann. Die Qualität der Ausarbeitungen wird durch den Lenkungssauschuss bewertet und später beim individualbezogenen KPI mit berücksichtigt. Gleichzeitig fließen die Ergebnisse in die in Abschnitt 4.2 erwähnte Know-how-Datenbank ein.

Die Empfehlungen zu Punkt 6 bedeuten eine gleichermaßen signifikante wie riskante Abweichung gegenüber der bisherigen Handlungspraxis in vielen Konzernen. Dies schwächt die Position der Sparten im Auswahlprozess, reduziert damit zwar das Risiko, dass die Chancen auf den Market Launch von situativen und schwer kalkulierbaren Bedingungen des Verhandlungsprozesses zwischen Individuen ungleicher Machtposition abhängen.[100] Auf der anderen Seite könnte gerade dadurch bewirkt werden, dass die Sparten das Vorhaben im weiteren Prozess obstruieren oder gar sabotieren. Die Realisierung dieses Systems macht daher nur im Paket mit Aktionsprogramm II und den Handlungsempfehlungen zu Abschnitt 4.1.1 Sinn.

4.1.4 Manager und Mitarbeiter

In Abschnitt 3.5 hatten wir verdeutlicht, dass die meisten Organisationsmitglieder, von denen ein substanzieller Beitrag für die Innovationsleistung des Unternehmens zu erwarten ist oder die anderweitig davon unmittelbar betroffen sind, gewisse Torturen auf sich nehmen müssen. So ist das allerdings immer, wenn bestimmte Höchstleistungen erzielt werden sollen. Nahezu jeder herausragende Leistungssportler ist nur deswegen erfolgreich, weil er sich permanent quält. Der Ablauf folgt dabei nicht selten folgendem Schema:
- Am meisten müht er sich nicht im Wettkampf, sondern davor. Langstreckenläufer legen pro Winterwoche eine dreistellige Zahl an Kilometern zurück, oft im Dunklen und ohne zu wissen, ob sich das später lohnen wird. Und immer wieder stehen sie vor der Frage, ob es vernünftig ist weiterzukämpfen.
- Später, das sind die Wochen und Tage vor dem Wettkampf, wird alles konkreter. Man hat eine klarere Vorstellung von den eigenen Fähigkeiten und kennt in etwa

---

[100] Wie dies im gegenwärtigen System bei einigen Konzernen ein kardinales Problem darstellt (vgl. hierzu Abschnitt 3.3.2).

die Gegner. Nun kommt zur Knochenarbeit im Winter noch die taktische Vorbereitung hinzu.
- Endlich ist der Wettkampf da. Man geht schnell in Führung und bleibt auch vorn, bis kurz vor dem Schluss, dann wird man von drei Läufern überholt. Man ist letztlich trotz guter Vorbereitung gescheitert.

Es gibt meist nur wenige, die das auf Dauer durchstehen, und noch weniger, die erfolgreich zum Ziel kommen. Entscheidend ist dabei weniger Talent als vielmehr eiserne Disziplin. Auch wenn das Leistungsergebnis individuell zugerechnet wird, so steht dahinter meist ein koordinativer Teamerfolg. Trainer, Manager, Physiotherapeuten, Ökotrophologen, in Einzelfällen sogar Funktionäre, arbeiten kontinuierlich zusammen, um das Ergebnis zu ermöglichen. Bei einem Team der Formel 1 kooperieren oft bis zu 500 Personen im Hintergrund.

So in etwa sind auch die Rahmenbedingungen für erfolgreiches Innovationsmanagement. Erfolgreiche Neuerungen sind immer mehr das Ergebnis kollektiver Anstrengungen, die es letztlich einem Individuum ermöglichen, seine Ideen zur Umsetzung zu bringen. Nach den Ausführungen zu den Pain Points in Abschnitt 3.5 soll es nun um die Frage gehen, wie eine Organisation mit dem multiplen Leidensdruck im Kontext der Innovationsaktivitäten umgehen kann. Grundsätzlich wird es nicht oder nur in Ausnahmefällen möglich sein, Innovationsprojekte durchgängig ohne stärkere emotionale Belastungen der involvierten Akteure zu realisieren. Allerdings gibt es durchaus ein Spektrum an Maßnahmen, die sicherstellen, dass aus diesen Konstellationen keine dysfunktionalen Handlungen auf der Projektebene entstehen.

Dabei wollen wir sukzessive auf folgende Akteursgruppen eingehen:
- Topmanager
- Leiter der zentralen Innovationsabteilungen
- Projektmanager
- Verantwortliche in den operativen Einheiten
- FuE-Kräfte
- Vertriebsmitarbeiter
- Produktionsleiter

Topmanager
Wie wir in Abschnitt 3.5 dargestellt haben, ist das Topmanagement in dem Bestreben, das betriebliche Innovationspotenzial zu fördern, sehr ambivalenten Herausforderungen ausgesetzt. In einigen Konzernen scheint dies dazu zu führen, dass vom Topmanagement zum Innovationsthema interne Signale gesetzt, neue Strukturen geschaffen und in der Außendarstellung häufiger auf bestehende Neuerungsvorhaben hingewiesen wird, während eine Intervention in das eigentliche betriebliche Innovationsgeschehen entweder gänzlich unterbleibt oder sich auf die Mitwirkung in Lenkungsausschüssen beschränkt. Damit wird die Innovationsverantwortung weitgehend nach unten delegiert. Eine Vorbildfunktion wird nicht oder nur sehr eingeschränkt wahrgenommen. Auf den nachgeordneten Hierarchieebenen hat dies recht unterschiedliche Folgen, die zulasten der Innovationsfähigkeit gehen können:

Auf der einen Seite wird die Zurückhaltung des Topmanagements begrüßt, auf der anderen Seite ein konkretes Engagement der Topmanager vermisst. Die einen fürchten dirigistische Interventionen von oben, die anderen würden sie benötigen, um ihre Ziele zu erreichen. Gegenwärtig führt diese Konstellation dazu, dass die Verantwortlichkeiten für strategische Innovationen auf der einen und inkrementelle Innovationen auf der anderen Seite in ihren Erwartungshaltungen immer mehr auseinanderdriften. Dies erschwert die Möglichkeit der *Cross Fertilization*, einmal zwischen den Innovationsarten und zum anderen zwischen den Ideen und Kompetenzen der verschiedenen Akteure. Dies wird umso mehr der Fall sein, je häufiger strategische Innovationsprojekte mit der Kommerzialisierungsphase in separate Start-ups verlagert werden.

Auf den zurückliegenden Seiten haben wir verschiedene Möglichkeiten aufgezeigt, wie dieser Desintegrationsprozess gestoppt und vielleicht sogar umgedreht werden kann, sodass rationalere Entscheidungsformen insbesondere im unmittelbaren Vorfeld der Kommerzialisierungsphase zu strategisch orientierten Innovationsprojekten zu erwarten sind. Es darf allerdings bezweifelt werden, dass damit quasi ein »Selbstheilungsmechanismus« entstehen wird. Bis die neuen Systeme greifen, wird es eine Übergangsphase geben, in der das Topmanagement in besonderem Maße gefordert ist. Dabei sollten die vier Kernfunktionen, die wir im Rahmen von Abschnitt 3.3 aufgezeigt haben, eine zentrale Bedeutung einnehmen. Das würde bedeuten, dass das Topmanagement sich stärker dafür verantwortlich fühlt,

1. neue Vorhaben zu inspirieren. Durch ihr breites Spektrum an hochrangigen Außenkontakten verfügt die Geschäftsleitung oft über differenziertere Einblicke in die Umfeldbedingungen des Gesamtunternehmens, in Reaktionsweisen von Wettbewerbern und in neue strategische Trends, die Ausgangspunkt von Innovationsprojekten sein können. Ein Vorhaben, an dessen Entwicklung das Topmanagement beteiligt war, wird grundsätzlich bessere Akzeptanzchancen in der Gesamtorganisation finden als eine Bottom-up-Initiative, auch wenn die Mehrzahl der Organisationsmitglieder eigentlich das Gegenteil wünschen dürfte.
2. Potenziale für Innovationsaktivitäten bereichsübergreifend zu bündeln. Damit würde es die bei einigen Konzernen traditionell vorhandene Steuerungslogik, die auf die Stimulierung des Wettbewerbs zwischen den verschiedenen Einheiten ausgerichtet war, zurückdrehen.
3. bestehende Initiativen stärker zu legitimieren. Diese sollen weniger als Bedrohung in Bezug auf Zusatzarbeit, denn als Chance zur Erfüllung der Vorgaben der Geschäftsleitung empfunden werden. Dies würde eine Intervention des Topmanagements in zwei sehr unterschiedlichen Gestaltungsbereichen bedeuten: einmal auf der Ebene der Formulierung genereller Leistungsziele und zum anderen bei der Genehmigung bzw. Durchsetzung konkreter Kommerzialisierungsoptionen bei bestehenden Innovationsvorhaben, die kurz vor der Marktreife stehen.
4. den Realisierungsprozess durch ein entsprechendes Monitoring zu steuern, sodass Vorhaben mit einer gewissen Dynamik in die Kommerzialisierungsphase überführt und dort nicht durch einzelne Akteure behindert werden.

Leiter der zentralen Innovationsabteilungen

Wie wir in Abschnitt 4.2 empfohlen haben, sollten die zentralen Innovationsabteilungen ihr Rollenverständnis erweitern. Anstatt sich weitgehend darauf zu beschränken, eigene Business Developments bis zur Marktreife voranzutreiben und diese anschließend an die dafür in Betracht kommenden operativen Bereiche weiterzureichen, sollten sie stärker darauf hinarbeiten, als Service Center für Business Development wahrgenommen zu werden. Dies würde bedeuten, dass sie nicht nur eigene Vorhaben anstoßen, sondern auch Prozesse in den Sparten flankieren und dort dazu beitragen, dass eine Positionierung in Handlungsfeld II erfolgt.

Die Interaktionsfrequenz mit den Sparten würde dadurch erhöht werden, was in Verbindung mit den erwähnten Unterstützungsleistungen dann auch ein gutes Fundament sein könnte, um die eigenen Projekte in die Verantwortlichkeiten der dezentralen Bereiche zu übertragen.

Projektmanager

Die Qualifikation des Projektmanagers spielt bei den Erfolgsbedingungen für Projekte entsprechend der vorliegenden Literatur eine überragende Rolle (vgl. Bohinc, 2012). Inzwischen gibt es auch umfassende Auflistungen zu Anforderungsmerkmalen für erfolgreiche Projektmanager (z. B. Patzak/Rattay, 2008). Das Spektrum ist so breit, dass es einige Zeitgenossen entmutigen dürfte, sich dieser Verantwortung zu stellen. Nicht nur deshalb wird es nur wenigen Firmen gelingen, genügend Projektmitarbeiter zu rekrutieren, deren Profil mit dem in der Literatur kommunizierten Idealbild korrespondiert.

Ähnlich wie beim Leistungssport gehen bei Innovationen Erfolge nicht allein auf individuelle Leistungen zurück. Hier spielt der Teamaspekt eine noch gewichtigere Rolle. Bei Neuerungsvorhaben sind in der Regel höchst unterschiedliche Akteure (teilweise auch nur als externe Kooperationspartner) über die verschiedenen Wertschöpfungsstufen hinweg involviert. Sie müssen für den Prozess integriert werden, daher kommt es bei einem Innovationsmanager in der Regel mehr auf Aspekte der Sozialkompetenz als auf die fachliche Qualifikation an. Mit der zunehmenden Komplexität der Neuerungsvorhaben wird diese Kompetenz in Zukunft an Bedeutung eher noch zunehmen.

Überdies muss das Kompetenzprofil ausreichen, um folgende Aufgaben bei Innovationsprojekten mit einer gewissen Professionalität ausführen zu können:

- Jedes neue Projekt wird möglichst früh vom Ende her betrachtet. Im Vordergrund steht dabei die Frage, welcher Nutzen — gleichermaßen als Voraussetzung wie Folge — in der Kommerzialisierung erreicht werden könnte.
- Das bedeutet allerdings nicht, dass mit dem Projekt in einer linearen Struktur stur auf dieses Nutzenziel hingearbeitet wird. Im Prozess werden in der Regel viele Erkenntnisse gewonnen, die das ursprüngliche Zwecksystem in Frage stellen und/oder neue Nutzenkategorien möglich erscheinen lassen. Vielmehr orientiert sich das Vorhaben an den Prinzipen des agilen Projektmanagements (vgl. Abschnitt 2.4), bei dem zentrale Bestandteile der Projekte (Scope, Design, Ziel etc.) am Ende jeder Etappe neu hinterfragt werden.

- Ein Projektmanager hat dabei kontinuierlich zwischen zwei diametral gegenüberstehenden Anforderungen zu balancieren: Stabilität versus Flexibilität. Es wird dabei sichergestellt, dass Modifikationen im Zielsystem nur zu vorher fixierten Zeitpunkten im Projekt möglich sind und dann offensiv kommuniziert und erforderlichenfalls auch vom Lenkungsausschuss autorisiert werden.
- Bereits mit der Scoping-Phase werden Maßnahmen zur sukzessiven Prüfung der Zielgruppenakzeptanz eingeleitet. Auch wenn die weitere Kundeneinbindung nicht permanent, sondern nur punktuell sein sollte (vgl. Homberg et al., 1991), wird für jedes Projekt ein Methodenspektrum definiert, über das die potenzielle Kundenakzeptanz und die zentralen Bedingungen und Chancen für die generelle Marktdiffusion kontinuierlich hinterfragt werden.

Verantwortliche in den operativen Einheiten
Zur Penetration von Handlungsfeld II etablieren die Sparten ein Netzwerk an zielgruppenorientierten Innovationspartnerschaften. Entsprechend den Ausführungen in Abschnitt 3.5 geht es dabei um ein besseres Verständnis der Pain Points und einen möglichen Zusatznutzen auf den nachgelagerten Wertschöpfungsstufen, die sich außerhalb des Unternehmens befinden. Voraussetzung hierfür ist, dass dafür ein Innovationsteam zur Verfügung steht, das vom Tagesgeschäft zumindest partiell entbunden ist. Wie wir bereits aufgezeigt haben, kann es sich hierbei um eine Kooperationsverbindung mit der zentralen Stelle für Innovation bzw. Business Development handeln.

Die Interaktionsfrequenz mit den zentralen Einheiten würde dadurch erhöht werden, was gleichzeitig die atmosphärischen Rahmenbedingungen für den Transfer von deren Projekten in die Sparte verbessern kann.

FuE-Experten
Die bisher vorliegenden Erkenntnisse lassen darauf schließen, dass die gegenwärtig hohe Sensibilität für Open Innovation nicht dazu führen wird, das FuE-Personal in den Konzernen substanziell zu reduzieren. Eher ist mit einem Rollenwechsel zu rechnen, der zum Teil schon in Gang gekommen ist. Die Kompetenz der eigenen FuE-Fachkräfte wird weiter gefordert sein, und zwar auf folgenden Ebenen:
- Sie können den Aufbau von Kontakten zu externen FuE-Einrichtungen erleichtern. Die konzerneigenen FuE-Mitarbeiter verfügen meist schon über ein Netzwerk zu potenziellen Partnern aus dem wissenschaftlich-technischen Bereich, können deren Leistungspotenzial abschätzen und damit auch beurteilen, ob und gegebenenfalls für welche Themengebiete eine Kooperation sinnvoll erscheint.
- In Deutschland herrscht in vielen Forschungseinrichtungen eine Organisationskultur, die von den Industriekonzernen insgesamt ziemlich stark abweicht. Das firmeneigene FuE-Personal kann hier eine wichtige Brückenfunktion im Kommunikationsprozess generell und insbesondere bei der Durchführung konkreter Projekte einnehmen.
- Nur selten lassen sich wissenschaftlich-technische Outputs von externen Partnern für ein Unternehmen produktionstechnisch direkt umsetzen. Auch hier kann den internen FuE-Mitarbeitern eine wichtige Rolle zukommen.

- Wenn sich ein Unternehmen auf das Terrain des strategischen Innovationsmanagements begibt, wird es mit der Frage konfrontiert, inwieweit man technisch dazu in der Lage sein wird, sich gegenüber den in Zukunft aufkommenden Chancen mit Neuerungen zu positionieren. Dabei wird es hilfreich sein, wenn man auf den Rat von wissenschaftlich qualifizierten Fachkräften zurückgreifen kann, welche die technischen Grenzen und Möglichkeiten des eigenen Konzerns gut einzuschätzen wissen.
- Den FuE-Mitarbeitern kann in diesem Zusammenhang auch eine wichtige Bindegliedfunktion zwischen den zentralen Einheiten des Business Development und den operativen Stellen auf Spartenebene zukommen. Sie können dabei helfen, die Schnittstellen in diesem Two-Tier-System (vgl. Kapitel 3.1) zu besetzen.
- Letztlich kann die Kompetenz der eigenen FuE-Kräfte dazu beitragen, dass ein Konzern sich erfolgreich in Handlungsfeld II positioniert.

Open Innovation erscheint im Moment wie eine Modewelle. Dies führt dazu, dass einzelne Manager viel Zeit in den Aufbau und die Pflege von Außenkontakten investieren, wobei vor allem der Anteil der forschungsorientierten Einrichtungen stark zunimmt. Es wird hier sicher eines Tages wieder zu einem Wendepunkt kommen, wenn die Effizienzfrage zu den damit verbundenen Aktivitäten (insbesondere etwa im Hinblick auf den Besuch von Konferenzen, Workshops etc.) stärker ins Blickfeld rückt. Auch deshalb sollte der gegenwärtige Hype zum Thema Open Innovation nicht zum einschneidenden Abbau eigener FuE-Kapazitäten führen.

Für konzerninterne FuE-Kräfte wird es jedoch zunehmend schwieriger werden, sich im Unternehmen zu behaupten, wenn sie sich stark zu spezialisieren versuchen. Die aktuellen Tendenzen führen ganz klar zum Anforderungsprofil eines Generalisten, der auch dazu in der Lage ist, Nutzenkategorien des Zielgruppensystems unter ökonomischen Gesichtspunkten zu reflektieren. Das Management wird darauf hinzuwirken haben, dass dieses Anpassungserfordernis konsequent berücksichtigt wird, sodass die eigenen FuE-Mitarbeiter Prozesse des Open Innovation künftig nicht mehr blockieren (vgl. Abschnitt 3.5), da sie vielleicht um ihre eigene Existenz fürchten, sondern eher fördern, um sich so neu in der Gesamtorganisation zu legitimieren.

Vertriebsmitarbeiter
Während bei den FuE-Kräften der Rollenwandel in Bezug auf die Herausforderungen im Innovationsmanagement bereits auf dem Weg zu sein scheint, ist entsprechend den Erkenntnissen aus unseren Interviews auf der Ebene der Vertriebskräfte eher noch starker Nachholbedarf zu konstatieren. Wenn die Vertriebskräfte wirklich die Bremser-Rolle einnehmen, die uns gegenüber kommuniziert wurde, dann werden hier massive Eingriffe seitens des Führungssystems erforderlich sein. Wir haben bereits darauf hingewiesen, dass im KPI-Bereich ein wichtiger Hebel liegen wird.

Die Unternehmen werden in Zukunft verstärkt strategisch orientierte Vertriebskräfte benötigen. Diese Aufgabenbezeichnung mag für manchen Innovationsmanager schon von der semantischen Konstruktion her in sich widersprüchlich erscheinen. Sind die Bedingungen wirklich so extrem, wie es aus unseren Interviews hervorgeht, dann

werden die Firmen eine neue Generation der Sales Force benötigen, die an folgenden Attributen ausgerichtet ist:
- Partner im Bereich der Akzeptanzforschung: Sie beraten den Innovationsmanager in der Frage der Zielgruppensegmentierung und führen einzelne Marktforschungsschritte selbst aus.
- Akquisiteur statt Verkäufer: Sie konzentrieren sich mehr auf das, was der Kunde benötigt, und weniger auf das, was er von ihnen fordert oder sie ihm verkaufen wollen.
- »Hunter« statt »Farmer«: Die Neukundenakquisition findet mindestens die gleiche Priorität wie das Key-Account-Management gegenüber fest etablierten Kundengruppen.

Ziel ist es dabei, die Vertriebsmannschaft in die zentrale Verantwortung der Kommerzialisierungsphase zu bringen. Im Prinzip galt diese Aufgabenzuweisung schon immer. Es müssen allerdings grundlegend andere Voraussetzungen für die Interpretation dieser Rolle geschaffen werden. Vertriebsmitarbeiter sollten daher recht früh in die strategischen Projekte involviert werden. Selbst wenn sie dort den Part des *Advocatus Diaboli* spielen sollten, wird diese Einbindung eine neue Schnittstellenqualität im Phasensystem des Innovationsprozesses ermöglichen.

Produktionsleiter
Die Produktionsleiter sind zu den zentralen Protagonisten des effizienzorientierten Wertschöpfungsprozesses geworden, wie er von vielen Firmen mindestens zwei Dekaden lang kultiviert wurde. Im Prinzip ist das Spektrum ihrer Möglichkeiten, Innovationen scheitern zu lassen (mit welchen Mitteln auch immer), mindestens genauso groß wie das der Vertriebskräfte. Allerdings geht aus unseren Interviews nicht hervor, dass sie diesen Spielraum auch ähnlich obstruktiv ausnutzen. Man kann darüber spekulieren, warum dies der Fall ist und ob die grundsätzliche Technikaffinität von ingenieurwissenschaftlich qualifiziertem Personal, wie es in der Produktionssteuerung sehr häufig zum Einsatz kommt, hier eine entscheidende Rolle spielt.

Grundsätzlich würde es die Innovationsaktivität in strategischen Feldern erleichtern, wenn die Produktionsleitung für folgende Aktivitäten gewonnen werden könnte:
- Simultaneous Engineering: Schon in frühen Phasen der technischen Entwicklung werden Prüfungen zur Feststellung der produktionstechnischen Umsetzbarkeit von technischen Neuerungen vorgenommen (vor allem bei Handlungsfeld III).
- Operative Beratung: Diese Akteure werden überdies zu einzelnen Lenkungsausschüssen eingeladen, um diese in Fragen der technischen Umsetzbarkeit beraten zu können.
- Customer Support: Vertreter der Produktionsleitung werden in Aktivitäten von Handlungsfeld II einbezogen, gehen mit zum Kunden und erörtern, inwieweit das produktionstechnische Know-how der eigenen Firma dort neue innovative Akzente in den finalen Wertschöpfungsphasen setzen könnte.

Auf diesen Wegen wird sichergestellt sein, dass die Produktionsleitung frühzeitig auf technische Neuerungen vorbereitet wird, diese dann schneller umsetzen kann und somit dazu beiträgt, dass der zeitliche Abstand zwischen den frühen Phasen der Akzeptanzforschung und dem Markteintritt nicht zu groß wird.

Fazit

Das Bestreben für ein Unternehmen, einen höheren Anteil an kommerziell erfolgreichen Innovationen zu realisieren, wird daher Aufgabenerweiterungen für alle involvierten Akteursgruppen erfordern. Trotz der daraus resultierenden Zusatzbelastung ist damit zu rechnen, dass auf diesem Weg viele der in Abschnitt 3.5 erwähnten Probleme beseitigt oder in ihrer Bedeutung zumindest abgemindert werden. Dadurch werden neue Energien freigesetzt, die sich auf die Qualität, Effizienz und Effektivität des Innovationsprozesses positiv auswirken und dabei insbesondere auf die kritische Phase der Kommerzialisierung ausstrahlen. Teilweise sind die Änderungen schon im Gang, teilweise müssen sie erst noch in Angriff genommen werden. Der Nachholbedarf erscheint umso größer, je näher das Innovationsvorhaben an die Kommerzialisierungsphase rückt. Im sogenannten »Innovation Funnel« führen hier schon kleine Störfaktoren zu großen Verstopfungen, die den gesamten vorausgehenden Prozess zum Scheitern bringen.

Zusammenfassend sind für die einzelnen Akteursgruppen folgende Änderungserfordernisse zu erwarten:
- Topmanagement: im Prinzip keine zusätzlichen Aufgaben, aber mehr Konsequenz bei der Ausübung der bestehenden Rollen
- zentrale Innovationsabteilungen: Verstärkung des Servicecharakters gegenüber den dezentralen Einheiten
- Sparten: Intervention in einem intermediären Feld zwischen inkrementellen Neuerungen und strategisch geprägten Innovationsvorhaben mit Langzeitcharakter
- FuE-Kräfte: Koordination bei Open-Innovation-Aktivitäten und der Umsetzung von deren Outputs in der Produktion
- Vertriebsmitarbeiter: mehr Akquisition und Beratung statt Verkauf und Pflege bestehender Accounts
- Produktionsleiter: Beratung bestehender Innovationsvorhaben und Aufbau von Fazilitäten für Simultaneous Engineering.

In dieser Enumeration sind die Leiter der Innovationsprojekte und damit die wohl wichtigste Akteursgruppe nicht erwähnt. Ihnen wird die Aufgabe zukommen, mit ihren Vorhaben die genannten Prinzipien in praktische Innovationsarbeit umzusetzen. Sie nehmen damit auch bei der Umstellung des betrieblichen Innovationsmanagements eine Schlüsselrolle ein. Funktionieren wird dies allerdings nur, wenn das Topmanagement seinen Interventionsspielraum zur Flankierung dieser Akteure stärker ausnutzt, als dies in vielen Konzernen bisher der Fall zu sein scheint.

Immer häufiger setzen Firmen bei Innovationsprojekten auf die Unterstützung externer Berater. Insbesondere der Prozess zur Suche nach technologischen Innovationsfeldern und zur Bewertung erster Handlungsansätze erfolgt zunehmend in Zusammenarbeit mit Spezialisten in diesen Bereichen. Nambisan/Sawhney (2007, S. 111) sehen hier vor allem vier Akteurstypen: Ideen-Scouts, Patent-Broker, Lizenz-Agenten und »Invention Specialists«, die Patente aufkaufen, mitunter bündeln und dann an

Firmen weiterveräußern. Auf derartige Kooperationsmöglichkeiten werden wir in den folgenden beiden Abschnitten noch näher eingehen.

4.2 Scouting neuer Märkte und Geschäftsfelder

4.2.1 Herausforderungen des Markt- und Geschäftsfeld-Scouting

Bei der Identifikation neuer Märkte und Geschäftsfelder sind die maßgeblichen Akteure des Innovationsmanagements innerhalb ihrer Unternehmen meist mit außerordentlich hohen Erwartungen konfrontiert. Davon betroffen sind zunächst einmal die Bestrebungen des FuE-Bereichs, eigene technische Entwicklungen erfolgreich sowie nach außen und innen sichtbar zur Marktreife zu entwickeln. Dies kann die Anpassung bereits erfolgreich kommerzialisierter Technologien an die Anforderungen neuer Märkte (z. B. im Falle eines »cross-industry transfers«) sein oder die Entwicklung völlig neuer Technologien, was eine deutlich höhere interne Komplexität bedeutet. Daneben sind es aber auch andere Instanzen und Abteilungen, die das Scouten neuer Märkte und Geschäftsfelder initiieren — oftmals durch oder in enger Abstimmung mit der FuE-Abteilung. Dies kann aus unterschiedlichen Motivationen heraus erfolgen:

- Das Topmanagement und/oder das Controlling formulieren in regelmäßigen Abständen quantitative Ziele, welcher **Umsatz- oder auch Ergebnisbeitrag aus den eigenen Innovationsaktivitäten** zu entwickeln ist, als einen Weg, um die Lücke zwischen erwartetem Geschäftsverlauf und strategischen Zielgrößen zu schließen. In der Praxis ist zu beobachten, dass diese Vorgaben nicht selten wenig realistisch sind, was Höhe und Zeitrahmen angeht, und zumindest über organisches Innovationsmanagement — ohne wesentliche Zukäufe — nicht erreichbar sind. Auf jeden Fall lösen sie in der Regel eine intensivere Beschäftigung mit der Identifizierung neuer Märkte und Geschäftsfelder aus.
- Oftmals steht auch die Frage im Vordergrund, welchen **Beitrag das Unternehmen zu einem bestimmten Megatrend** (sauberes Wasser, Mega Cities, erneuerbare Energien etc.) leisten könnte. Ausgangspunkt sind dabei meist Anregungen von Strategieabteilungen oder -beratern, die vom Topmanagement aufgegriffen werden.
- Weitere Anstöße entstehen aus Initiativen zur **Überprüfung und Priorisierung des Innovationsportfolios** (aus Markt- und Kundensicht). Auslöser sind dabei häufig ein personeller Wechsel in FuE-Leitungspositionen, erhöhter Kostendruck im Gesamtunternehmen oder der regelmäßige Wunsch der operativen Business Units, dass aus den von ihnen querfinanzierten Innovationsaktivitäten auch konkrete Umsatzpotenziale entstehen.

Es gibt also eine Vielzahl von Motivationen, interne Innovationsaktivitäten voranzutreiben und zu einem nach außen und intern sichtbaren Markterfolg zu führen. Interessanterweise ist dabei nicht der Mangel an Innovationsideen der eigentliche Engpass. Viele Technologieunternehmen haben mittlerweile überaus zahlreiche Initiativen gestartet, ihre Mitarbeiter oder auch externe Institute einzubinden und die Ideenfindung zu incentivieren. Die so generierten Ansätze sind allerdings oftmals entweder technologieorientiert (»Technology Push«) oder an kurzfristigen Kundenproblemen ausgerichtet.

Zielführender ist dagegen eher die Identifikation längerfristiger Markt- und Kundenbedarfe sowie die Bewertung/Priorisierung der eigenen Ideen und Technologien dahingehend, welchen Beitrag sie in diesem Rahmen leisten können. Dazu müssen sie zunächst in einer aussagekräftigen Form vergleichbar gemacht werden. Darüber hinaus besteht die Herausforderung darin, die priorisierten Ideen und Technologien dann auch tatsächlich mit Blick auf die Marktbedarfe hin zu entwickeln bzw. umzusetzen. Dies sind nach Erfahrung und Überzeugung der Autoren dieses Buches wesentliche (wenn auch nicht die einzigen) Voraussetzungen für ein erfolgreiches Output-orientiertes Innovationsmanagement.

Für viele Technologieunternehmen, die weit am Anfang der Wertschöpfungskette positioniert sind (z. B. Chemieunternehmen) und somit typischerweise nicht in direktem Kontakt (Austausch auf Augenhöhe) mit den tatsächlich treibenden Kräften downstream der Value Chain stehen, z. B. den Weltkonzernen der Unterhaltungselektronik oder den OEMs der Automobilindustrie, gilt dies in besonderem Maße.

Der hier zu leistende Suchprozess lässt sich nach zwei Kategorien differenzieren: dem Application Scouting und dem Business Scouting. Diese wollen wir im Folgenden kurz darstellen und auf die typischen Fragestellungen eingehen, die für ein erfolgreiches Innovationsmanagement zu beantworten sind.

Das **Application Scouting** hat die breite Suche nach neuen Geschäftsfeldern für ein Unternehmen zum Gegenstand. Dabei liegt das Augenmerk auf der Identifikation und Bewertung von längerfristigen Trends und Marktbedarfen, die mit den Kernkompetenzen des Unternehmens adressiert werden können.

> KERNFRAGEN
>
> **Kernfragen des Application Scouting**
> - **Trends, die ein langfristig attraktives kommerzielles Potenzial für das Unternehmen versprechen:**
>   Welche wichtigen Megatrends, Markttrends, soziale Trends und technologische Trends gibt es?
> - **Brückenkopf-Technologien:**
>   Welche vorhandenen Technologien haben ein hohes Wachstumspotenzial, z. B. durch Übertragung auf neue Märkte?
> - **Plattformtechnologien:**
>   Was sind wertorientierte Technologieplattformen, mit denen neue Märkte erschlossen werden können?
> - **Innovationspipeline und -portfolio:**
>   Sind die FuE-Aktivitäten und -Ressourcen auf die richtigen Themen fokussiert?

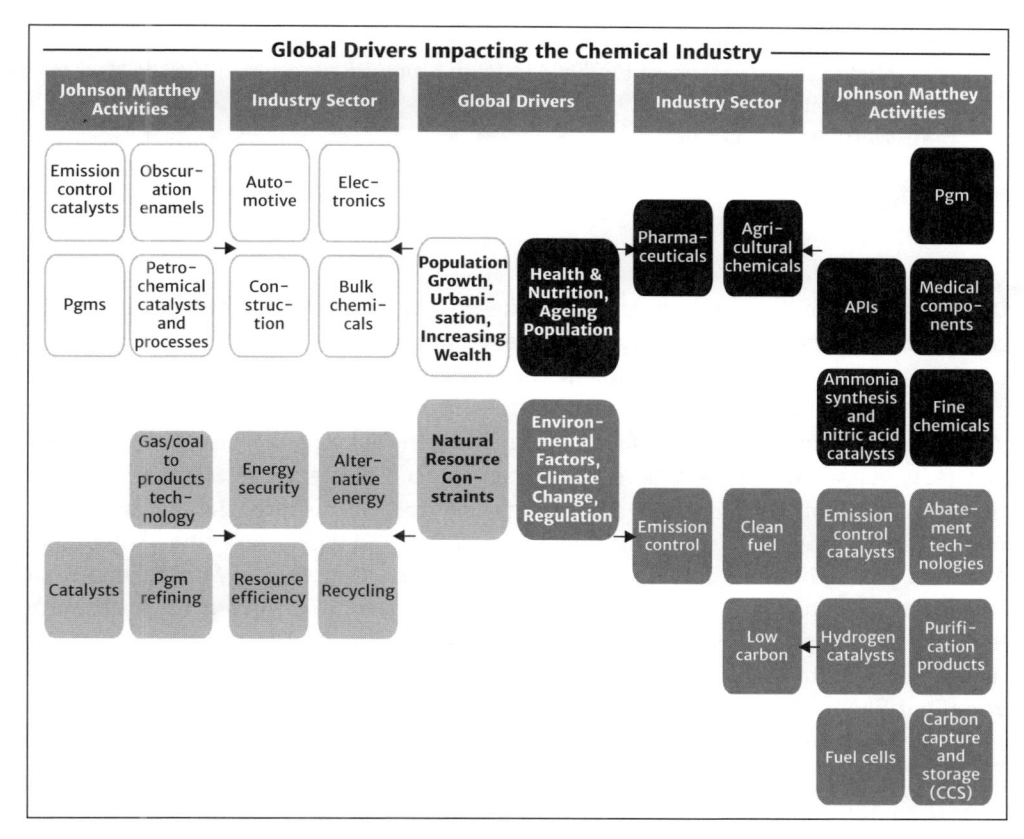

Abb. 35: Exemplarische Zuordnung von Unternehmensaktivitäten zu Trendfeldern (am Beispiel von Johnson Matthey)

Beim **Business Scouting** ist dagegen der Ausgangspunkt eine ganz bestimmte Innovationsidee, Technologie oder Kompetenz eines Unternehmens. Für diesen konkreten Ansatzpunkt werden die attraktivsten Anwendungsfelder gesucht.

> **KERNFRAGEN**
>
> **Kernfragen des Business Scouting**
> - **Attraktive Märkte:**
>   Welche Märkte haben ein hohes kommerzielles Potenzial für die Innovationen und Kernkompetenzen des Unternehmens?
> - **Wertschöpfungskette:**
>   Wie sehen die Wertschöpfungskette und die Marktstrukturen aus und wer sind die relevanten Player?
> - **Anforderungen:**
>   Wer sind potenzielle Interessenten und Kunden für die Innovation und was sind deren technische und kommerzielle Anforderungen?

- **Branchendynamik:**
  Mit welchen Zeiträumen für die Markteinführung ist zu rechnen? Welche Markteintrittsbarrieren gibt es?
- **Wettbewerbsumfeld:**
  Was sind relevante (direkte und indirekte) Technologien und wer sind die wichtigsten Wettbewerber aus Kundensicht?

Die beschriebenen Fragestellungen des Markt- und Geschäftsfeld-Scouting (als Application oder Business Scouting) stellen dabei eine besondere Herausforderung für die involvierten Abteilungen und Mitarbeiter dar: Es handelt sich immer um offene Fragestellungen, die eine explorative (und dabei gleichzeitig systematische) Vorgehensweise verlangen. Hier kommt es nicht selten zu einer hohen Diskrepanz zwischen Erwartungen (z. B. Auswirkungen auf Umsatz, Ertrag, interne und externe Sichtbarkeit oder Image) und dem vorhandenen Erfahrungs- und Kenntnispotenzial zu wichtigen methodischen Fragestellungen. Nicht zu unterschätzen ist dabei, dass eine ausgeprägte ökonomische Sichtweise notwendig ist, um Märkte zu scouten und Marktchancen zu bewerten. Sie muss sich an dem potenziell zu generierenden Nutzen für bestimmte Bedarfsgruppen orientieren, wobei eine gewisse emotionale Distanz zur unternehmenseigenen Erfindung (vor allem bei technisch orientierten Projektleitern) fast immer vorteilhaft ist.

So unterschiedlich Application Scouting und Business Scouting in ihrem Ausgangspunkt auch sind, so können sie doch mit einer grundlegend ähnlichen, **systematischen und effizienten Vorgehensweise bearbeitet werden, die geeignet ist, die zentralen Fragestellungen zu beantworten und die gewünschte Sicherheit in der Entscheidungsfindung aufzubauen**. Diese systematische Vorgehensweise wollen wir auf den nächsten Seiten näher ausführen.

4.2.2 Suchprofil und Fähigkeitsprofil

Zu Beginn des Scouting steht zunächst die Festlegung des Suchprofils sowie die Erarbeitung eines Fähigkeitsprofils (»*Capability Profile*«) im Vordergrund. Im **Suchprofil** werden die Kriterien und deren Werte festgelegt, die das gesuchte Geschäftsfeld erfüllen soll. Das sind in der Regel Mindestwerte sowie Idealwerte. So einleuchtend es auch klingt, dass vor einer Suche die Eigenschaft des Ziels beschrieben werden muss, so muss doch in der Praxis immer wieder festgestellt werden, dass im Vorfeld des Scouting-Prozesses keine klare Vorstellung oder kein Konsens hierzu erzielt wurde. Leitfrage sollte sein »Wie sieht für uns ein attraktives Geschäftsfeld aus?«

Typisches Suchprofil
- **Umsatz**
  Z. B.: »Umsatzpotenzial im eingeschwungenen Zustand bei realistischem Marktanteil von 50 Millionen Euro p. a.«
- **Time-to-Market**
  Z. B.: »Die erste Million Umsatz soll kumuliert nach drei Jahren erreicht sein«
- **Segmentwachstum**
  Z. B.: »Das zugrundeliegende Marktsegment soll weit überdurchschnittlich mit mindestens 7 % p. a. wachsen«
- **Erreichbarer Marktanteil/Marktposition**
  Z. B.: »Nur solche Geschäftsfelder, in denen wir Nummer 1, 2 oder 3 sein können«
- **Payback-Zeiten**
  Z. B.: »Payback unserer Entwicklungskosten nach spätestens vier Jahren«
- **Marge**
  Z. B.: »Mindestens durchschnittliche Marge unseres Kerngeschäfts«
- **Innovationshöhe, Entwicklungsaufwand**
  Z. B.: »Möglichst niedriger Entwicklungsaufwand«
- **Region**
  Z. B.: »Wir schließen weltweit keine Region aus«
- **Einfluss auf Kerngeschäft und No-Go-Bereiche**
  Z. B.: »Kein negativer Einfluss auf unser heutiges Kerngeschäft und nichts im Bereich Militär oder invasive Medizin«
- **Etc.**

Das Suchprofil ist selbstverständlich unternehmensspezifisch und situationsspezifisch höchst individuell. Es dient als wichtiger Link zwischen den strategischen Unternehmenszielen und dem eigentlichen Innovationsprojekt/Projektteam und hat dabei eine entscheidende Bedeutung im Hinblick auf eine Output-orientierte Vorgehensweise. Um einen durchgängig konsistenten Scouting-Prozess aufzusetzen, sind die Ergebnisse der Geschäftsfeldsuche und -analyse anhand des vorher festgelegten Suchprofils zu bewerten und zu priorisieren. Zielführend ist es, das Profil möglichst kurz, pragmatisch und prägnant zu formulieren, sodass es den Scouting-Prozess wirklich unterstützen kann. So ist z. B. das oben formulierte Ziel zum Entwicklungsaufwand zwar nachvollziehbar und erstrebenswert, aber meist schwer operationalisierbar. Zudem gibt es eine Überschneidung mit der Payback-Zeit. Häufig ist das Umsatzpotenzial ein wichtiges Zielkriterium. Hierzu zwei Beobachtungen aus der Unternehmenspraxis:
- Zum einen wird häufig unterschätzt, dass ein bestimmter »Neuheitsgrad« eines zusätzlichen Geschäftsfelds auch eine bestimmte Komplexität und damit organisatorischen Aufwand mit sich bringt. Dieser erfordert oftmals wiederum eine bestimmte Mindestgröße des Geschäfts, um eine zumindest zufriedenstellende Rentabilität zu ermöglichen und auch formell innerhalb der Unternehmensorganisation abgebildet werden zu können.
- Zum anderen wird sehr oft die Time-to-Market unterschätzt. Neben den eigenen Entwicklungszeiten sind auch die branchentypischen Innovationszyklen sowie die

Projektvorlaufzeiten auf Kundenseite inklusive Prüf-, Zulassungs- und Zertifizierungszeiten zu berücksichtigen. Diese sind branchenspezifisch äußerst unterschiedlich und im frühen Innovationsstadium oft nicht bekannt. Im Ergebnis führt dies zum Teil dazu, dass attraktive Geschäftsfelder identifiziert werden können, die alle Suchkriterien erfüllen, allerdings eine (etwas) längere Vorlaufzeit benötigen.

Da es beim Geschäftsfeld-Scouting immer darum geht, die Fähigkeiten des Unternehmens oder einer bestimmten Entwicklung/Technologie in einem neuen Gebiet anzuwenden und zu kommerzialisieren, müssen neben dem Suchprofil auch der Ausgangspunkt der Suche sowie erste Hypothesen zur Suchrichtung bestimmt werden. Dies geschieht mithilfe des **Fähigkeitsprofils**. Beim Application Scouting bezieht sich das Fähigkeitsprofil auf das Unternehmen oder auch Unternehmensbereiche, beim Business Scouting auf bestimmte Entwicklungs- oder Technologie-Kompetenzen.

Kernbereiche	Leitfragen
Unternehmens-DNA • Roots und Key Values • DNA Core	Was macht uns aus? Wozu muss eine neue Aktivität passen?
Kernfähigkeiten des Unternehmens • Capability Feld 1 • Capability Feld 2 • etc.	Womit sind wir einzigartig? Was differenziert uns? Wie schaffen wir Mehrwert bei Kunden? → Was sollte die Basis für den Transfer zu neuen Geschäftsfeldern sein?
Wichtige Charakteristika heutiger erfolgreicher Anwendungen	Was könnte als Indikation für die Identifizierung neuer Anwendungsmärkte dienen?

Tab. 8: Fähigkeitsprofil des Application Scouting

Wichtig ist einerseits, auch wirklich die gesamte Unternehmensbreite abzudecken, so können z. B. Markenstärke und Image, Kundenzugang, Erfahrung im internationalen Service etc. entscheidende Unternehmensfähigkeiten sein. Andererseits ist darauf zu achten, sich auf die wirklichen Kernpunkte zu beschränken. Oft ist hier der Fehler zu beobachten, eine sehr lange Liste von Eigenschaften festzulegen, welche die heutigen Produkte im Markt erfüllen müssen. Die tatsächlich wettbewerbsdifferenzierenden und damit erfolgskritischen Merkmale sind dagegen in der Regel nur ein Bruchteil davon.

Kernbereiche	Leitfragen
Kernfähigkeiten der Entwicklung/Technologie • Capability Feld 1 • Capability Feld 2 • etc.	Was ist differenzierend im Vergleich zu bisherigen Lösungen und konkurrierenden direkten und indirekten Wettbewerbstechnologien? Welchen Nutzen können wir bieten? Wie schaffen wir besonderen Mehrwert bei Kunden? → Was sollte die Basis für den Transfer zu neuen Anwendungsmärkten sein?

Tab. 9: Fähigkeitsprofil des Business Scouting

Die Erstellung der Fähigkeitsprofile stellt Unternehmen in der Praxis häufig vor Probleme. Letztlich geht es um eine Übersetzung von Vorteilen in einen Nutzen für einen Anwendungsbereich, der zu diesem Zeitpunkt noch gar nicht identifiziert ist, dessen Strukturmerkmale und Anforderungen somit noch unbekannt sind. Zudem ist eine Abstraktionsleistung gefragt: von der Innensicht hin zu einer Außensicht. Es hat sich deshalb bewährt, einen pragmatischen Ansatz zu verfolgen und, wenn möglich, eine erfahrene externe Fachkraft als Moderator und Prozessverantwortlichen einzusetzen. Interne Workshops und — je nach Status der Vorarbeiten — Interviews mit dem Vertrieb und der Anwendungsentwicklung sowie ausgewählten Kunden sind oft hilfreiche Wege, pragmatisch zu belastbaren Ergebnissen zu gelangen.

4.2.3 Identifikation von Chancenfeldern durch Outside-in

Die Identifikation und Bewertung neuer Geschäftsfelder im Rahmen des Application Scouting oder Business Scouting setzt die Beantwortung zahlreicher Fragen voraus, die wir bereits erwähnt haben. Die offene Art der Fragestellung — es geht, bildlich gesprochen, darum neues Terrain zu erkunden — erfordert eine explorative Methodik: Fragen stellen, zuhören, verstehen, diskutieren und sich orientieren. Die Suchrichtung passt sich iterativ an den Erkenntnisfortschritt an. Um noch einmal das Bild des neuen Terrains zu bemühen: Scouts haben sich schon immer, mit viel methodischer Erfahrung ausgestattet, an der Natur/Außenwelt und den Ratschlägen der »alten Indianer« orientiert, um letztlich die ideale Stelle für die neue Siedlung und den geeigneten Pfad dorthin zu finden.

Entscheidend ist also, schon frühzeitig im Innovationsprozess und dann fortlaufend systematisch die Außensicht, die Markt- und Kundensicht, einzubeziehen. Dies stellt sicher, dass man im Sinne eines Output-orientierten Innovationsmanagements das eigentliche Ziel, die erfolgreiche Kommerzialisierung, die Deckung von Kundenbedarfen nicht aus den Augen verliert, mehr noch: dass dieses Ziel als Leitlinie dient.

Dazu ist es erforderlich, über einen geeigneten **Outside-in-Ansatz** die Wertschöpfungskette zu verstehen, zu erkennen, welche Gruppen von Unternehmen oder Organisationen die eigentlichen Treiber sind, und deren Pain Points und Unmet Needs zu identifizieren. Und schließlich die Königsfrage: Welchen Beitrag kann die eigene Fähigkeit, die eigene Technologie zur Deckung dieser Bedarfe beitragen, was sind Kernanforderungen kommerzieller und technologischer Art?

In Tabelle 10 haben wir die wichtigsten Outside-in-Methoden mit ihren Vor- und Nachteilen für die skizzierte Aufgabenstellung dargestellt:

Methodik	Vorteile	Nachteile
Expertengespräche	• individuelle, offene Fragestellungen • exploratives, iteratives Scouting möglich • große Anzahl von Experten • intrinsische Motivation der Gesprächspartner (Thema, Chancen) • Gesprächspartner können potenzielle spätere Kunden, Technologie oder Vermarktungspartner	• höherer Aufwand
Expertenmiete	• begrenzter Aufwand • individuelle, offene Fragestellungen	• begrenzte Anzahl von Experten • extrinsische Motivation der Gesprächspartner (Bezahlung)
Online-Befragung	• schnell, begrenzter Aufwand • individuelle Fragestellungen	• begrenzte Verfügbarkeit von geeigneten Adressen • nur geschlossene Fragen • kein exploratives Scouting möglich
Multi-client-Studien	• schnell, soweit verfügbar • niedriger Aufwand	• vorgegebene Inhalte • nicht spezifisch genug für Entscheidungsfindung • Quellen oft nicht klar • kein exploratives Scouting möglich

Tab. 10: Outside-in-Methoden

In der Praxis haben sich vor allem **Expertengespräche** als geeignete Methodik bewiesen. Darunter verstehen wir Telefoninterviews oder Face-to-Face-Gespräche auf Basis eines Interviewleitfadens mit offenen Fragen. Diese Gespräche dauern zwischen 30 und 60 Minuten (Telefon) und werden »unblinded« durchgeführt, d. h. der Name des Unternehmens wird genannt. Entscheidend ist es, eine Win-win-Situation zu schaffen, die Experten also einzubinden, intrinsisch zu motivieren und ein Gespräch auf »Augenhöhe« zu führen. Diese Art von Gesprächen ist eine gute Basis für einen explorativen Weg im oben beschriebenen Sinne. Gleichzeitig haben die Aussagen der Experten eine maximale Relevanz für die Aufgabenstellung: Die Befragten sind individuell ausgewählt und können im Idealfall sogar spätere Kunden, Technologie- oder Vermarktungspartner sein. Wer eignet sich als Interviewpartner? FuE-Leiter und Business-Development-Leiter potenzieller Kunden und deren Kunden, sowie anderer maßgeblicher Player der Wertschöpfungskette sind die wichtigsten Ansprechpartner.

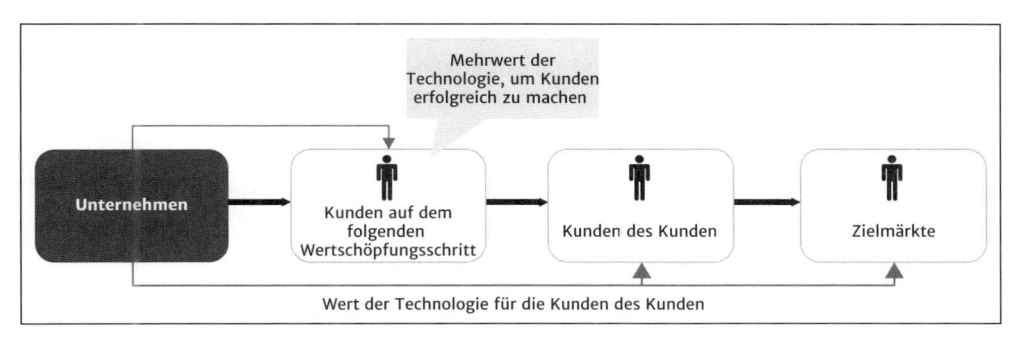

Abb. 36: Im Kopf des Kunden denken (Quelle: MANAGEMENT BUSINESS GROUP)

> **»Im Kopf des Kunden denken«**
> - Neue Marktchancen aus Sicht der führenden Player der Wertschöpfungskette
> - Kommerzielle Bewertung anhand von Pain Points entlang der Wertschöpfungskette

Das Verstehen der Pain Points von Kunden potenzieller Kunden des Unternehmens ist dabei ein besonders wirkungsvoller Ansatz, um später die potenziellen Kunden nicht nur mit technischen Lösungen anzusprechen, sondern mit Konzepten, wie sie bei ihren Kunden das Geschäft ausweiten können.

Die Anzahl der erforderlichen Gespräche hängt von der Breite der Aufgabenstellung ab. Erfahrungsgemäß sind es am Ende — international — nur zwei Dutzend Experten, die im *Inner Circle* einer Branche sind. Um diese zu identifizieren und in geeigneter Weise anzusprechen, sind allerdings zum Teil viele Dutzend Interviews notwendig. Wichtig ist es, eine ausreichende Anzahl und Breite an Einschätzungen zu erfassen, um die gewünschte Entscheidungssicherheit zu schaffen. Ein erfahrener Scout merkt schnell, »wenn das Bild rund wird«.

Vorteilhaft ist es, wenn die Expertengespräche von einer externen Fachkraft mit einschlägiger Methodenkompetenz in Interviewtechniken geführt werden. Dies hilft auch bei der Vermeidung der »Rollenfalle«, die Unternehmensvertretern, die explorative Interviews durchführen wollen, schnell zum Verhängnis wird. Wenn sie mit ihrer Visitenkarte (z. B. eines großen bekannten Konzerns) einen Termin vereinbaren, entsteht nicht selten eine disfunktionale Dynamik. Man ist erfreut über das Interesse, neugierig, welche spannende Innovationsidee nun vorgestellt werden wird, und lädt eine große gemischte Runde an Produkt- und Projektmanagern ein. Der Ablauf ist vorhersehbar: Statt Fragen stellen zu können, steht der Unternehmensvertreter im Kreuzfeuer der Fragen, er muss den eigenen Innovationsansatz rechtfertigen, anstelle ihn kritisch diskutieren zu können, und die Vielzahl der Teilnehmer und Einzelinteressen lässt auch meist keine konkreten Folgeschritte zu.

Bei externen Fachkräften lässt sich dieses Risiko begrenzen. Sie lassen sich die Rolle des Fragenden nicht aus der Hand nehmen und kontrollieren sorgfältig die (möglichst kleine) Runde der Gesprächsteilnehmer. Besonders vorteilhaft ist es, wenn diese Fachkräfte auf bestehende Netzwerke und Datenbanken mit Experten in vielen Branchengebieten zugreifen können, um den Zugang zu dem Inner Circle möglichst effektiv herzustellen.

4.2.4 Bewertung von Business Opportunities

Begleitend zum systematischen Scouten über den oben dargestellten Outside-in-Ansatz sind die gewonnenen Erkenntnisse aufzunehmen, zu strukturieren und vor allem zu bewerten. Ein wichtiger Schlüssel zur erfolgreichen Identifikation neuer Business Opportunities ist ein **sukzessives Vorgehen**.

Dabei werden zunächst innerhalb eines festgelegten Zeitraums sogenannte **Chancenfelder** identifiziert — dies kann je nach Aufgabenstellung mehrere Wochen bis einige Monate in Anspruch nehmen. Die anschließende Bewertung und Priorisierung ermöglicht die Fokussierung auf eine handhabbare Anzahl von Feldern, die im nächsten Schritt vertieft analysiert werden. Die Auswahl besonders aussichtsreicher Chancenfelder erfolgt dabei vor allem über die Anwendung von K.o.-Kriterien. In dieser noch frühen Phase ist der Ausschluss augenscheinlich unattraktiver Felder im Vergleich zu einer positiven Entscheidung für bestimmte Felder die zielführendere Methodik. Sehr viele Detailinformationen liegen zu diesem Zeitpunkt noch nicht vor. Umso wichtiger ist es, dass die Relevanz und Qualität der Informationsquellen, insbesondere wie oben erwähnt durch Expertengespräche, transparent und gesichert ist. Typische Bewertungskriterien sind: Problemdruck (Pain-Point-Level), Time-to-Market, Vereinbarkeit mit den Unternehmensgrundsätzen und dem heutigen Kerngeschäft etc. Diese decken oftmals einen Teil der ursprünglich festgelegten Suchkriterien ab. Komplexere Suchkriterien wie Umsatz- und insbesondere Margenvorgaben können erst zu einem späteren Zeitpunkt bewertet werden.

In weiteren Schritten werden dann die priorisierten Chancenfelder tiefgehender analysiert. Jetzt geht es vor allem darum, alle Informationen zu erheben, die zu einer Bewertung und positiven Auswahl der Business Opportunities notwendig sind. Die abschließende Entscheidung — oftmals durch das Topmanagement des Unternehmens — erfordert eine Entscheidungsvorlage, die eine Auswahl aus unternehmerischer Sicht ermöglicht. Deshalb ist es erforderlich, dass die Analyse auch über die rein technische Sichtweise — die Identifikation der technischen Anforderungen sowie der direkten und indirekten Wettbewerbstechnologien — hinausgeht. Die Aufstellung »Bewertung von Business Opportunities« zeigt wichtige Aspekte bei der Bewertung.

Bewertung von Business Opportunities
1. Who cares? Pain Points und mögliche Zielgruppen
2. Marktgröße und -trends
3. Wertschöpfungskette und Positionierungsoptionen
4. Technische und kommerzielle Anforderungen

5. Wettbewerbstechnologien und Wettbewerber
6. Why us? Unternehmensfähigkeiten vs. Erfolgsfaktoren im Markt
7. Grober Business Case
8. Zugangswege zur Business Opportunity
9. Einordnung in strategischen Rahmen
10. Risikoabschätzung und Handlungsoptionen

Who cares? Pain Points und mögliche Zielgruppen

Kernfragen: Welche Zielgruppen haben Verbesserungsbedarfe (Pain Points, Unmet Needs), zu deren Lösung das Unternehmen mit seinen Fähigkeiten, seinen Technologien oder Innovationen einen Beitrag leisten kann? Wo ist der Änderungsdruck besonders groß? In welchem Bereich ist eine besonders große Zielgruppe betroffen?

Marktgröße und -trends

Wie groß ist der zugrundeliegende Markt und wie bedeutend ist ein möglicher Beitrag des Unternehmens? (Da hier noch nicht über das Geschäftsmodell entschieden werden kann, sind auch der Umfang des Angebots und somit die genaue Größe des adressierbaren Markts nicht bestimmbar.) Welche Trends gibt es, die einen Einfluss auf den zugrundeliegenden Markt und den Bedarf nach einer Problemlösung haben? Insbesondere regulatorische Veränderungen sind hier von Bedeutung, die häufig Marktspielregeln ändern oder auch neue Märkte schaffen.

Wertschöpfungskette und Positionierungsoptionen

Die Wertschöpfungskette des angestrebten Zielmarkts muss genau verstanden werden, insbesondere die Identifikation der eigentlichen Treiber. Welche Stufe hat die meiste Macht und wo wird wirklich Geld verdient? Das entscheidet mit über die Attraktivität des Zielmarkts und hat Einfluss darauf, welche Pain Points zu lösen sind (siehe oben). Außerdem lassen sich daraus oftmals nicht nur eine, sondern gleich mehrere Positionierungsalternativen für das Unternehmen ableiten. Diese Optionen sind zu diesem Zeitpunkt nur grob zu skizzieren, müssen dann in einem Folgeschritt in ihren Auswirkungen ausführlicher beleuchtet werden.

Technische und kommerzielle Anforderungen

Welche Anforderungen muss eine Lösung erfüllen, damit sie von der Zielgruppe als attraktiv, d. h. überlegen gegenüber der heute existierenden Technologie und gegenwärtigen Alternativlösungen angesehen wird? Diese umfassen technische wie auch kommerzielle Anforderungen (z. B. Preis, Lieferzeit, Service etc.). Dabei muss berücksichtigt werden, dass marginale Verbesserungen oftmals nicht ausreichen. Eingespielte Abläufe, geschulte Mitarbeiter, niedrige Fehlerkosten, bewährte Lieferantenbeziehungen, aber auch psychologische Faktoren wie Verantwortungsübernahme für Technologieumstellungen und Vorbehalte gegenüber Neuerungen verlangen in der Konsequenz einen deutlichen Nutzenvorteil von dem neuen Player und dessen Lösung, um sich erfolgreich platzieren zu können.

Wettbewerbstechnologien und Wettbewerber
Welche Wettbewerbstechnologien gibt es, gegen die das Unternehmen antritt? Dabei dürfen auch indirekt relevante Technologien nicht vernachlässigt werden, die grundsätzlich auf ein anderes Nutzensystem ausgerichtet sind und trotzdem entweder eine Lösung für das Kundenproblem darstellen oder das Kundenproblem in fundamentaler Art aufheben oder verändern. Die Analyse der Wettbewerbsstruktur zeigt schnell, ob es eine Chance gibt, den in den Suchkriterien definierten, angestrebten Marktanteil zu erreichen.

Why us? Unternehmensfähigkeiten vs. Erfolgsfaktoren im Markt
Was sind die wichtigsten Erfolgsfaktoren im Zielmarkt? Was prädestiniert das Unternehmen dazu, diesen Zielmarkt erfolgreicher als andere anzugehen? Welche der existierenden Capabilities, Technologien, Innovationen können genutzt werden, welche Synergien würden entstehen?

Grober Business Case
Hier fließen erste Umsatz- und Kostenschätzungen mit ein, von der oftmals notwendigen Anfangsinvestition in Produktentwicklung und Anlagen bis zu den variablen Stückkosten. Entwicklungszeiten, Zulassungszeiten und branchentypische Produktlebenszyklen in der Zielbranche addieren sich zur Time-to-Market, der Zeit bis zum ersten Umsatz. Hier findet sich auch ein häufig von Unternehmen gefordertes Suchkriterium wieder: Die »Nähe« zu den bisherigen technischen Lösungen. Wichtig ist, den Business Case zu diesem Zeitpunkt nicht durch eine zu hohe Detailliertheit und eine damit verbundene Scheingenauigkeit zu belasten und insbesondere den Ramp up konservativ einzuschätzen.

Zugangswege zur Business Opportunity
Hier ist die Frage zu beantworten, wie die Business Opportunity für das Unternehmen erreichbar ist. So ist zu prüfen, ob der Zugang durch die eigene Entwicklung vorhandener Technologien erreicht werden kann oder ob maßgebliche Lücken bestehen, die durch Partnerschaften oder durch Übernahmen geschlossen werden sollen (bzw. müssen). Im letzteren Fall muss in dieser Phase geprüft werden, ob es ausreichend geeignet erscheinende Übernahmekandidaten gibt.

Einordnung in den strategischen Rahmen
Häufig ist es hilfreich, die avisierte Business Opportunity in einen größeren strategischen Kontext des Unternehmens zu stellen: Sie könnte z. B. der Start eines ganz neuen Geschäftsfelds sein, dem nach und nach weitere Aktivitäten hinzugefügt werden könnten.

Risikoabschätzung und Handlungsoptionen
Hier kann man in einem Gedankenspiel die Risiken des geplanten Geschäftsfeldeintritts beschreiben und bewerten und mögliche Ausstiegsoptionen und -zeitpunkte festlegen.

Auf Basis der beschriebenen Bewertung ist es nun möglich, eine fundierte und vom Markt- und Kundenbedarf abgeleitete Entscheidung über das priorisierte Geschäftsfeld zu treffen. Knapp geschlagene Optionen wird man vorerst zurückstellen und zu einem späteren Zeitpunkt noch einmal einer Prüfung unterziehen.

Eine eigenständige Fragestellung ist die des optimalen Business Designs, desjenigen Geschäftsmodells, mit dem die nun ausgewählte Business Opportunity realisiert werden soll. Dies soll Gegenstand des folgenden Abschnitts sein.

4.2.5 Business Design

Ein wichtiges Themenfeld des Innovationsmanagements ist das Business Design. Es adressiert alle Gestaltungsoptionen, um ein bestimmtes Geschäftsfeld erfolgreich und nachhaltig zu bearbeiten. Somit handelt es sich hier einerseits um eine Phase im Innovationsmanagement, die sich direkt an die Bewertung und Auswahl von Opportunity-Feldern anschließt (siehe oben). Andererseits ist das Business Design auch selbst Gegenstand eigenständiger Überlegungen, sich in angestammten Feldern neu aufzustellen. Die fortschreitende Kommoditisierung bestehender Produktangebote, die zunehmende (Preis-)Konkurrenz unter anderem durch asiatische Wettbewerber, eine erodierende Kundenbasis sowie Margenverfall sind häufig Anlass für eine Analyse und Überarbeitung des Business Designs. Es umfasst eine Vielzahl von Kernfragen, die zu beantworten sind (vgl. »Kernfragen Business Design«).

> **KERNFRAGEN**
>
> **Kernfragen Business Design**
> - **Geschäftsmodelle:**
>   Welche (innovativen) Geschäftsmodelle sind geeignet, um neu identifizierte Opportunity-Felder oder angestammte Bereiche nachhaltig und erfolgreich zu bearbeiten? Welche Rolle spielen z. B. die Digitalisierung von Geschäftsmodellen und Serviceinnovationen?
> - **Position auf der Wertschöpfungskette:**
>   Welche Position verspricht ein profitables und nachhaltiges Geschäft?
> - **Systemgeschäft:**
>   Wie kann das Unternehmen Lösungsanbieter werden?
> - **Markteintrittsstrategie:**
>   Organisches Wachstum, Kooperationspartner, M&A?
> - **Value Proposition:**
>   Wie lautet das Produkt- & Service-Angebot für ein definiertes Kundenbedürfnis?
> - **Value Capture und Value Pricing:**
>   Wie kann der Preis am Wert des Produkts — und nicht an den Kosten — orientiert werden?
> - **Branding:**
>   Welche Markenstrategie erhöht den Wert der Produkte?

Allen Fragestellungen ist gemein, dass die kommerziellen und technischen Anforderungen der Kunden detailliert verstanden werden müssen, um strategische Entscheidungen und auch Entwicklungsvorgaben für die FuE zu unterstützen. Als Methodik haben sich die bereits dargestellten Experteninterviews entlang der Wertschöpfungskette inklusive bestehender/potenzieller Kunden sehr bewährt. Auf ein zusätzliches Tool, Round Tables in Form eines Future Forums, werden wir am Ende dieses Kapitels in einem Exkurs eingehen.

Digital gestützte Geschäftsmodelle
Ein wichtiges Feld des Innovationsmanagements ist die Digitalisierung von Leistungen als Basis neuer Geschäftsmodelle. Die digitale Transformation der Wirtschaft ist in vollem Gange und hat in vielen Branchen zu starken Veränderungen der Angebotsformen, aber auch der Machtverhältnisse geführt.

Besonders deutlich ist dies im B2C-Bereich: FACEBOOK, die größte News-Maschine der Welt, produziert keine Inhalte, AIRBNB, der größte Bettenvermieter der Welt, besitzt keine Hotels und ALIBABA, der wertvollste Retailer der Welt, hat keine Lager etc.

Aber auch im B2B-Bereich finden fundamentale Umwälzungen statt. Mittlerweile ist es normal, dass Kundenanfragen über soziale Netzwerke beantwortet, neue Mitarbeiter online ausgewählt und Mitarbeiter via Crowdsourcing am Innovationsprozess beteiligt werden. Industrie 4.0 ist ein Arbeitsgebiet für viele Branchen, selbst die ursprünglich konservative Landwirtschaft arbeitet an der Erschließung von Effizienz- und Ertragsvorteilen durch Digitalisierung.

Wichtige Treiber sind die rasanten technischen Entwicklungen: Cloud Computing, Internet, Social Media, mobile Endgeräte, Sensorik, Expertensysteme, Datenübertragungs- und -verarbeitungskapazitäten, 3-D-Druck etc.

Bei der Analyse der unterschiedlichen Ansätze zur Digitalisierung von Geschäftsmodellen lassen sich zwei Ebenen unterscheiden:
1. Weiterentwicklung von einzelnen Prozessschritten durch Digitalisierung
2. Neuaufstellung des Geschäftsmodells.

Dabei steht neben effizienter gestalteten Prozessabläufen vor allem die Generierung von neuen Wertangeboten im Vordergrund.

Ausgewählte Gestaltungsansätze für die Digitalisierung von Leistungen als Basis neuer Geschäftsmodelle
Gestaltung technischer Voraussetzungen
- Datenerfassung an allen Touchpoints mit Kunden
- Datenerfassung entlang der Produktion (Industrie 4.0)
- Datenerfassung beim Einsatz des Produkts beim Kunden durch Sensorik
- Aufbau von Datenbanken, intelligente Verknüpfung und Auswertung der Daten, Generierung von Mehrwert-Wissen (Big data)

Gestaltungselemente Geschäftsmodell
- Intensivere Kommunikation mit dem Kunden über digitale Interfaces
- Empowering des Kunden und »Mitbestimmung« über Leistungsumfang
- Stärker individualisierte Leistungen und Verzahnung mit den Prozessen des Kunden
- Vertriebliche Aggregation, Vertriebsplattformen
- Mehr Kundennähe und »digitale Präsenz und Erreichbarkeit«
- Innovative Services wie Schulungen, Ferndiagnose und -wartung

Als Grundprinzip lässt sich herausstellen, dass durch Datenaustausch und Datengenerierung der Kunde mit seinen Prozessen stärker in den Mittelpunkt gestellt werden kann. Seine verstärkte Einbindung bietet die Chance, sowohl stärker individualisierte als auch werthaltigere Produkte und Service-Angebote zu entwickeln.

Für ein erfolgreiches Innovationsmanagement ist es deshalb auch methodisch gesehen entscheidend, ebenfalls vom Kunden und dessen Pain Points und Bedarfen auszugehen. Dies ist umso wichtiger, wenn nicht nur eine Weiterentwicklung von einzelnen Prozessschritten durch Digitalisierung, sondern die Neuaufstellung des Geschäftsmodells angestrebt wird.

Die beschriebene Methodik der **Expertengespräche** mit Kunden liefert wertvolle Hinweise auf ungedeckte Bedarfe, die wichtigsten Werttreiber sowie ein Benchmarking mit Wettbewerbsangeboten.

Serviceinnovationen

Serviceinnovationen sind nicht nur im oben beschriebenen Kontext der Digitalisierung von Geschäftsmodellen ein aktuelles Thema für das Innovationsmanagement vieler Unternehmen.[101] Viele traditionell produktorientierte Branchen, wie die Chemieindustrie, sehen sich zunehmend dem Preiswettbewerb durch ausländische Player ausgesetzt. Gleichzeitig sind die Möglichkeiten, sich über Produktinnovationen zu differenzieren beschränkt und/oder sehr zeit- und kostenaufwändig.

Traditionell sind viele Unternehmen so aufgestellt, dass produktbegleitende Dienstleistungen von den Kunden erwartet werden und im Produktpreis quasi eingepreist sind. Beispiele reichen bis zur Feasibility Study und zu CAD-Modellen, die Materialanbieter für ihre Kunden entwerfen, um diese von den Vorteilen gegenüber aktuell verwendeten Werkstoffen zu überzeugen.

Es ist dieser Gegensatz aus Marktdruck und gleichzeitiger Gefangenheit in oftmals traditionellen Angebotsmustern, die es vielen Unternehmen erschwert, den richtigen Ansatzpunkt zur Entwicklung und erfolgreichen Vermarktung von innovativen Dienstleistungen zu finden.

---

101 Auch wenn die Service-Euphorie der 2000er-Jahre vorerst etwas abgebbt zu sein scheint (vgl. Abschnitt 1.2).

Zielsetzung von Serviceinnovationen

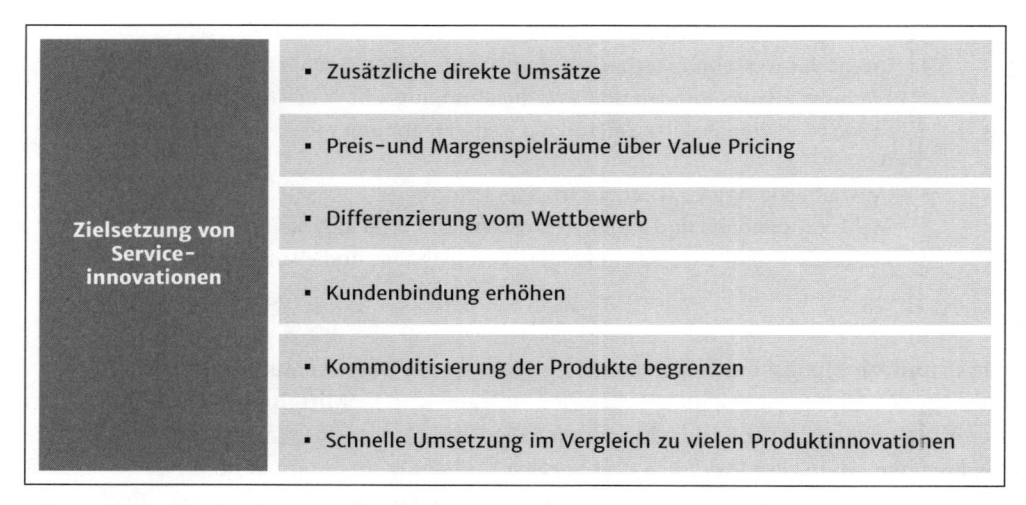

- Zusätzliche direkte Umsätze
- Preis- und Margenspielräume über Value Pricing
- Differenzierung vom Wettbewerb
- Kundenbindung erhöhen
- Kommoditisierung der Produkte begrenzen
- Schnelle Umsetzung im Vergleich zu vielen Produktinnovationen

Abb. 37: Zielsetzung von Serviceinnovationen (Quelle: MANAGEMENT BUSINESS GROUP)

Die unter »Kernfragen Serviceinnovationen« dargestellten Aspekte und deren systematische Bearbeitung haben sich in der Praxis bewährt, um einen zielgerichteten Zugang zu dem Thema zu finden.

KERNFRAGEN

Kernfragen Serviceinnovationen
- Wie können wir uns von unseren Wettbewerbern im Markt differenzieren und die Kommoditisierung unserer Produkte aufhalten?
- Bisher haben wir Services kostenlos anbieten müssen, um unsere Produkte verkaufen zu können und unsere vergleichsweise hohen Preise zu rechtfertigen. Wie können wir mit neuen, innovativen Services **zusätzlichen** Umsatz und weitere Margen generieren?
- Was sind interne Prozesse und Pain Points bei unseren Kunden, die wir mit unseren Dienstleistungen adressieren können?
- Welche innovativen Services schaffen den höchsten Mehrwert für unsere Kunden?
- Wie können Dienstleistungen für einzelne Kundensegmente gebündelt werden — und wie bestimmen wir diese Segmente?
- Wie können innovative Dienstleistungen und Kundensegmentierungen reibungslos in der Praxis eingeführt werden?
- Welche innovativen Dienstleistungen haben einen schnellen Einfluss auf Umsatz, Gewinn und Kundenbindung?
- Wie kann eine verlässliche Basis für die Erfassung/das Verständnis von Pain Points unserer Kunden geschaffen werden, von der aus wir dann innovative Dienstleistungen entwickeln können?

Das Spektrum der Dienstleistungen ist extrem breit und sehr spezifisch für einzelne Branchen. Man kann grob in produktbezogene, nutzungsbezogene und ergebnisbezogene Dienstleistungen unterscheiden (vgl. Abb. 38).

Serviceinnovationen	Serviceinnovationen	Serviceinnovationen
① Produktbezogene Services	② Nutzenbezogene Services	③ Ergebnisbezogene Services

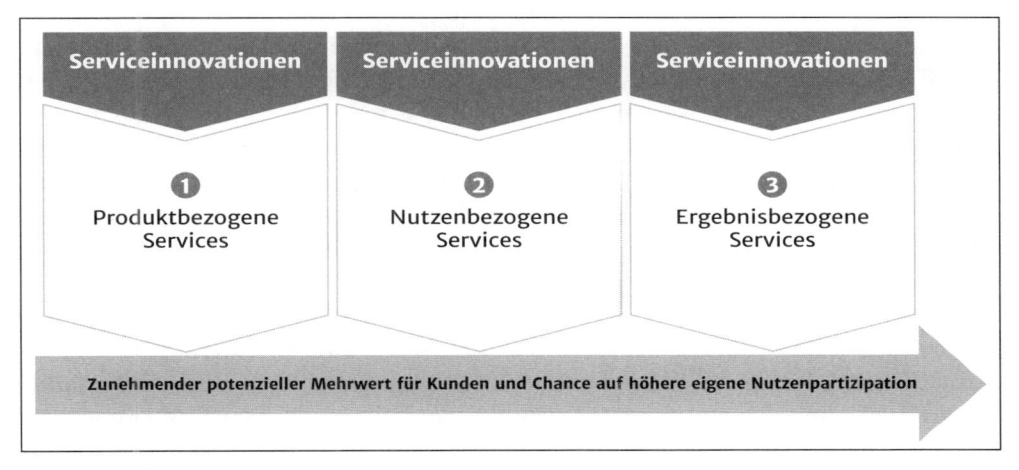

Zunehmender potenzieller Mehrwert für Kunden und Chance auf höhere eigene Nutzenpartizipation

Abb. 38: Dienstleistungsspektrum (Quelle: MANAGEMENT BUSINESS GROUP)

Serviceinnovationen können sich auf alle drei Bereiche beziehen. Als Beispiel können angeführt werden:
Produktbezogene Serviceinnovationen: Vorzertifizierung
Nutzungsbezogene Serviceinnovationen: Hochindividuelle Anlieferungsoptionen, Dosierungsempfehlungen basierend auf einer Expertendatenbank, Ferndiagnose, -wartung, -training
Ergebnisbezogene Serviceinnovationen: Total Fluids/-Chemicals/-Fleet Management, die das Ergebnis des kompletten Kundenprozesses optimieren (diesen Punkt werden wir unter dem Aspekt »Systemgeschäft« wieder aufgreifen und vertiefen).

Es wird deutlich, dass das umfassende Verständnis der internen Prozesse und Pain Points auf Kundenseite der wichtigste Ausgangspunkt für erfolgreiche Serviceinnovationen ist. Informationen und Einschätzungen durch die eigene Vertriebsorganisation können erste wertvolle Hinweise geben, reichen aber in der Regel nicht als unabhängige und belastbare Basis für die Ableitung von Serviceinnovationen aus.

Methodisch bietet sich hier die Erfassung der Kundensicht über das Instrument vertiefter Experteninterviews unter dem Stichwort »Kundenzufriedenheitsstudie« an. Diese können durch einzelne Workshops und On-site-Besichtigungen bei ausgewählten Kunden ergänzt werden. Die eigene Vertriebsorganisation muss hierbei einbezogen werden. Die eigentliche Bearbeitung der Themenstellung durch den Vertrieb scheitert in der Praxis jedoch häufig an Ressourcen — aber auch an Rollenproblemen (operatives Geschäftsverhältnis, gemeinsame Historie, keine Erwartungen wecken, die ich später nicht erfüllen kann, etc.).

Systemgeschäft

In der Business Design Phase besteht ein wichtiges Aufgabenfeld darin, zu prüfen inwieweit das Unternehmen über das Angebot von Lösungspaketen die Rolle eines Systemanbieters übernehmen könnte. Im Kontext von Geschäftsmodellüberlegungen, Serviceinnovationen und auch Value Capture/Pricing ist dies besonders häufig. Dies kann bis zu einer strategischen Vorwärtsintegration führen, der Besetzung der nächsten Stufe in der Wertschöpfungskette.

Dieser Schritt verspricht zunächst wichtige Vorteile: Der Umsatz steigt (schon allein durch die höhere Wertschöpfung), die strategische Bedeutung nimmt zu und es verbessern sich die Chancen, eine höhere Kundenbindung zu erzeugen. In einigen Branchen ist es auch so, dass die Margen umso mehr steigen, je näher der Anbieter in der Wertschöpfungskette an den Endkunden heranrückt.

Die Praxis zeigt, dass die einhergehenden Risiken dagegen oft unterschätzt werden: Welche Regeln (z. B. hinsichtlich Zertifizierungsstandards), Anforderungen (z. B. im Marketing) und Risiken (z. B. bei der Produkthaftung) bestehen in dem neuen Markt? Wie gehe ich damit um, nun eventuell in Konkurrenz zu meinen ehemaligen Kunden zu treten und auf welcher Stufe wird welche Marge realisiert? Obwohl der neue Markt oft so vertraut erscheint — weil nur einen Schritt entfernt — bedeutet er oft doch ein gänzlich neues Spielfeld, das gut verstanden sein will, bevor man es betritt. Zu berücksichtigen ist insbesondere, dass im Endkundengeschäft das Marketing ganz anderen Herausforderungen begegnet als im B2B-Bereich. Die bisher eingesetzten Akteure können dann rasch in eine Situation der Überforderung geraten.

Ein gutes und besonders umfassendes Beispiel für das Systemgeschäft ist das Total Fluid/Lubrication Management von großen Schmierstoffanbietern, z. B. von FUCHS (vgl. Abb. 39). Die Integration in die Prozesse der Kunden kann so weit gehen, dass über die Belieferung mit Schmierstoffen, deren Recycling und die Prozessüberwachung vor Ort über *resident engineers* auch gleich das komplette Facility Management und sogar das Werkzeugmanagement übernommen wird — z. B. gegen einen Festpreis pro produziertem Stück.

Es gibt viele weitere Beispiele, bei denen sich ein Unternehmen so weit in das Leistungssystem seiner Kunden vorwärtsintegriert hat, dass es wichtige Produktionsprozesse steuert oder gar selbst übernimmt: »Total Gas and Chemical Management« von Air Liquide oder »Integrated Laundry Services« von Ecolab sind hierfür gute Beispiele. Im Zentrum steht sehr oft der Zugang zu wertvollen Prozessdaten, deren Akkumulation über viele Kunden hinweg und deren Auswertung zur optimierten Prozesssteuerung.

Es ist offensichtlich, dass zur fundierten Prüfung und Vorbereitung von Systemangeboten eine detaillierte und belastbare Analyse des neuen Markts und der neuen technischen und kommerziellen Anforderungen steht. Dazu bieten sich insbesondere Experteninterviews als auch Round Tables mit ausgewählten Playern der Wertschöpfungskette an (siehe Future Forum).

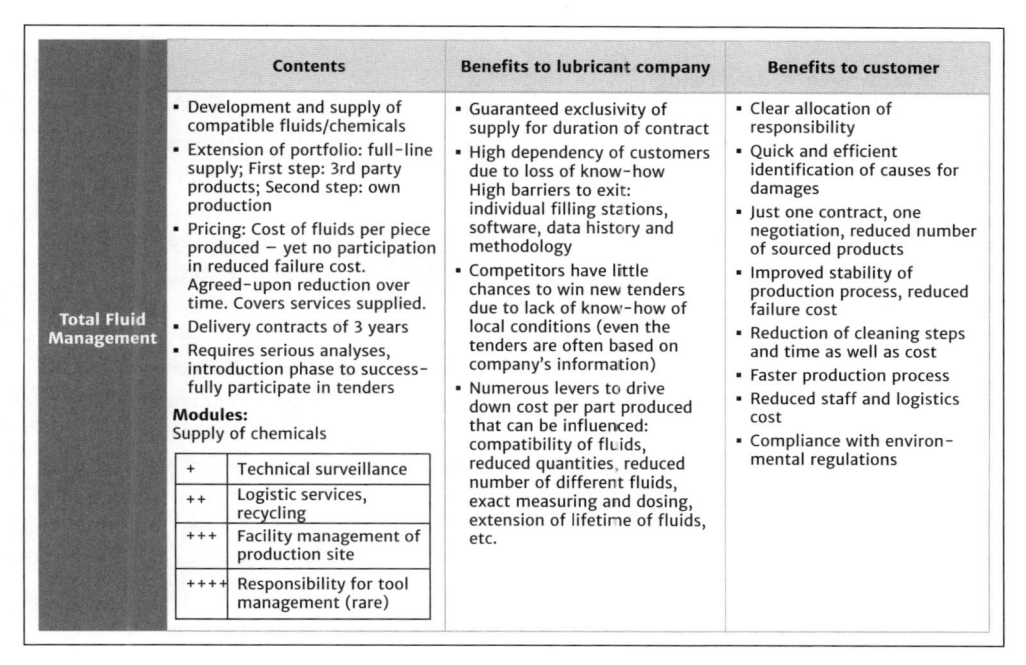

	Contents	Benefits to lubricant company	Benefits to customer
Total Fluid Management	• Development and supply of compatible fluids/chemicals • Extension of portfolio: full-line supply; First step: 3rd party products; Second step: own production • Pricing: Cost of fluids per piece produced — yet no participation in reduced failure cost. Agreed-upon reduction over time. Covers services supplied. • Delivery contracts of 3 years • Requires serious analyses, introduction phase to successfully participate in tenders **Modules:** Supply of chemicals | + | Technical surveillance | | ++ | Logistic services, recycling | | +++ | Facility management of production site | | ++++ | Responsibility for tool management (rare) |	• Guaranteed exclusivity of supply for duration of contract • High dependency of customers due to loss of know-how High barriers to exit: individual filling stations, software, data history and methodology • Competitors have little chances to win new tenders due to lack of know-how of local conditions (even the tenders are often based on company's information) • Numerous levers to drive down cost per part produced that can be influenced: compatibility of fluids, reduced quantities, reduced number of different fluids, exact measuring and dosing, extension of lifetime of fluids, etc.	• Clear allocation of responsibility • Quick and efficient identification of causes for damages • Just one contract, one negotiation, reduced number of sourced products • Improved stability of production process, reduced failure cost • Reduction of cleaning steps and time as well as cost • Faster production process • Reduced staff and logistics cost • Compliance with environmental regulations

Abb. 39: Systemgeschäft am Beispiel des Total Fluid Managements
(Quelle: MANAGEMENT BUSINESS GROUP)

Value Capture und Value Pricing

Im Innovationsmanagement geht es immer darum, möglichst werthaltige Angebote für Kunden zu entwickeln, sich damit nachhaltig zu positionieren und sicherzustellen, auch einen Fair Share des generierten Mehrwerts zu realisieren. Value Pricing steht für die Ableitung des eigenen Leistungspreises an dem generierten Mehrwert auf Kundenseite — im Gegensatz zum traditionellen kostenbasierten Ansatz (Aufschlagskalkulation). Das ist dann möglich, wenn die Leistungen ausreichend spezifisch gestaltet werden können, sodass der direkte Vergleich mit Wettbewerbsprodukten nicht möglich ist. Wenn Basic Chemicals oder Benzinpreise heute über Datenbanken gesucht und verglichen werden, dann gibt meist ausschließlich der Wettbewerbspreis den Ausschlag — ein kundenindividueller Mehrwert und ein darauf aufbauendes Value Pricing kann nicht realisiert werden.

Um welche Arten von Mehrwert kann es sich dabei auf Kundenseite handeln? Die Optionen sind vielfältig sowie branchen- und sogar unternehmensspezifisch: Materialkosten- und Prozesskosteneinsparungen, reduzierte Reklamationen von Endkunden über verbesserte Material- oder Prozesseigenschaften, höhere Preisspielräume des Kunden aufgrund erweiterter Funktionalität oder technologische Differenzierung/strategische Alleinstellung des Kunden gegenüber seinen eigenen Kunden etc.

Zielsetzung ist immer, die eigenen Preisspielräume zu erweitern, die Margen zu erhöhen und die Kundenbindung zu stärken (vgl. »Kernfragen Value Pricing«).

> **KERNFRAGEN**
>
> **Kernfragen Value Pricing**
> - Was sind die wesentlichen unternehmensspezifischen Treiber, die zur Beschäftigung mit Value Pricing führen — und die daraus abgeleiteten Zielsetzungen?
> - Welche Pricing-Modelle werden heute in den einzelnen Unternehmensbereichen eingesetzt?
> - Was sind geeignete Produktgruppen, Märkte, Kundensegmente, die sich für die Einführung von Value Pricing eignen und einen hohen Mehrwert versprechen?
> - Sind Produkt- oder Serviceinnovationen in der Pipeline, die als Ausgangspunkt genutzt werden können?
> - Wie nehmen Kunden heute den Nutzen unserer Produkte und Leistungen wahr?
> - Was sind die wichtigsten Pain Points auf Kundenseite, zu denen wir einen Lösungsbeitrag liefern könnten?
> - Wie stellen wir sicher, einen adäquaten Anteil an dem generierten Mehrwert für uns zu beanspruchen?
> - Was sind geeignete konkrete Preismodelle, z. B. pay-per-use?
> - Wie kann Value Pricing in die unternehmensinternen Prozesse integriert werden: Sales/Marketing, FuE, Produktmanagement, Finance/Controlling etc.?
> - Wie kann Value Pricing bei den Kunden implementiert werden, mit welchen Argumentationen?

Value Pricing bietet sich immer dann an, wenn über Produkt- oder Serviceinnovationen oder ein innovatives Bundling von Leistungselementen eine neue überzeugende Wertargumentation für das veränderte Preismodell entwickelt werden kann. Wenig erfolgversprechend wäre es, seit Jahren etablierte Produkte in unveränderter Form über eine neue Wertargumentation nun teurer verkaufen zu wollen.

Ein gutes Beispiel für einen interessanten Ansatz für Value Pricing findet sich z. B. im Edelmetallgeschäft. So bieten Firmen wie Heraeus eine Vielzahl von Produkten, z. B. Katalysatoren aller Art, auf Basis von Edelmetallen an. Interessanterweise ist Edelmetall, das für den Endkunden einen wesentlichen Kostenanteil des Gesamtprodukts ausmacht, für Heraeus nur ein durchlaufender Posten mit geringer Marge (Edelmetallpreise sind an Warenbörsen jederzeit einsehbar). Anstatt nun das Edelmetallgeschäft zu forcieren, liegt ein wesentlich größerer Margenhebel in der **Vermeidung** von Edelmetall durch neue Technologien. Dadurch sparen beide Seiten Kosten, was mit sehr positiven Auswirkungen auf die Rentabilität einhergehen kann.

Methodisch liegt die Herausforderung darin, die Pain Points und Mehrwertpotenziale auf Kundenseite zuverlässig zu erkennen und zu bewerten. Dazu sind Kundenprozessanalysen und eine Vielzahl von Experteninterviews notwendig. Erste Hinweise könnte auch die eigene Vertriebsorganisation geben. Voraussetzung dafür dürfte sein, dass die in Abschnitt 4.1 vorgestellten Anreizsysteme aktiviert werden.

Exkurs Methodik: Future Forum

In der Business-Design-Phase des Innovationsmanagements spielt die Positionierung innerhalb der Wertschöpfungskette eine große Rolle. Das bedeutet konkret, eine klar definierte Rolle einzunehmen und die Anforderungen neuer Wertschöpfungspartner bestmöglich zu erfüllen. Die entsprechenden technischen und kommerziellen Anforderungen sollten, wie oben beschrieben, über Experteninterviews in Erfahrung gebracht werden. Als zusätzliches Tool bietet sich das Future Forum an.

Zusammengefasst handelt es sich dabei um einen Round-Table-Workshop mit ausgewählten Vertretern der relevanten Wertschöpfungsstufen, um die gemeinsame Business Opportunity und die Anforderungen an den Wertbeitrag des eigenen Unternehmens zu diskutieren (vgl. Abb. 40).

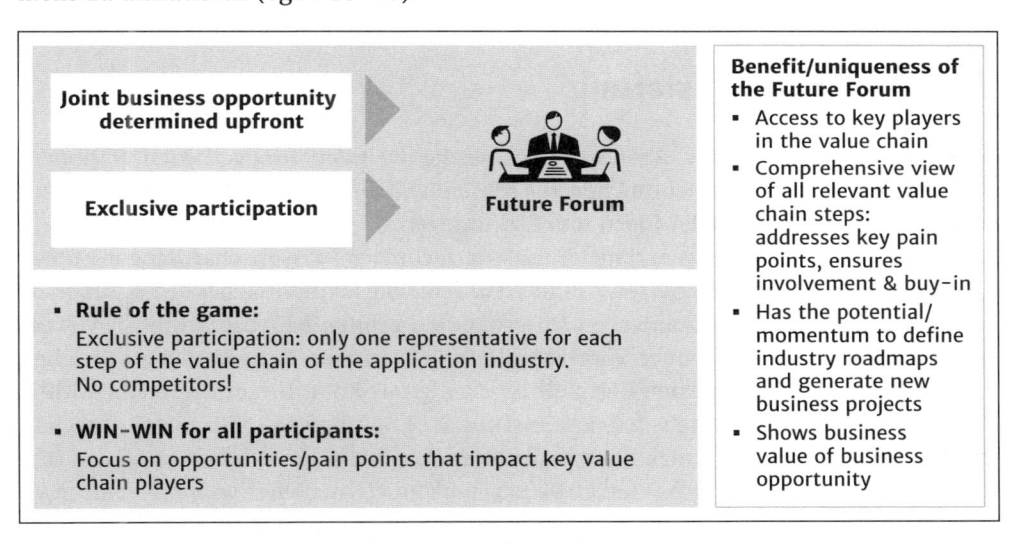

Joint business opportunity determined upfront	Future Forum	**Benefit/uniqueness of the Future Forum** • Access to key players in the value chain • Comprehensive view of all relevant value chain steps: addresses key pain points, ensures involvement & buy-in • Has the potential/momentum to define industry roadmaps and generate new business projects • Shows business value of business opportunity
Exclusive participation		

- **Rule of the game:**
  Exclusive participation: only one representative for each step of the value chain of the application industry.
  No competitors!

- **WIN-WIN for all participants:**
  Focus on opportunities/pain points that impact key value chain players

Abb. 40: Future Forum: New quality in value chain interaction
(Quelle: MANAGEMENT BUSINESS GROUP)

Wichtig ist, dass die Business Opportunity bereits vor dem Future Forum identifiziert und von allen Teilnehmern als attraktiv eingestuft wird (Win-win-Situation).

Beispiel: Viele Automobilhersteller möchten zukünftig großflächige, nicht plane (also in x und y Achse gebogene und perfekt ins Umfeld eingepasste) Displays im Armaturenbrett einsetzen, was neue technische Anforderungen an die Hersteller z. B. von Flüssigkristallen und Displays bedeutet. Dabei werden die in Aussicht stehenden Stückzahlen als attraktiv eingestuft.

Teilnehmer sind maßgebliche Unternehmen von allen relevanten Wertschöpfungsstufen. Dies umfasst im genannten Displaybeispiel vier bis fünf Stufen bis hin zum Automotive OEM. »Maßgeblich« bedeutet, dass die eingeladenen Unternehmen eine relevante Stimme im Markt haben und idealerweise sogar Trends mit initiieren können. Von jeder Wertschöpfungsstufe wird nur *ein* Unternehmen eingeladen, um eine offene Gesprächs- und Arbeitsatmosphäre zu erreichen.

Ein Future Forum muss sorgfältig vorbereitet werden, vor allem hinsichtlich Teilnehmerauswahl und -briefing. Der eigentliche Round Table wird idealerweise von einem erfahrenen Externen moderiert. Entscheidend ist, dass während des Workshops nicht nur die Anforderungen und die eigene zukünftige Rolle besser verstanden, sondern — wenn möglich — auch gleich die Grundlagen für eine gemeinsame Roadmap und z. B. Entwicklungspartnerschaften besprochen werden.

Im Übrigen eignet sich ein Future Forum auch zur Einbindung interner Stakeholder aus dem Topmanagement, die sich so einen eigenen Eindruck von der Business Opportunity, dem Interesse-Level der Partner und deren zukünftigen Erwartungen verschaffen können — quasi »live« und mit der Möglichkeit, eigene Fragen zu stellen.

4.3 Kommerzialisierung

Deutschland genießt hohes Ansehen als eine der weltweit innovativsten Nationen. Gerade in vielen Technologiebranchen wie Maschinenbau, Chemie oder Automotive gilt Deutschland als das Land der Ideen und Erfindungen.

Auf der Ebene der Kommerzialisierung von technisch-wissenschaftlichem Knowhow ergibt sich ein differenzierteres Bild: Viele deutsche Erfindungen wurden zunächst von asiatischen und amerikanischen Unternehmen erfolgreich vermarktet, bevor die deutsche Wirtschaft trotz einer Vorreiterrolle im inventiven Bereich hier nachziehen konnte. Eines der bekanntesten Beispiele ist die digitale Komprimierungstechnik MP3, die Anfang der 1990er-Jahre von einem Institut der Fraunhofer Gesellschaft entwickelt wurde. Die kommerzielle Umsetzung realisierten Unternehmen aus Asien und den USA — wobei der ehemalige Apple-Chef Steve Jobs persönlich involviert war. MP3 wurde als Schlüsseltechnologie für Musikkomprimierung via Internet zum Milliardengeschäft für die Industrie. Das Fraunhofer-Institut erhält dafür bis heute Lizenzeinnahmen.[102]

Der Walkman, das Faxgerät, das Tonbandgerät — die Liste von Technologien, die in Deutschland entwickelt, aber in anderen Nationen erstmals erfolgreich kommerzialisiert wurden, lässt sich noch lange fortsetzen. Diese Beispiele zeigen, dass eine hohe FuE-Intensität kein Garant für den kommerziellen Erfolg von Unternehmen ist. Gerade vor dem Hintergrund kontinuierlicher Veränderungen der Kundenbedürfnisse, permanenter Anpassungen der Gesetzeslage und international wachsender Wettbewerbsintensivierung, vor allem aus Asien, reicht es nicht aus, innovative Ideen zu generieren und strukturierte Entwicklungsprojekte zu starten. Erst die Umsetzung am Markt und eine erfolgreiche Kommerzialisierung von Innovationsideen sichern nachhaltiges Wachstum und die internationale Wettbewerbsfähigkeit von Unternehmen. Allein eine erfolgreiche Nutzung neuer Technologien für vermarktungsfähige Produkte und die Erschließung neuer Geschäftsfelder ermöglichen Unternehmen Wachstum, Gewinne für neue Investitionen und sichere Arbeitsplätze für die Mitarbeiter.

---

102 URL: einestages.spiegel.de/static/topicalbumbackground/2683/der_erfolg_der_anderen.html.

Entsprechend der generellen Schwerpunktsetzung in diesem Buch gehen wir im Folgenden insbesondere auf Herausforderungen von internationalen, technologiebasierten Unternehmen ein. Dabei legen wir unseren Fokus auf die Vermarktung von Technologien in eigener unternehmerischer Verantwortung.

Bei dem alternativen Weg der Kommerzialisierung neuer Technologien, z. B. durch die Auslizensierung von Patenten, wird das unternehmerische Risiko z. B. an andere Unternehmen weitergereicht. Die Erlöse bestehen dann aus Lizenzeinnahmen. Diese Möglichkeit der Kommerzialisierung beschreiben wir als separaten Abschnitt unter dem Punkt »Auslizensierung von Technologien und Patenten«.

Sobald die strategische Entscheidung der Unternehmensführung für die Erschließung eines neuen Geschäftsfelds getroffen wurde (siehe vorheriges Kapitel), beginnt die Innovationsphase mit dem höchsten Risiko des Scheiterns. In den folgenden Abschnitten wollen wir wesentliche Herausforderungen für eine erfolgreiche Erschließung eines neuen Geschäftsfelds vorstellen, wie in Tabelle 11 strukturiert.

Thema	Herausforderung	Beschreibung
1	Perspektivwechsel	von der strategischen, globalen Sicht zur unternehmerischen Markteintrittsplanung
2	Organisation für das Geschäftsfeld	unternehmensinterner Aufbau versus externer Aufbau des Kommerzialisierungsteams
3	Wertschöpfungs-Ecosystem	Realisierung eines wettbewerbsfähigen Produkt- und Leistungsangebots mit Wertschöpfungspartnern
4	Vernetzung im Zielmarkt	von der externen Marktbeobachtung zum integralen Bestandteil der Wertschöpfungskette
5	Business Launch	vom Business Plan zur finalen Abgrenzung der konkreten Zielgruppe
6	Markteintritt	Gewinnung erster Kunden im neuen Geschäftsfeld
7	Auslizensierung von Technologien und Patenten	wertbasierter Prozess der Auslizensierung

Tab. 11: Wesentliche Herausforderungen für eine erfolgreiche Erschließung eines neuen Geschäftsfelds

Anything that won't sell, I don't want to invent. Its sale is proof of utility, and utility is success.
Thomas A. Edison

4.3.1 Perspektivwechsel: Von der strategischen, globalen Sicht zur unternehmerischen Markteintrittsplanung

Die Erwartungshaltung an das neue Geschäftsfeld ist hoch, da auf diesem Weg die häufig mehrjährigen und hohen Investitionen in FuE für neue Technologien wieder eingespielt werden müssen. Gleichzeitig hat die Erschließung eines neuen Geschäftsfelds eine hohe strategische Bedeutung, um die langfristige Zukunftsfähigkeit des Unternehmens sicherzustellen.

Die erste große Herausforderung für die Erschließung eines neuen Geschäftsfelds ist der Transfer einer strategischen Perspektive in eine operative Markteintrittsstrategie:

- Wurden bisherige Entscheidungen zur Erschließung eines neuen Geschäftsfelds auf Basis von strategischer Wettbewerbssituation, Produkt-Portfolios und globalem Marktwachstum getroffen, bedarf es nun mutiger unternehmerischer Entscheidungen zur Auswahl einzelner Anwendungsmärkte und eines Schlüsselprodukts (»Killer Application«) zum Markteintritt.
- Stand bisher die Frage nach dem strategischen Umsatzpotenzial um eine ein- bis dreistellige Millionenhöhe und um Tausende von Kunden im Vordergrund, so geht es nun zunächst einmal um die ersten wenigen Umsatzzahlen im Tausenderbereich und die ersten drei, vier, fünf Kunden.
- Wurde bisher ein strategischer Aufbau eines neuen Geschäftsfelds über die nächsten fünf bis zehn Jahre geplant, muss nun ein kurz- und mittelfristiger Markteintrittsplan von wenigen Monaten entwickelt werden.

Diese Beispiele zeigen, dass die Umsetzung einer strategischen Entscheidung auf Ebene der Unternehmensführung in eine operative Markteintrittsstrategie mit hohen Anforderungen verbunden ist. Diese Markteintrittsstrategie erfordert eine völlig neue Perspektive.

Die in Tabelle 12 dargestellte Checklist führt typische Themenstellungen auf, die zur Erarbeitung einer Kommerzialisierungsstrategie beantwortet werden müssen.

Thema	Strategische Sichtweise auf ein neues Geschäftsfeld	Operative Kommerzialisierungsstrategie
Marktpotenzial	Marktpotenzial einer Technologie in Europa, Asien, Nord-, Südamerika	Nationaler oder regionaler Markteintritt
Marktbezug	abstrakte, grob abgegrenzte Zielgruppen	individuelle Personen und firmenspezifische Buying Center zur Kaufentscheidung
Anwendungsfelder	viele unterschiedliche Anwendungsfelder und Industrien	Priorisierung und Fokussierung auf ein Anwendungsfeld
Zeitliche Perspektive	langfristige Perspektive über den gesamten Produktlebenszyklus	kurz- bis mittelfristige Perspektive bis zum nächsten Milestone oder bis zur nächsten Finanzierungsrunde

Thema	Strategische Sichtweise auf ein neues Geschäftsfeld	Operative Kommerzialisierungsstrategie
Vertriebskanäle	strategische Auswahl geeigneter Vertriebskanäle: Direktvertrieb, Distributoren, Handel etc.	Gewinnung eines oder weniger Vertriebspartner
Preis	kosten- und ertragsorientierte Kalkulation mit Beachtung von Finanzkennzahlen	Preisfestlegung nach Kommerzialisierungsphasen: Markteinstieg, Skalierung, Marktsättigung
Kunden	Hunderte bzw. tausende potenzieller Kunden	Gewinnung der ersten 1–10 Kunden
Kommunikation	strategische Positionierung einer Marke im Wettbewerbsumfeld	individualisierte Ansprache ausgewählter Potenzialkunden mit Fokus Produktnutzen
Umsatzperspektive	Ziele von Millionenumsätzen in ein- bis dreistelliger Höhe	Umsatzziele von ersten 10.000 EUR –100.000 EUR

Tab. 12: Strategische Sichtweise auf ein neues Geschäftsfeld versus operative Kommerzialisierungsstrategie

4.3.2 Organisation für das Geschäftsfeld: Unternehmensinterner Aufbau versus externer Aufbau des Start-ups

Bereits sehr früh im Kommerzialisierungsprozess ergibt sich die Frage, wie die Markterschließung organisatorisch realisiert werden soll (vgl. dazu auch Abschnitt 4.1.2).
Dabei bieten sich grundsätzlich zwei Alternativen an:
- unternehmensinterner Aufbau des Kommerzialisierungsteams
- externe Realisierung des Start-ups.

Allerdings ist eine Entscheidung für eine der beiden Alternativen zu dem frühen Zeitpunkt nicht leicht, wie folgende Beispiele zeigen:
- Die Innovation muss sich erst noch am Markt und im Wettbewerbsumfeld bewähren und dabei sukzessive an den tatsächlichen Kundenbedarf angepasst werden. Bis es zum kommerziellen Erfolg kommen wird, muss das Produkt- und Leistungsangebot konsequent auf verschiedene Anwendungsfelder spezifiziert und weiterentwickelt werden. Mit dieser Weiterentwicklung werden vielfach neue externe Partnerschaften notwendig, die bislang fehlende Markt- oder Technologiekompetenzen einbringen können. Dieses »Wertschöpfungs-Ecosystem« mit Partnern wird im Folgeabschnitt 4.3.3 vertieft.
- Die Festlegung auf eine der beiden Optionen wird die Kultur wesentlich prägen: Je nach Auswahl werden entweder die Charakteristika des Mutterunternehmens oder die Anforderungen des Zielmarkts, das Produkt- und Serviceangebot und nicht zuletzt auch das Management der Ausgliederung im Vordergrund stehen.

- Dieses kulturelle Umfeld wiederum ist wesentlich für den Erfolg oder Misserfolg einer Innovation:
  - Inkrementelle Innovationen brauchen eine enge Verbindung zu den Kerngeschäften des Mutterunternehmens.
  - Für das Innovationsmanagement etablierter Unternehmen sind die eigenen Vorbehalte und Widerstände gegenüber radikalen Innovationen ein wesentliches Hemmnis. In der traditionellen Unternehmenskultur des Mutterunternehmens stoßen Innovationen, die das bisherige Geschäft massiv verändern würden, vielfach auf Widerstand. Radikale Innovationen wie die Realisierung neuer Geschäftsmodelle und Marktinnovationen lassen sich daher häufig nur in einer darauf speziell zugeschnittenen Unternehmenskultur umsetzen.
  - Die Gewinnung von Führungskräften hängt vielfach von der Organisationsform ab. So mancher langjährige Konzernmitarbeiter wird sich scheuen, das Risiko eines Start-ups zu übernehmen. Dagegen wird es — häufig externe — Unternehmerpersönlichkeiten geben, die vermeintlich starren Hierarchien und geringen Entscheidungsspielräume innerhalb eines Großunternehmens kritisch gegenüberstehen. Dagegen kann hier die Führung und der Aufbau eines Start-ups als sehr attraktiv wahrgenommen werden.
- Ein weiterer, wesentlicher Entscheidungsgrund für eine der beiden Organisationsformen liegt in der finanziellen Stärke und der Haftungsfähigkeit als Anbieter einer Innovation.
  - Wird das neue Produkt durch das Mutterunternehmen angeboten, haftet das Unternehmen als Ganzes im Falle eines Schadensersatzes. Ein Start-up kann dagegen nur einen geringen Haftungsumfang abdecken und würde im Fall einer zu hohen Schadensersatzpflicht schnell in die Insolvenz gehen.
  - Potenzielle Kunden werden daher Aufträge mit hohen Umsatzvolumina bevorzugt an Großunternehmen vergeben.
- Vielfach unterschätzt werden die Belastungen und Begrenzungen von Supportfunktionen:
  - Ein internes Kommerzialisierungsteam kann auf vorhandene Prozesse und Ressourcen eines Großunternehmens zurückgreifen. Vorhandene Strukturen z. B. in der IT-Abteilung, der Personalabteilung oder der Buchhaltungs- bzw. Steuerabteilung nehmen dem Verantwortlichen viel Aufwand ab. Allerdings ist es häufig schwierig, zeitlichen oder inhaltlichen Anforderungen zu entsprechen, die außerhalb der definierten Prozesse eines Großunternehmens liegen.
  - Nicht zu unterschätzen ist dagegen der administrative Aufwand eines externen Start-ups, der jede Supportfunktion im Mutterunternehmen oder am Markt recherchieren, vergleichen und einkaufen muss. Erschwerend dazu kommen noch vielfach Vorgaben des Mutterunternehmens für Compliance, z. B. Ausschreibungspflichten. All diese Bedingungen summieren sich für Start-ups schnell zu einem extrem hohen Zeitaufwand. Verfügt dann dieses Start-up nur über ein kleines Team, geht viel Kapazität für die Administration verloren.

Die in Tabelle 13 aufgeführte Checklist soll Hilfestellung bei der Entscheidung für eine der beiden Alternativen geben.

Alternative Organisationsformen	Unternehmensinterner Aufbau des Kommerzialisierungsteams	Externer Aufbau des Start-ups
Institutionelle Verankerung	• enge Verbindung zu den Kerngeschäften des Mutterunternehmens • inkrementelle Innovationen	• Randbereiche des bisherigen Kerngeschäfts • radikale Innovationen
Eigentümerstruktur	• Mutterkonzern ist Eigentümer	• Beteiligung anderer Unternehmen möglich
Finanzierung	• Finanzierung durch Mutterkonzern	• Finanzierung durch beteiligte Unternehmen
Realisierungsform	• Abteilung/Bereich mit organisatorischer Anbindung an eine Business Unit oder an interne Ebene • konzerneigener Inkubator	• eigenständige juristische Person, meist GmbH
Markenauftritt	• Marke des Mutterkonzerns • Mutterkonzern als Dachmarke »Powered by«	• Aufbau einer eigenen Marke — unabhängig vom Mutterkonzern
Kultur	• geprägt durch Kultur des Mutterunternehmens • erleichterte Realisierung von inkrementellen Innovationen	• Aufbau einer eigenständigen Unternehmenskultur • erleichterte Realisierung neuer Geschäftsmodelle und Marktinnovationen
Netzwerke und Know-how	• guter Zugang zu internen Kompetenzen und Netzwerken	• erleichterter Zugang zu externen Wissensträgern und Integration von externen Netzwerken
Supportfunktionen	• Bereitstellung durch Mutterunternehmen	• Aufbau eigener Ressourcen • Einkauf von Supportfunktionen bei Mutterunternehmen und/oder Dienstleistern
Ausstiegsoption	• Gründung einer neuen Business Unit	• schrittweiser Ausstieg der Gründungsgesellschafter durch Aufnahme neuer Gesellschafter • Reintegration in Mutterunternehmen • Börsengang oder Verkauf des Unternehmens

Tab. 13: Unternehmensinterne Organisation versus externe Realisierung des Start-ups

Eine einmal getroffene Entscheidung für eine der beiden Organisationsalternativen sollte nicht permanent kritisch hinterfragt, sondern konsequent umgesetzt werden. Die Überführung eines internen Kommerzialisierungsteams in eine GmbH oder die Reintegration eines Start-ups in ein Großunternehmen verursacht erhebliche rechtliche und steuerliche Hürden.

Konzerneigene Inkubatoren
Konzerneigene Inkubatoren bieten für Unternehmen die Möglichkeit, innovative, neue Geschäftsmodelle und Ideen in einer eigenen Organisation zu entwickeln. Gerade die Realisierung radikaler Innovationen, die zu keiner der bestehenden Business Units passen, wird auf diesem Weg erleichtert.

Vergleichbar mit einem medizinischen »Brutkasten« für Frühgeborene hat ein Inkubator[103] das Ziel, ein optimales Umfeld zu schaffen, in dem die Geschäftsidee und Technologie unter möglichst optimalen Bedingungen entwickelt und kommerzialisiert werden kann. Die Begriffe »Inkubator« und »Beschleuniger« (englisch: »Accelerator«) werden meist nach der Dauer der Unterstützung unterschieden. Inkubatoren sind häufig auf einen Zeitraum von 12—36 Monaten angelegt, wohingegen Acceleratoren eine fokussierte Unterstützung von ca. 3—6 Monaten bieten.

Wir fokussieren hier auf die Herausforderungen von konzerneigenen Inkubatoren für die Erschließung neuer Geschäftsfelder und die Realisierung radikaler Innovationen für ein Unternehmen. Nicht betrachtet werden die teils privaten, teils öffentlich geförderten Inkubatoren für Existenzgründer.

Die Besonderheit eines konzerneigenen Inkubators liegt in der Verbindung zum Mutterkonzern. Einerseits sollen neue, möglicherweise sogar disruptive Technologien und Geschäftsmodelle entwickelt werden, gleichzeitig aber sollen die neuen Geschäftsfelder eine inhaltliche, strategische Nähe zum Mutterunternehmen aufweisen und Synergien zu dessen Leistungssystem nutzen.

Die Entscheidung für die Etablierung eines konzerneigenen Inkubators resultiert aus der Einschätzung, dass die neue Idee, die neue Technologie oder das neue Geschäftsmodell in den bestehenden Business Units des Unternehmens kein geeignetes Umfeld finden wird. Innovative Ansätze zeichnen sich durch hohe Unsicherheit, eine entsprechend lange Entwicklungsphase und zu Beginn geringe Umsätze aus. Business Units haben dagegen die Aufgabe, hohe Umsatzvolumina mit hohen Margen zu realisieren und die dafür erforderlichen Prozesse möglichst effizient zu gestalten. Technologieinnovationen oder neue Geschäftsmodelle innerhalb bestehender Business Units fallen daher leicht unter die zweite Priorität — was ein häufiger Grund für ein Scheitern ist.

Beispielhafte Gründe für den Aufbau eines konzerneigenen Inkubators liegen meist in den veränderten Anforderungen einer Innovation an das Unternehmen:
- **Erschließung neuer Geschäftsfelder**, die stark veränderte Anforderungen an die Organisation mit sich bringen. Beispiel: Der Produktlebenszyklus in der Elektronikindustrie ist deutlich kürzer und abrupter zu Ende als etwa in der Luftfahrtindustrie.

---

103 Quelle URL: http://www.gruenderszene.de/lexikon/begriffe/Inkubator.

- **Technologiediversifizierung**: Entwicklung alternativer Technologien, die möglicherweise bestehende Angebote kannibalisieren. Beispiel: Eine neue, digitale Technologie könnte eine bisherige, etablierte mechanische Lösung eines Problems überflüssig machen.
- **Neue Geschäftsmodelle**: Der Wechsel zu einem stark veränderten Angebotsmodell kann die bisherigen Umsätze bedrohen und langjährige Geschäftsbeziehungen gefährden. Beispiel:
  - Bisheriges Geschäftsmodell: Verkauf von Maschinen auf Basis einer Einmalzahlung
  - Neues Geschäftsmodell: »Pay per Performance« — die Bezahlung erfolgt für jedes mit der Maschine produzierte Produkt.

Neben der Risikodiversifikation bietet ein konzerneigener Inkubator auch den großen Vorteil eines Katalysators für einen kulturellen Wandel: Außerhalb der bestehenden Business Units können neue Ansätze entwickelt und am Markt getestet werden. Die Personalabteilung des Unternehmens kann junge, vielversprechende Führungskräfte in

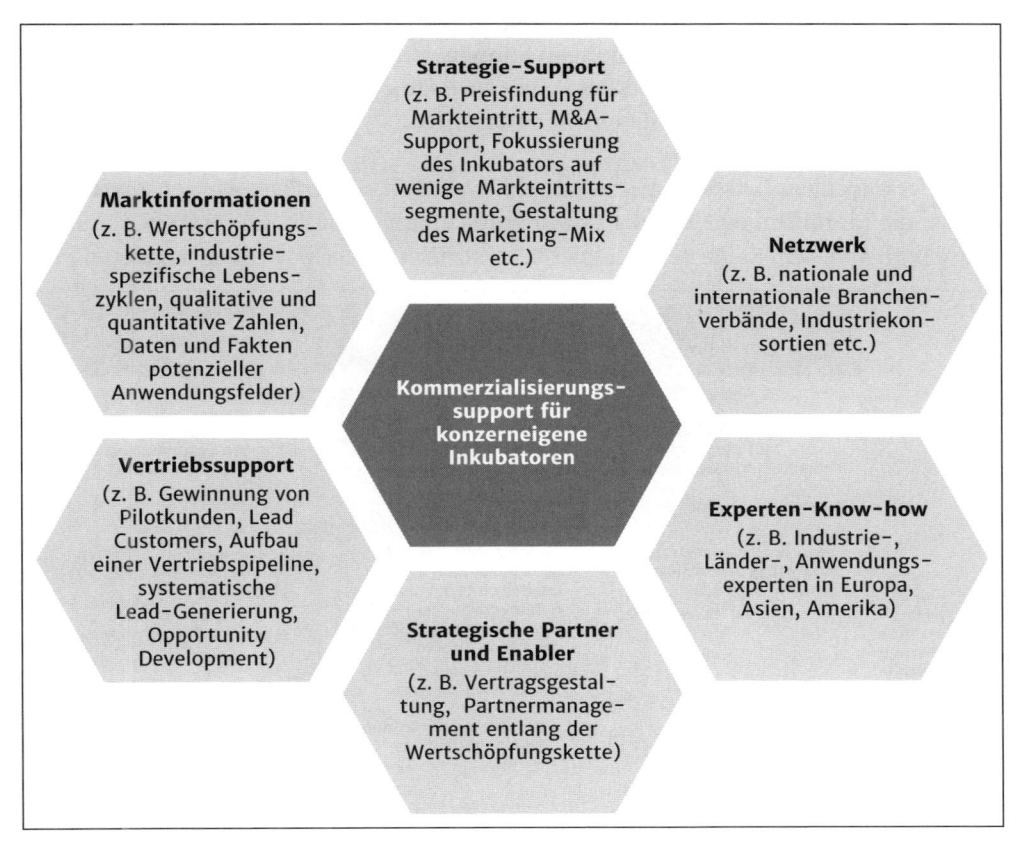

Abb. 41: Laufender Supportbedarf eines Inkubators aus Markt- und Kundensicht
(Quelle: MANAGEMENT BUSINESS GROUP)

konzerneigenen Inkubatoren einsetzen und ihnen damit die Chance auf eine Bewährung als Unternehmer bieten.

Übliche Leistungen bei der Etablierung eines Inkubators sind insbesondere die Bereitstellung von Büroräumen, inklusive einer technischen Infrastruktur und IT. Für einen begrenzten Zeitraum sind häufig auch Service- und Dienstleistungspakete, wie Coaching des Inkubatorenteams, verfügbar.

Eine wesentliche Herausforderung für eine erfolgreiche Entwicklung des Inkubators im Zeitverlauf liegt in der Verfügbarkeit valider Informationen aus Markt- und Kundensicht (vgl. Abb. 41). Wie bereits beschrieben, müssen bestehende Geschäftspläne weiter fokussiert, technische Innovationen auf einzelne Anwendungen weiterentwickelt werden.

Die kommerziellen Erfolgschancen eines Inkubators können wesentlich verbessert werden, wenn dort kontinuierlich auf die zum jeweiligen Zeitpunkt relevanten Informationen, Partnerschaften oder Kontakte zu potenziellen Leadkunden rekurriert werden kann. Im Gegensatz zu etablierten Unternehmen, bei denen das aktuell praktizierte Geschäftsmodell seit Jahren besteht und Produkte jedes Jahr nur schrittweise angepasst werden müssen, begegnet das Inkubatorenteam der Herausforderung, in engen Zeitabschnitten wesentliche Weichenstellungen bewältigen zu müssen. Viele der damit verbundenen Entscheidungen können von existenzieller Bedeutung für die weitere Entwicklung des Inkubators sein. Der Fokus auf ein Marktsegment oder die Entwicklung eines Produkts, das nicht verkäuflich ist, bedeutet schnell das Aus des Start-ups.

In der folgenden Darstellung unterscheiden wir drei wesentliche Phasen eines Inkubators: die Einführungsphase, die Optimierungsphase und die Kommerzialisierungsphase (vgl. Abb. 42). Keine der drei Phasen lässt sich trennscharf von den anderen Pha-

	Einführungsphase	Optimierungsphase	Markteinführung und Kommerzialisierungsphase
Ziel	Fokussierung des Inkubators auf wenige Markteintrittssegmente	Laufende Optimierung des Geschäftsmodells und des Produktangebots	Systematische Erschließung des neuen Geschäftsfelds und Kommerzialisierung

Supportbedarf für Inkubatoren (Beispiele)	• Marktinformationen zur Bewertung alternativer Anwendungsfelder
	• Relevante Netzwerkpartner
		• Experten-Know-how für die Spezifikation der technischen und kommerziellen Anforderungen der jeweiligen Anwendungsfelder an das eigene Angebot
		• Strategie-Support z. B.
		  – für Preisfindung für Markteintritt
		  – für vertragliche Bindung von Wertschöpfungspartner
			• Vertriebssupport, z. B. zum Aufbau einer Interessentenpipeline
			• Strategie-Support z. B. Marketing-Mix-Gestaltung

Abb. 42: Entwicklungsphasen eines Inkubators und Supportbedarf aus Markt- und Kundensicht (Quelle: MANAGEMENT BUSINESS GROUP)

sen abgrenzen. So werden in der Entwicklung des Geschäftsmodells immer wieder die Zielgruppen hinterfragt, um in der Markteinführungsphase das Produktangebot weiter zu optimieren.

4.3.3 Wertschöpfungs-Ecosystem: Realisierung eines wettbewerbsfähigen Produkt- und Leistungsangebots mit Wertschöpfungspartnern

Der Aufbau eigener Mitarbeiter, eigener Vertriebskanäle oder eigener Produktionskapazitäten zur Realisierung eines wettbewerbsfähigen Produkt- und Leistungsangebotes ist häufig zeitaufwändig und mit hohen Investitionen verbunden. Das erhöht das unternehmerische Risiko und erfordert ein hohes Maß an Managementkapazitäten.

Die strategische Alternative ist, gezielt ein geeignetes »Wertschöpfungs-Ecosystem«[104] mit spezialisierten Partnern aufzubauen. Das Unternehmen kann dadurch Zugang zu komplementären Kompetenzen in Fragen der technologischen Entwicklung und des Marktzugangs erhalten.

Partnerschaften bieten weiterhin die Chance, schnell marktspezifische Anforderungen für verschiedene Anwendungsbranchen zu integrieren. Wie bereits im vorherigen Kapitel beschrieben, kann sich das Start-up dann auf die Anpassung und Weiterentwicklung des Produkt- und Leistungsangebots fokussieren.

Den Chancen, die sich aus der Zusammenarbeit mit strategischen Partnern ergeben können, stehen allerdings auch erhebliche Risiken gegenüber. Eine Übersicht ist in Tabelle 14 festgehalten.

Thema	Chance	Risiko
Strategische Ausrichtung	Bündelung der Kräfte mehrerer Partner	• Unterschiedliche Bewertung der unternehmerischen Chancen • Vorbehalte potenzieller Partner aufgrund bestehender Kooperationen
Marke/Image	positiver Marken- und Imagetransfer von Partnerunternehmen	negativer Marken- und Imagetransfer von Partnerunternehmen
Kundenzugang	schneller Zugang zu Neukunden, insb. in der Markteintrittsphase	kein Mehrwert in der Kontaktbasis für den Markteintritt
Regionalität	viele unterschiedliche Anwendungsfelder und Industrien	zu starke Verengung auf prioritäre Anwendungsfelder der Partner
Finanzmittel	Verteilung des finanziellen Risikos auf mehrere Gesellschafter	finanzielle Grenzen der Partner

Tab. 14: Zusammenarbeit mit strategischen Partnern

---

104 Vgl. hierzu URL: http://antitrustinstitute.org/files/Business%20ecosystems%20and%20the%20view%20 from%20the%20firm,%20antitrust%20bu_081320081450.pdf

Wie Friedrich Schiller in »Das Lied von der Glocke« postuliert »Drum prüfe, wer sich ewig bindet«, ist auch hier eine sorgfältige Wahl strategischer Partner existenziell wichtig. Fehler bei der Suche und Auswahl strategischer Partner sind ein häufiger Grund für das Scheitern der Innovation.

Die wichtigste Frage bei der Auswahl möglicher Partner ist, welche konkreten Aufgaben der Partner übernehmen soll. Das eigene Unternehmen muss sich dabei auf die Kernkompetenzen fokussieren, die erforderlich sind, um das Produkt- und Leistungsangebot (Value Generation) zu realisieren und um wettbewerbsfähig zu bleiben. Viele weitere Kompetenzen, die ergänzend zu den Kernkompetenzen notwendig sind, können durch Partner abgedeckt werden.

Dazu bedarf es einer systematischen Bestimmung, welche Lücken im Zugang zu attraktiven Märkten, Technologien oder Produktionskapazitäten des Start-ups (»Gaps«) durch strategische Partner gefüllt werden sollen. Wir schlagen hier einen Prozess in drei Schritten vor, wie er in Abbildung 43 dargestellt ist.

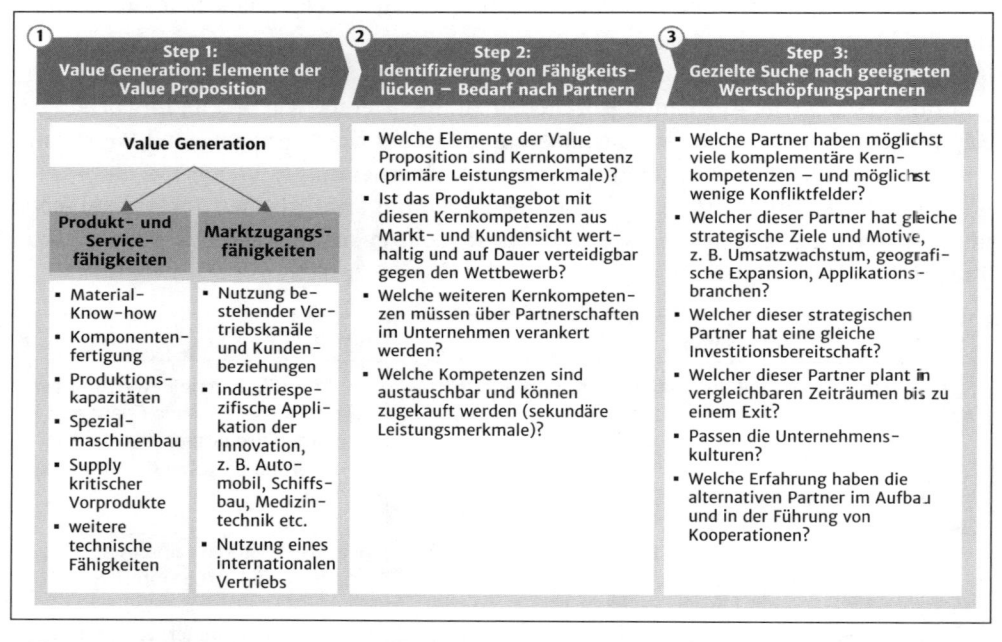

① Step 1: Value Generation: Elemente der Value Proposition	② Step 2: Identifizierung von Fähigkeitslücken – Bedarf nach Partnern	③ Step 3: Gezielte Suche nach geeigneten Wertschöpfungspartnern
Value Generation ↙ ↘ **Produkt- und Service-fähigkeiten** / **Marktzugangs-fähigkeiten** • Material-Know-how • Komponentenfertigung • Produktionskapazitäten • Spezialmaschinenbau • Supply kritischer Vorprodukte • weitere technische Fähigkeiten • Nutzung bestehender Vertriebskanäle und Kundenbeziehungen • industriespezifische Applikation der Innovation, z. B. Automobil, Schiffsbau, Medizintechnik etc. • Nutzung eines internationalen Vertriebs	• Welche Elemente der Value Proposition sind Kernkompetenz (primäre Leistungsmerkmale)? • Ist das Produktangebot mit diesen Kernkompetenzen aus Markt- und Kundensicht werthaltig und auf Dauer verteidigbar gegen den Wettbewerb? • Welche weiteren Kernkompetenzen müssen über Partnerschaften im Unternehmen verankert werden? • Welche Kompetenzen sind austauschbar und können zugekauft werden (sekundäre Leistungsmerkmale)?	• Welche Partner haben möglichst viele komplementäre Kernkompetenzen – und möglichst wenige Konfliktfelder? • Welcher dieser Partner hat gleiche strategische Ziele und Motive, z. B. Umsatzwachstum, geografische Expansion, Applikationsbranchen? • Welcher dieser strategischen Partner hat eine gleiche Investitionsbereitschaft? • Welcher dieser Partner plant in vergleichbaren Zeiträumen bis zu einem Exit? • Passen die Unternehmenskulturen? • Welche Erfahrung haben die alternativen Partner im Aufbau und in der Führung von Kooperationen?

Abb. 43: Systematischer Prozess zur Suche und Auswahl strategischer Wertschöpfungspartner (Quelle: MANAGEMENT BUSINESS GROUP)

Bei der Partnerauswahl sind überdies folgende Aspekte zu berücksichtigen:
- Grundlage ist eine systematische Recherche alternativer Partner nach Unternehmensgröße, geografischer Abdeckung, kompatiblem Geschäftsmodell etc. Nur selten ist der erste, bekannte und interessierte Partner auch der Richtige.
- Statt den Akteur mit dem größten Marktanteil auszuwählen, ist häufig ein Wettbewerber mit der Marktposition 2, 3 oder 4 besser geeignet, eine neue Technologie zu kommerzialisieren. Das führende Unternehmen will häufig nur den Status Quo bei-

behalten und hat damit weniger Interesse, Märkte mit neuen Technologien zu verändern. Dagegen zeigen Unternehmen auf nachfolgenden Marktpositionen oft den Ehrgeiz, selbst Nummer 1 zu werden.
- Vielfach ist das Interesse potenzieller Partner sehr groß, wenn es sich um eine spannende Innovation oder neue Technologie handelt. Ein gutes Selektionskritierium ist es, konkrete Vorleistungen von potenziellen Partnern zu fordern, z. B. Investments in die neue Technologie für FuE, Verpflichtung zu Umsatzzielen. Damit zeigt sich schnell, wie wichtig dieses neue Geschäftsfeld aus Sicht des Partners ist.
- Mut zu ungewöhnlichen Partnerschaften: Eine Zusammenarbeit mit Partnern entlang der gesamten Wertschöpfungskette bietet neue Chancen für innovative Geschäftsmodelle. So könnte z. B. ein Unternehmen im Bereich der Autolacke mit einer Versicherung für Automobile neue, attraktive Angebotspakete entwickeln.
- In einer frühen Phase des Start-ups sind vertragliche Kooperationen flexibler an veränderte Marktsituationen anzupassen als der Kauf oder Verkauf von Unternehmensanteilen.

Exklusivität

Eine der grundlegenden Fragen in der Zusammenarbeit mit potenziellen Partnern ist die Vereinbarung einer möglichen Exklusivität. Kaum ein anderes Thema wird so kontrovers diskutiert werden wie die ausschließliche Bindung an einen Partner.

Abbildung 44 stellt einige Vor- und Nachteile einer Vereinbarung mit Exklusivcharakter gegenüber.

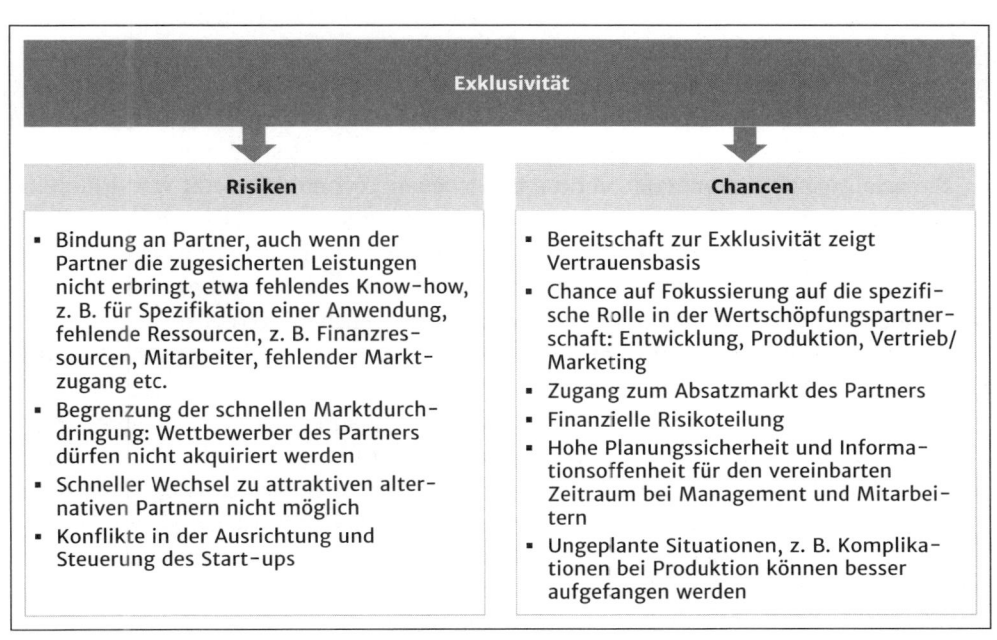

Exklusivität	
Risiken	**Chancen**
• Bindung an Partner, auch wenn der Partner die zugesicherten Leistungen nicht erbringt, etwa fehlendes Know-how, z. B. für Spezifikation einer Anwendung, fehlende Ressourcen, z. B. Finanzressourcen, Mitarbeiter, fehlender Marktzugang etc. • Begrenzung der schnellen Marktdurchdringung: Wettbewerber des Partners dürfen nicht akquiriert werden • Schneller Wechsel zu attraktiven alternativen Partnern nicht möglich • Konflikte in der Ausrichtung und Steuerung des Start-ups	• Bereitschaft zur Exklusivität zeigt Vertrauensbasis • Chance auf Fokussierung auf die spezifische Rolle in der Wertschöpfungspartnerschaft: Entwicklung, Produktion, Vertrieb/Marketing • Zugang zum Absatzmarkt des Partners • Finanzielle Risikoteilung • Hohe Planungssicherheit und Informationsoffenheit für den vereinbarten Zeitraum bei Management und Mitarbeitern • Ungeplante Situationen, z. B. Komplikationen bei Produktion können besser aufgefangen werden

Abb. 44: Risiken und Chancen einer exklusiven Partnerschaftsvereinbarung
(Quelle: MANAGEMENT BUSINESS GROUP)

Wir sehen in einer frühen Phase der Marktetablierung eher Vorteile als Nachteile für eine zeitlich befristete Exklusivität der Partner. Eine feste Partnerschaft kann eine wesentliche Stabilität in den ersten Monaten oder Jahren des Aufbaus bringen. Statt vieler — und zum Teil erfolgloser — Verhandlungen mit potenziell neuen Partnern ist der Fokus auf das Verständnis der Kundenbedürfnisse und des Wettbewerbsumfelds weitaus erfolgsentscheidender für das Start-up.

Eine limitierte Exklusivität kann z. B. einen begrenzten Zeitraum von Monaten oder wenigen Jahren umfassen. Eine zweite Möglichkeit, eine Exklusivität zu begrenzen, ist die explizite Nennung von Konkurrenten, die nicht addressiert werden dürfen, statt des Ausschlusses einer ganzen Branche.

4.3.4 Vernetzung im Zielmarkt: Von der externen Marktforschungsbeobachtung zum integralen Bestandteil der Wertschöpfungskette

Ein neues Geschäftsfeld erfolgreich zu erschließen, bedeutet zunächst einmal, sich in einem völlig neuen Markt- und Wettbewerbsumfeld zu orientieren. Bisher unbekannte Wettbewerber, eine veränderte Industriedynamik und neue Entscheidungsprozesse bei potenziellen Kunden führen zu mitunter komplizierten Herausforderungen. Das neue Markt- und Wettbewerbsumfeld kann auch erfordern, dass das Unternehmen von bewährten und bisher erfolgreichen Handlungsmustern abweichen muss.

Grundlage (fast) aller Geschäftsfeldplanungen sind Beschreibungen des Markt- und Wettbewerbsumfelds. Typischerweise werden Märkte über deren Segmente, Größe und Wachstum, die für diese Branche typische Dynamik, aber auch Wertschöpfungsketten, wichtige Player und Wettbewerber und wesentliche Trends charakterisiert. Diese Markt- und Wettbewerbsbeobachtung (in Abb. 45 Stufe 1) stellt eine wesentliche Grundlage für die Priorisierung potenziell attraktiver Geschäftsfelder dar.

Die erfolgreiche Kommerzialisierung einer neuen Technologie setzt weiterhin eine umfassende Kenntnis über relevante Markteintrittsbarrieren, Entscheidungsstrukturen im Zielgruppensegment und Customer Pain Points voraus.

Auf dieser Basis kann eine technologische Innovation (mit Vorteilen) zu einem Produkt weiterentwickelt werden, das als Problemlösung nachgefragt wird.

In der Praxis ist die Identifikation von Entscheidern für oder gegen die Nutzung einer neuen Technologie oft nicht einfach. Gerade in komplexen Wertschöpfungsketten mit vielen Lieferanten und Sublieferanten sind die Einkäufer oder die Fachabteilungen eines potenziellen Kunden nicht immer die Entscheider für oder gegen eine Innovation. Ist das Endprodukt ein komplexes System, müssen bei einer Veränderung einer Technologie alle anderen Systemkomponenten mit berücksichtigt werden (vgl. Abb. 45).

Die Erschließung eines neuen Geschäftsfelds geht jedoch über erste Verkäufe der Innovation weit hinaus. Das Ziel muss sein, sich nachhaltig als Anbieter mit relevantem Marktanteil in der Wertschöpfungskette zu verankern.

Wie kann man nun als neuer Marktteilnehmer in seit Jahren etablierte Strukturen und Wertschöpfungspartnerschaften eindringen? Die Chance liegt in einem Wertschöpfungsstufen-übergreifenden Ansatz. Statt — wie in den meisten Branchen üblich —

Stufe 1: Markt- und Wettbewerbsbeobachtung	Stufe 2: Verständnis der Branchenregeln	Stufe 3: Dauerhafte Rolle in der Branche
• Marktanalyse: Marktsegmente, Marktgröße, Marktwachstum, Industriedynamik • Beschreibung der Wertschöpfungskette, wichtiger Marktteilnehmer und Wettbewerber • Verstehen der Markt-/ Technologietrends	• Genaue Kenntnis der Branchenregeln und Marktbarrieren • Verständnis der branchenspezifischen »Pain Points« und Herausforderungen • Kontakte zu führenden Industrieakteuren für branchenübergreifende Initiativen	• Aufbau einer nachhaltigen Position in der Branche: M&A/Übernahmeziele, strategische Partnerschaften • Akzeptanz als kompetenter und langfristiger Lösungs- und Entwicklungspartner der Branche

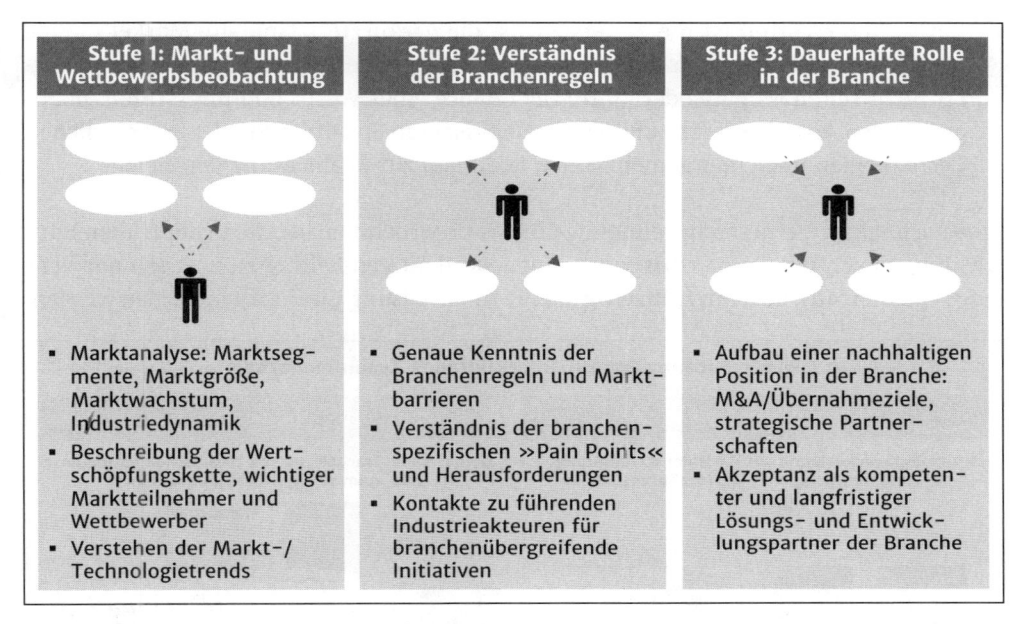

Abb. 45: Stufen der Vernetzung im Zielmarkt (Quelle: MANAGEMENT BUSINESS GROUP)

nur mit Vertretern der vor- und nachgelagerten Stufe zu sprechen, kann ein »Runder Tisch« mit allen an der Wertschöpfung beteiligten Systempartnern zu neuen Geschäftschancen führen.

Im Gegensatz zu dem im vorherigen Kapitel erläuterten »Future Forum«, das eher explorativ auf neue Märkte ausgerichtet ist, fokussiert die Methodik eines »**New Business Round Tables**« auf die Konkretisierung und Implementierungsvorbereitung neuer, gemeinsamer Geschäftschancen in dem bestehenden Markt. »New Business Round Tables« haben für den neuen Marktteilnehmer den Vorteil, auf »Augenhöhe« mit den etablierten Playern zu sprechen, die eigene Technologie als integralen Lösungsbestandteil zu positionieren und daraus neue, Wertschöpfungsstufen-übergreifende Geschäftsmodelle zu entwickeln.

Dieser Wertschöpfungsstufen-übergreifende Ansatz bietet eine Reihe von Chancen:
- Etablierte Anbieter nehmen häufig über viele Jahre und Jahrzehnte eine feste Rolle als Lieferant und Kunde ein. Direkte Gespräche mit den Kunden der eigenen Kunden werden von vielen Marktteilnehmern mit Mißtrauen betrachtet. Dagegen hat ein neuer Anbieter die Chance, führende Marktteilnehmer an einen Tisch zu holen.

Typische Themenstellungen sind beispielsweise:
- Was sind branchenübergreifende Trends und Herausforderungen?
- Wie kann eine konkrete neue Geschäftschance durch eine Kooperation realisiert werden?
- Wie können neue Technologien oder veränderte gesetzliche Vorgaben entlang der Wertschöpfungskette implementiert werden? (Bsp. Lackindustrie, VOC-Verordnung: wasserlösliche Lacke statt lösungsmittelbasierte Lacke).

- Ein weiterer Vorteil ist die Zeitersparnis, die verkürzte »Time-to-Market«. Eine Abstimmung der genauen Anforderungen entlang einer Wertschöpfungskette dauert nicht selten Monate oder Jahre. Die Chance eines Wertschöpfungsstufen-übergreifenden Ansatzes liegt nun in der gemeinsamen Spezifikation der erforderlichen Technologien und einer gemeinsamen Roadmap zur Realisierung der Ziele.

Eine nachhaltige Vernetzung gelingt, wenn das Unternehmen bereits in der frühen Entwicklung neuer, innovativer Lösungen einen werthaltigen Beitrag zu übernehmen vermag (vgl. Abb. 46). So kann frühzeitig auf die finale Lösung Einfluss genommen werden.

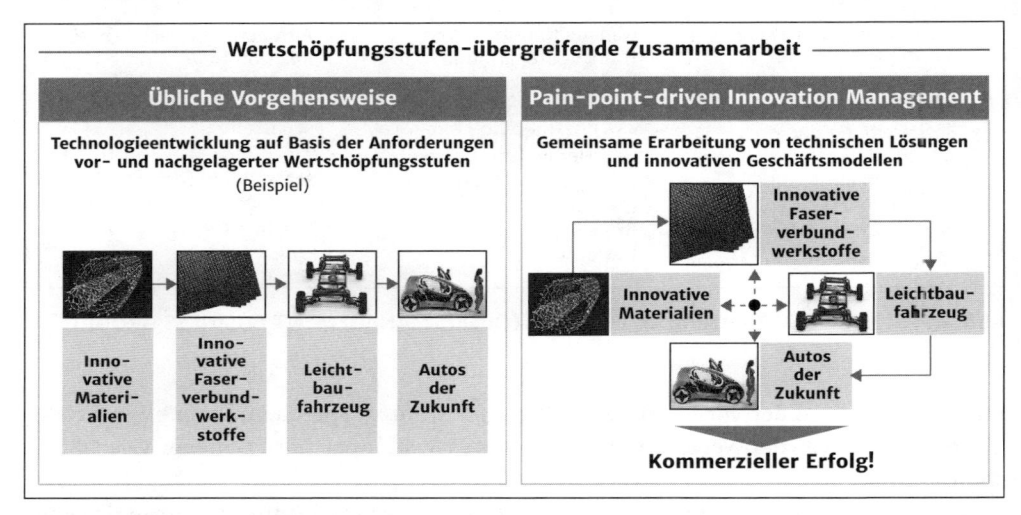

Abb. 46: Wertschöpfungsstufen-übergreifende Vernetzung im Zielmarkt
(Quelle: MANAGEMENT BUSINESS GROUP)

4.3.5 Business Launch: Kommerzialisierungsplanung

Eine operative Kommerzialisierungsstrategie hat das Ziel, den Markteintritt vorzubereiten. Der Schlüssel zum Erfolg liegt in der Fokussierung auf wenige Zielmärkte, bei denen die Technologie den höchsten Nutzen bietet.

In vielen Fällen ergibt sich mit etwas Phantasie eine Vielzahl verlockender Anwendungsmöglichkeiten und potenzieller Märkte für eine Technologie. Daher liegt die größte Herausforderung während dieser Phase in einer systematischen Auswahl weniger Märkte und Zielkunden, bei denen sich die Time-to-Market zuverlässig abschätzen lässt.

Grundlage für die Auswahl ist wiederum die konsequente Beurteilung aus Markt- und Kundensicht. Wir empfehlen eine Vielzahl von Gesprächen in potenziellen Märkten und Anwendungsbereichen zu führen. Auf dieser Basis werden die Märkte mit den schnellsten Zugangsmöglichkeiten gefunden.

Kernfragen in diesen Gesprächen sind unter »Kernfragen zur Suche nach potenziellen Märkten und Anwendungsbereichen« aufgelistet.

Kernfragen zur Suche nach potenziellen Märkten und Anwendungsbereichen
- Was sind die konkreten technischen Anforderungen und Testverfahren, die eine Technologie in dem jeweiligen Zielmarkt erfüllen muss?
  → Bestimmung des eigenen Entwicklungsaufwands zum Erfüllen der Anforderungen
- Was sind die kommerziellen Anforderungen, um als Lieferant in dem jeweiligen Zielmarkt akzeptiert zu werden, z. B. Preisbereitschaft, erforderliche Qualifikationen als Lieferant, Mengen im Zeitverlauf, Service-Anforderungen etc.?
  → Anforderungen an die Organisation
- Wie viel Zeit ist erforderlich, bis potenzielle Kunden nicht nur Testbestellungen, sondern hohe Volumina bestellen?
  → Maßgeblich für den Business Plan

Der Business-Launch-Plan beschreibt das Ergebnis einer systematischen Auswahl von Märkten für den Eintritt — auf Basis der qualitativen und quantitativen Ergebnisse der Sondierungsgespräche in den potenziellen Märkten (vgl. Abb. 47). Typische Elemente eines Business-Launch-Plans sind:
- Fact Book: Zielmärkte, Leistungsprogramm pro Zielmarkt, operatives Vertriebskonzept, Kommunikation und Marktaktivierung, Organisation und Prozesse
- Business Plan: Quantitative Umsatz- und Kostenplanung, Kennziffern im Zeitverlauf
- Milestone Plan: Zeitplanung und Entscheidungspunkte

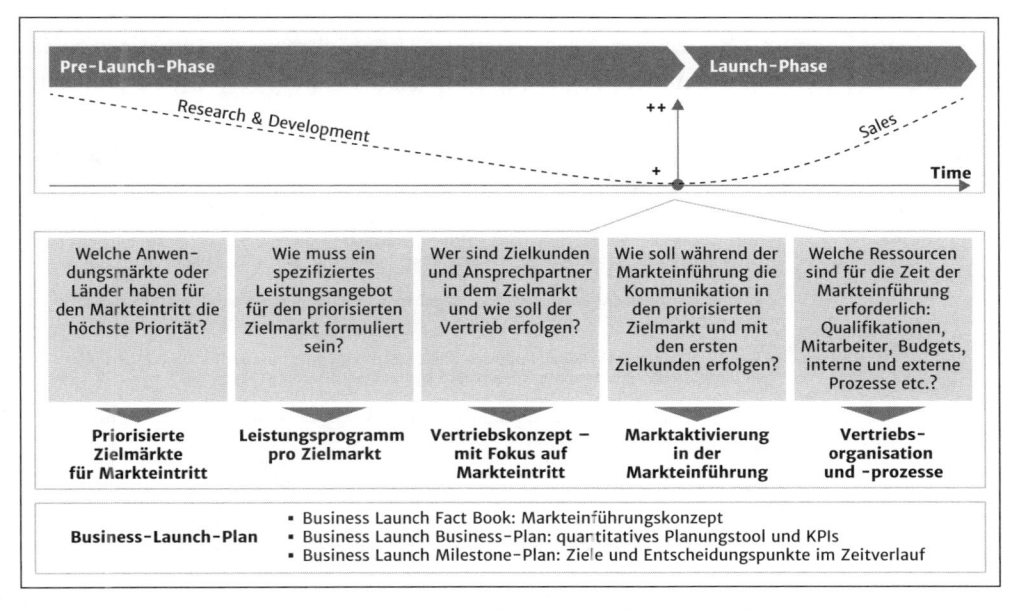

Abb. 47: Elemente eines Business-Launch-Plans zur Markteintrittsplanung
(Quelle: MBG Business Launch Management)

4.3.6 Markteintritt: Gewinnung erster Kunden im neuen Geschäftsfeld

Die zentrale Herausforderung besteht nun darin, im langfristig vorgesehenen Marktsegment genau die Kunden zu identifizieren, bei denen eine rasche Absorptionsfähigkeit gegenüber der neuen Technologie denkbar erscheint.

Diese ersten Kunden stellen eine große Herausforderungen dar: Statt der kostenlosen Lieferung von Produktmustern sollen nun Umsätze in relevanter Größenordnung realisiert werden. Noch ist die tatsächliche Preisbereitschaft von Kunden unbekannt, noch ist unklar, welche Kundengruppe mit welcher spezifischen Anwendung tatsächlich den höchsten Nutzen von der neuen Technologie hat. Auch das Vertrauen potenzieller Kunden in das Start-up und dessen Angebote muss erst noch erarbeitet werden. All diese Bespiele zeigen, welches Potenzial für Fehlschläge in dieser kritischen Start-up-Phase liegt.

Vielfach wird in dieser Phase zu viel Geld und Zeit in breit angelegte Kommunikationsaktivitäten wie Anzeigen oder Messeauftritte, die sehr hohe Streuverluste verursachen, gesteckt. In der Praxis zeigt sich, dass eine zu breite Ansprache von vermeintlich attraktiven Märkten zu einem frühen Zeitpunkt schnell zu einer übergroßen Anzahl an Anfragen führt. Gerade technische Innovationen und neue Lösungen wecken das Informationsbedürfnis einer Vielzahl von Experten, Wettbewerbern oder Journalisten. Dieses wird allerdings nur sehr selten zu konkreten Vertragsabschlüssen führen. Die Bearbeitung der Anfragen kann schnell zu einer Überlastung des Start-up-Teams führen. Das Start-up muss in dieser Situation eine sehr strikte Vorqualifizierung, die Priorisierung geeigneter und Aussortierung unpassender Anfragen durchführen.

Das Autorenteam empfiehlt vielmehr die Suche und Erschließung weniger, ausgewählter potenzieller Kunden, mit denen der Markteintritt mit den begrenzten zeitlichen, finanziellen und Mitarbeiter-Ressourcen des Unternehmens systematisch realisiert werden kann. Dabei kann ein zu großer, potenzieller Kunde ungeeignet sein. Eine

Kernfrage strategischer Marktsegmentierung	Kernfragen operativer Marktsegmentierung
Was sind langfristig attraktive Marktsegmente mit hoher Wachstumsperspektive?	• Was sind kleine, idealerweise hochpreisige Marktnischen innerhalb der priorisierten, attraktiven Marktsegmente, für die man einen hohen Nutzen bieten kann? • Welche Marktnischen können mit den gegebenen Produktionsressourcen des Start-ups bedient werden? • Welche Ländermärkte können mit den begrenzten zeitlichen, finanziellen und Mitarbeiter-Ressourcen des Unternehmens realistisch bedient werden? • Was sind potenzielle Kunden innerhalb der Marktnische, zu denen bereits ein Zugang besteht? • Welche potenziellen Kunden sind als Lead Customers und/oder Meinungsführer geeignet? • Wie ist das Entscheidungsmuster und die Entscheidungsdauer dieser potenziellen Kunden?

Abb. 48: Vergleich der strategischen Marktsegmentierung mit der operativen Marktsegmentierung (Quelle: MANAGEMENT BUSINESS GROUP)

sorgfältige Analyse, welche Kunden für den Markteintritt angesprochen werden sollen, ist daher ratsam.

Ziel einer operativen Marktsegmentierung ist die Beschreibung und Auswahl von potenziellen Kunden, die für das Start-up in dieser frühen Kommerzialisierungsphase bearbeitet werden können.

Trotz aller Begeisterung für die eigene Innovation oder das eigene Produktangebot muss man sich darüber klar sein, dass eine Kommerzialisierung nur dann erfolgreich sein wird, wenn mit dieser Innovation auch ein konkretes Problem eines potenziellen Kunden gelöst werden kann. Je größer das Problem ist, das man für den Kunden löst, desto höher ist auch der Wert der Innovation für den Kunden. Die erzielbaren Preise und Margen für eine Innovation sind abhängig von diesem realisierbaren Wert.

Eine bewährte Methodik zum Verständnis des Wertes der eigenen Innovation für den Kunden ist die »Pain Point«-basierte Fragetechnik in drei Schritten (vgl. Abb. 49).

Key Customer Pain Point	
Das Kundenproblem verstehen	• Was ist das genaue Problem (»Customer Pain Point«) des Kunden? • Vor welchen Herausforderungen steht der Kunde? Welche Ziele hat das Unternehmen, der Gesprächspartner? • Welche Bedeutung und welchen Wert hat die Lösung des Problems für den Kunden?
Bestehende Lösungsansätze verstehen	• Wie wird das Problem bisher beim Kunden gelöst? • Welche alternativen Lösungsansätze oder alternativen Technologien gibt es aus Sicht des Kunden? • Was sind Voraussetzungen und Anforderungen an eine neue Lösung? Beispiel: Integration in ein Gesamtsystem
Eigene Lösung anbieten	• Kann das Problem des Kunden mit unserer Technologie besser und kostengünstiger gelöst werden? • Welche Konsequenzen hätte das für den Kunden, z. B. im Hinblick auf eine Änderung des Gesamtsystems? • Welchen Wert können wir mit unserer Lösung für den Kunden schaffen: Effizienz, Differenzierung im Wettbewerb, Kostenziele, Haltbarkeit, verringerte Abhängigkeit von Lieferanten etc.?

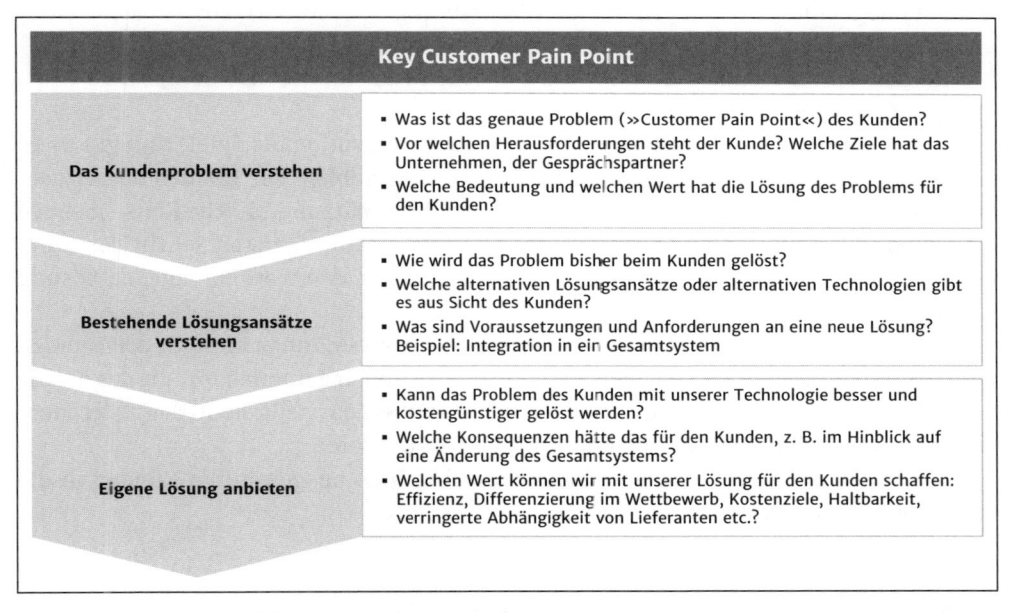

Abb. 49: Das Kundenproblem und Lösungsalternativen aus Kundensicht als Voraussetzungen für eine erfolgreiche Spezifikation des eigenen Lösungsangebots
(Quelle: MANAGEMENT BUSINESS GROUP)

Der erste Schritt hat das Ziel, relevante Kundenprobleme zu identifizieren, die möglicherweise mit dem eigenen Angebot adressierbar sind. Ein häufiger Fehler im Technologievertrieb ist die zu starre Fixierung auf quantitative Kriterien, wie die Verbesserung technischer Leistungsparameter oder geringere Preise. In fast allen Verkaufssituationen sind dies tatsächlich wesentliche Kriterien — allerdings nicht die einzig entscheidenden. Welche anderen Probleme können für den Kunden gelöst werden, z. B. eine Differenzierung im Wettbewerb mit einem einzigartigen Angebot?

Ein Beispiel: Ein Unternehmen suchte neue Märkte für ein innovatives, sehr leistungsfähiges Faserverbundmaterial (»High-Tech Composites«). Die Materialeigenschaften zeigten eine extreme mechanische Belastbarkeit. Bisher wurde das neue Material nur in ausgewählten Sportwagen eingesetzt. Der entsprechende Scouting-Prozess führte zu einem führenden internationalen Hersteller von Fahrradkomponenten. Er zeigte hohes Interesse an dem Material für den Einsatz als Kurbelgarnitur für Fahrräder. Das innovative Faserverbundmaterial bot für den Komponentenhersteller die Chance, sich im Wettbewerb mit einer neuen Kategorie von Kurbelgarnituren zu profilieren: Das innovative Faserverbundmaterial war teurer als Aluminium, allerdings wesentlich leichter, gleichzeitig aber deutlich günstiger als Karbonfasermaterialien.

Der zweite Schritt intendiert ein detailliertes Verständnis, welche alternativen Lösungsmöglichkeiten aus Sicht des Kunden in Frage kommen. Diese alternativen Lösungsmöglichkeiten können auf eine Verbesserung der aktuellen Lösung abzielen — allerdings auch auf radikale Veränderungen. Im Automobilbau war Metall über Jahrzehnte das dominierende Material. Heute machen Kunststoffe und Composites einen beträchtlichen Teil von Autokarosserien aus.

Erst jetzt, im dritten Schritt, kommt die eigene Innovation ins Spiel. Nun gilt es zu beurteilen, ob die eigene Technologie tatsächlich das Problem des Kunden besser oder kostengünstiger lösen kann. Wichtig ist bei dieser Einschätzung, welche Konsequenzen die neue Lösung für den Kunden nach sich zieht. Hat man im ersten Schritt das Kundenproblem ausreichend verstanden, ist es nun möglich, den Wert der eigenen Lösung für den Kunden abzuschätzen.

Der Aufwand für das Verständnis des Wertes der eigenen Innovation für den Kunden wird im Zeitverlauf immer geringer. Hat man erste Kunden gefunden, für die das eigene Angebot eine hohe Problemlösung und einen hohen Wert darstellt, kann das aufgebaute Wissen bei vergleichbaren Kunden multipliziert zu werden.

Das ist der Zeitpunkt, von der Suche nach einzelnen ausgewählten Kunden in die vertriebliche Skalierung überzugehen.

4.3.7 Auslizensierung: Wertbasierter Prozess der Auslizensierung von Technologien/Patenten

Die Entwicklung neuer Technologien und die Patentierung der Inventionen kostet Unternehmen viel Geld. Gleichzeitig wird aber nur ein kleiner Teil der Patente durch die Unternehmen für eigene Produkte und Leistungen genutzt. Denn ein Patent allein macht noch keinen kommerziellen Erfolg.

Die Weiterentwicklung einer Technologie für spezifische Anwendungen und die Vermarktung der Produkte ist zunächst mit erheblichen Investitionen und damit unternehmerischen Risiken verbunden. Um Umsatz und Profite aus Technologieinnovationen und Patenten zu erreichen, muss die Umsetzung gelingen, es muss ausreichend Finanzierung vorhanden sein, Modelle und Prototypen sind erfolgreich zu entwickeln und einzusetzen. Schließlich bedarf es auch durchsetzungsstarker Unternehmerpersönlichkeiten mit Mut, Ehrgeiz und Gespür für Markt und Timing, um aus einer guten Idee auch ein erfolgreiches Produkt zu machen.

Eine Alternative zur eigenen Kommerzialisierung ist das Auslizensieren einer Technologie oder von Patenten an andere Unternehmen.

Der Verkauf oder die Auslizensierung von Patenten kann sich für Unternehmen zu einer Einnahmequelle in Millionenhöhe entwickeln. So wurden im Jahre 2013 durch die Helmholtz-Gemeinschaft Lizenzeinnahmen von fast 20 Mio. EUR aus einem Gesamtbestand von über 1.500 Lizenzvereinbarungen erlöst.[105]

Die amerikanische Computerfirma IBM erwirtschaftet aus seinem Patent-Portfolio geschätzte jährliche Lizenzeinnahmen von mehr als einer Milliarde US-Dollar.[106] Damit setzt sich IBM an die Spitze der führenden Verkäufer von Patentnutzungsrechten. Eine Analyse von Brody Berman Associates/Envision IP zeigt, dass über einen Zeitraum von 3,5 Jahren (2012 bis 2015) IBM mit der Lizensierung von 5.356 Patentrechten den Spitzenplatz vor Panasonic, NEC und SONY belegt (vgl. Abb. 50).[107]

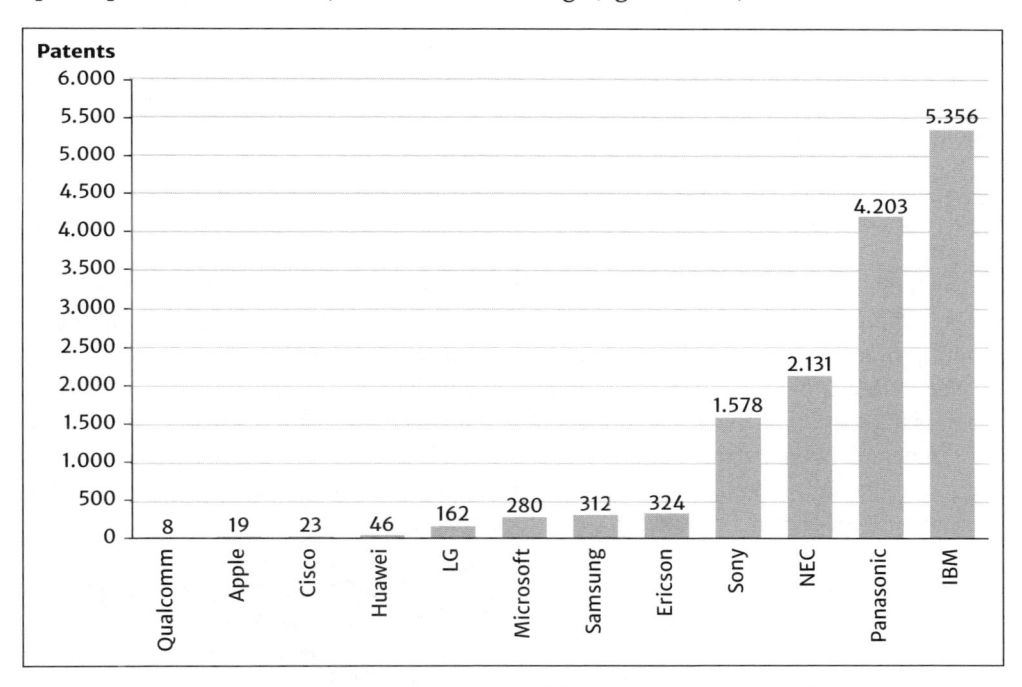

Abb. 50: Leading Patent Sellers (2012—2015 1H) (Quelle: Envision IP, LLC)

Der Handel mit Technologie- und IP-Rechten zeigte in den letzten Jahrzehnten einen starken Anstieg. Dabei wuchsen die Einnahmen aus Lizenz- und Lizenzgebühren (RLF) international von 87 Mrd. US-Dollar im Jahr 2000 auf mehr als 237 Mrd. US-Dollar im

---

105 URL: http://www.helmholtz.de/transfer/erfolgsbilanz/lizenzierungen.
106 URL: http://www.zdnet.de/88139225/ibm-beantragt-zum-20-mal-in-folge-die-meisten-patente/.
107 Quelle URL: https://ipcloseup.wordpress.com/tag/ibm/.

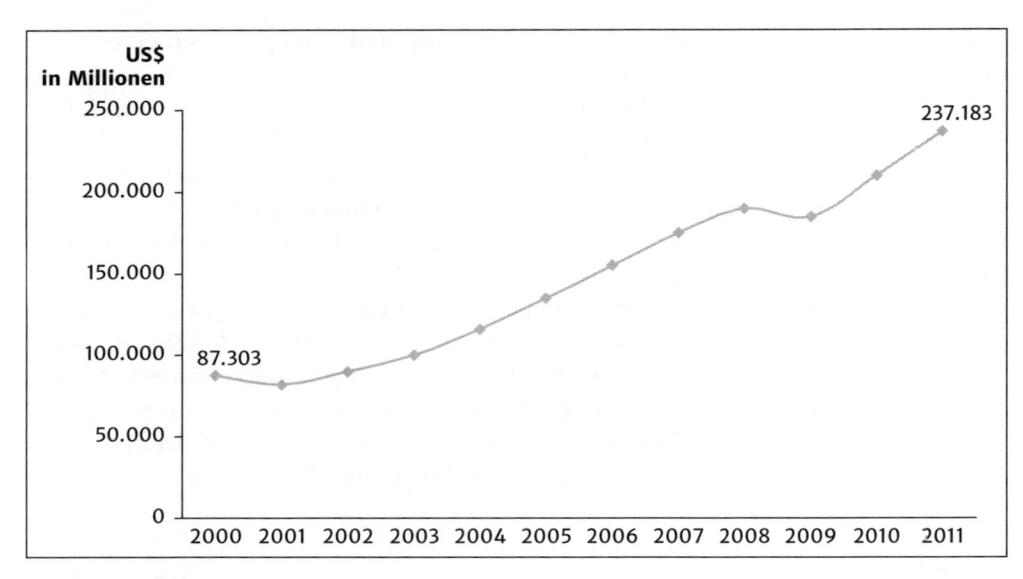

Abb. 51: Weltweite Einnahmen aus Patenten und Lizenzen
(Quelle: http://patentverkauf.net/lizensierungsmodelle/)

Jahr 2011 (vgl. Abb. 51). Das entspricht fast einer Verdreifachung innerhalb von nur elf Jahren.

Doch die Auslizensierung von Technologien und Patenten hat nicht nur Vorteile für die betreffenden Patentinhaber, wie höhere Einnahmen oder eine Steigerung der FuE-Produktivität aus nicht genutzten Entwicklungen (vgl. Abb. 52).

Nachteile für den Lizenzgeber können sich aus dem Verlust eines Wettbewerbsvorsprungs ergeben, falls der Lizenznehmer auf den gleichen Märkten auftritt. Sehr häufig trifft eine Auslizensierung auf den internen Widerstand der Mitarbeiter. »Eigene« Technologien sollten keinem Dritten zur Verfügung gestellt werden — auch wenn die Technologie für eigene Produkte gar nicht nutzbar ist.

Chancen von Auslizensierungen	Risiken von Auslizensierungen
• **Zusätzlicher Umsatz**, mit z. T. geringen Zusatzkosten, d. h. **hohe Profitabilität** • **Höhere FuE-Produktivität:** Nicht genutzte Entwicklungen oder abgebrochene Forschungsprojekte können Potenziale für die externe Verwertung bieten	• **Schwächung der eigenen Wettbewerbsposition**, falls Technologien an Unternehmen verkauft werden, die in den gleichen Märkten agieren • **Fehlende interne Akzeptanz:** Mitarbeiter sperren sich gegen eine externe Verwertung, auch wenn die Technologie intern nicht einsetzbar ist. Damit kann auch kein anderes Unternehmen von der Technologie profitieren

Abb. 52: Chancen und Risiken von Auslizensierung von Technologien und Patenten
(Quelle: MANAGEMENT BUSINESS GROUP)

Die Vermarktung von Technologien und Patenten erfolgt in vielen Fällen über Technologievermittler, Patentanwälte oder Börsen-IP-Clearing-Stellen. Potenzielle Käufer oder Interessenten werden angesprochen, jedoch bleibt es dabei häufig bei einer technischen Beschreibung der Technologie.

Die folgende Vorgehensweise ist darauf ausgerichtet, den Wert einer Technologie aus Sicht eines möglichen Käufers zu steigern. Dieser wertbasierte Prozess zur Auslizensierung von Technologien/Patenten umfasst drei wesentliche Phasen (vgl. Abb. 53).

	Phase 1: Suche und Vorauswahl attraktiver Anwendungsmärkte	Phase 2: Gewinnung von Lizenznehmern	Phase 3: Lösungspaket und Wertermittlung
Schritt 1	**Nutzenprofil:** Übersetzung von Technologiemerkmalen in unterschiedliche Nutzenvorteile	**Erarbeitung des spezifischen Leistungsversprechens** für jeden der ausgewählten Anwendungsmärkte **Zielprofil:** Idealpartner/Ausschlusspartner	**Lizenz-Vertragsgestaltung:** • Technologielizenz • Erweiterte Leistungen zur Lösung der Anforderungen des potenziellen Lizenznehmers, z. B. technischer Support, Technologieanpassung, Markennutzung, Aufbau einer Lieferantenkette, Zulassungen etc. • Optional: Machbarkeitsstudie
Schritt 2	**Suche nach attraktiven Anwendungsmärkten:** Anwendungsfelder auf Basis des Nutzenprofils	**Aufbau einer Datenbank mit potenziellen Interessenten in den Anwendungsfeldern:** Unternehmen, Ansprechpartner **Systematische Ansprache potenzieller Lizenznehmer:** Suche nach Problemen, die mit dem Leistungsversprechen gelöst werden können	**Preisfindung: Bewertung der Lizenztechnologie aus Sicht des potenziellen Käufers** • Einsparpotenzial • Differenzierung beim Kunden des Kunden • Erschließung neuer Zielgruppen, neuer Märkte oder neuer Länder
Schritt 3	**Marktbewertung und Priorisierung attraktiver Anwendungsfelder für die Technologie aus Sicht des Lizenzgebers**	**Erstellung von Profilen interessierter Lizenznehmer:** • Anwendung für Technologie • Anforderungen an den Lizenzgeber • Lizensierungsprozess beim Interessenten und involvierte Entscheiderpersonen	**Vertragsabschluss:** • Kommerzielle Vereinbarung • Vereinbarung der Rechte, z. B. Patente, Gebrauchsmuster, Marken etc. • Technologietransfer

Abb. 53: Wertbasierter Prozess der Auslizensierung von Technologien/Patenten (Quelle: MANAGEMENT BUSINESS GROUP)

Phase 1: Suche und Vorauswahl attraktiver Anwendungsmärkte

Technologien können für eine Vielzahl von Anwendungen spezifiziert und gezielt weiterentwickelt werden. So finden sich beispielsweise Sensortechnologien sowohl im Automobilbau, im Maschinenbau als auch bei der Herstellung von Smartphones. Die physikalischen Grundlagen solcher Sensortechnologien sind die gleichen, aber die kommerziellen Chancen und der Aufwand einer spezifischen Entwicklung können für jedes der unterschiedlichen Anwendungsfelder stark variieren. Für die wertbasierte Kommerzialisierung einer Technologie ist daher eine sorgfältige Analyse und Auswahl attraktiver Anwendungsmärkte von hoher Bedeutung. Weiterhin reduziert eine klare

Priorisierung und Fokussierung auf wenige, besonders vielversprechende Anwendungsfelder den Aufwand zur Gewinnung von Lizenznehmern in der zweiten Phase.

Phase 2: Gewinnung von Lizenznehmern
Voraussetzung für die Gewinnung potenzieller Lizenznehmer ist zunächst die »Übersetzung« der in Phase 1 erarbeiteten Nutzenvorteile in ein Leistungsversprechen (»Value Proposition«) für das jeweilige Anwendungsfeld.

Die in der »Checklist zur Erarbeitung eines Leistungsversprechens« zusammengefassten Fragen können bei der konkreten Erstellung helfen.

Checklist zur Erarbeitung eines Leistungsversprechens
- Was sind die konkreten Probleme und Herausforderungen des jeweiligen Anwendungsfelds, die mit der Technologie adressiert werden können?
- Welche Ziele des jeweiligen Anwendungsfelds können mit der neuen Technologie unterstützt werden, z. B. Trend zu Energieeinsparung, »grüne« Technologien etc.?
- Welche Vorteile bietet die neue Technologie im Vergleich mit bisherigen Lösungen, z. B. Veränderung der Bauweise, höhere Leistungsfähigkeit, längere Lebensdauer etc.?

Zur Vorbereitung einer aktiven Ansprache potenzieller Lizenznehmer ist der systematische Aufbau einer Datenbank mit potenziellen Interessenten hilfreich.

Diese Datenbank sollte neben den relevanten Unternehmen des jeweiligen Anwendungsfelds die verantwortlichen Ansprechpartner für das Einlizensieren von Technologien umfassen, insbesondere aus den relevanten Abteilungen, wie Entwicklung/Konstruktion, Produktion, Qualitätsmanagement etc. Die tatsächliche Liste der relevanten Personen hängt von dem Anwendungsbereich der Technologie ab.

Phase 3: Lösungspaket und Wertermittlung
Ziel der dritten Phase ist der Abschluss des Lizenzvertrags. An dieser Stelle möchten wir auf zwei wesentliche Faktoren hinweisen, die den kommerziellen Erfolg für den Verkäufer deutlich verbessern können:
1. Umfang der Lizenzvereinbarung: Wie bereits zuvor angesprochen, hat eine Technologie nur dann einen monetären Wert, wenn damit für den Käufer ein entsprechendes Problem gelöst werden kann. Einen wertvollen Beitrag für die Problemlösung des Kunden können jedoch viele weitere Leistungen liefern, die ein Lizenzgeber in eine Vereinbarung einbringen kann (vgl. »Beispiele zur Erweiterung der Leistungsbestandteile eines Lizenzvertrags«).

> **Beispiele zur Erweiterung der Leistungsbestandteile eines Lizenzvertrags**
> - Welcher technische Support, z. B. bei der Entwicklung oder andere Know-how-Transfers, wird für eine erfolgreiche Anwendung der Technologie als Problemlösung benötigt?
> - Welche Maschinen oder Vorprodukte sind für eine schnelle Anwendung der Technologie wichtig?
> - Welche Marken kann der Lizenzgeber zur Verfügung stellen, z. B. »basierend auf der bewährten Technologie von xxx«?
> - Welche Unterstützung kann der Lizenzgeber zum Aufbau einer leistungsfähigen Lieferantenkette für den Lizenznehmer bieten?

Durch solche ergänzenden Leistungen kann der Wert der Technologie für den Käufer gesteigert werden — und damit auch das Potenzial für Umsätze aus Lizenzeinnahmen für den Verkäufer.

2. Preis: Die monetäre Bewertung der Technologie gehört zu den schwierigsten Themen einer Lizenzverhandlung. Eine Preisfindung auf Basis der bisher investierten Entwicklungskosten des Lizenzgebers ist für einen potenziellen Lizenznehmer irrelevant. Für den Lizenznehmer zählt nur der Nutzen, den er mit der Technologie realisieren kann. Daher ist die Betrachtung möglicher Werttreiber aus Sicht des potenziellen Vertragspartners ein entscheidender Hebel zur Steigerung des kommerziellen Erfolgs (vgl. »Beispielfragen zur Abschätzung des Wertes einer Technologie aus Sicht eines potenziellen Lizenznehmers«).

> **Beispielfragen zur Abschätzung des Wertes einer Technologie aus Sicht eines potenziellen Lizenznehmers**
> - Kann sich der potenzielle Lizenznehmer mit der Technologie in seinen Absatzmärkten von seinen Wettbewerbern differenzieren?
>   Beispiel: Stärkung der Technologieführerschaft
> - Können neue Zielgruppen auf Basis der neuen Technologie erschlossen werden, z. B. Premium-Zielgruppe, Low-cost-Zielgruppe?
> - Können neue Märkte oder Länder durch die Technologie erschlossen werden, z. B. Erfüllung der Umweltzulassungsvorschriften auf Basis der neuen Technologie?
> - Können relevante Einsparungen bei der Entwicklung der Produkte durch den potenziellen Lizenznehmer realisiert werden?
>   Beispiel: Substitution von teuren Karbonfaserverbundwerkstoffen durch kostengünstige Glasfaser-Composites

5 Zusammenfassung und Fazit

Spätestens seit dem bahnbrechenden Werk von March & Simon (1958) ist das betriebliche Innovationsmanagement zu einem vielbeachteten Thema in der akademischen Forschung geworden. Die Zahl der jährlichen Publikationen und sonstigen Fachbeiträge dürfte weltweit inzwischen im dreistelligen Bereich liegen, wobei die Tendenz in den letzten beiden Jahrzehnten eher nach oben ging als rückläufig war. Dabei wurden viele neue Erkenntnisse in primärempirischen Untersuchungen gewonnen, in sekundärempirischen Analysen mitunter neu interpretiert und dabei sowohl von wissenschaftlichen Einrichtungen als auch von einschlägig spezialisierten Beratungsagenturen zu Handlungsempfehlungen, teilweise auch zu konzeptionell umfassenden Modellen verdichtet. Wie nicht selten in der Betriebswirtschaft wird die Kommunikation großenteils von Anglizismen dominiert. Würde man aus dem Angebot bestehender Empfehlungen eine Speisekarte mit Innovationsmenüs komponieren, dann könnte man dort Elemente finden wie »Innovation Audits«, »Application Scouting«, »Technology Roadmaps«, »Open Innovation« oder »Disruptive Innovations«.

Obwohl der Wissensstand zu dem Thema sehr umfassend ist, fällt vielen Unternehmen die Realisierung von Innovationsprojekten nach wie vor schwer: »*Practically every company innovates. But few do so in an orderly, reliable way*« (Anthony et al., 2014, S. 62). In der Einleitung hatten wir anhand einiger Statistiken anklingen lassen, wie sich das letztlich in der Gesamtleistung eines nationalen Innovationssystems niederschlagen kann. Dabei wurde auch ein Artikel von Cooper aus dem Jahr 1999 zitiert, in dem dieser darauf hinweist, dass auf der Ebene der Produktinnovationen praktisch immer wieder die gleichen Fehler begangen werden.

Für das vorliegende Buch haben wir den Stand der akademischen Forschung ausgewertet und anschließend erläutert, warum es für viele Firmen schwierig ist, Erkenntnisse aus dem vorliegenden Wissensfundus in die betriebliche Praxis zu übertragen. Weiterhin haben wir uns anhand von 30 Interviews bei global aufgestellten Technologiekonzernen darüber informiert, wie sich deren aktuelle Situation zum Thema Innovationsmanagement darstellt. Das Gesamtbild, das sich aus dieser Erhebung ergibt, ist keineswegs so negativ, wie man es aus den erwähnten Beiträgen von Anthony et al. bzw. Cooper ableiten könnte. Erstens lassen sich durchaus Fortschritte gegenüber früher sehr häufig monierten Handlungspraktiken erkennen. Exemplarisch kann man das an drei Bereichen ablesen, die lange Zeit als Schwachstellen im Innovationsmanagement galten:

- Das Thema »Kundenorientierung« gehört inzwischen allerorts zu den zentralen Leitmotiven im Innovationsmanagement, es scheint heutzutage eher die Ausnahme zu sein, wenn ein Unternehmen die Kundenbedürfnisse bei der Gestaltung seiner Innovationsleistungen tendenziell ignoriert.
- »Open Innovation« wird fast überall in intensiver Weise praktiziert, wobei das Beitragspotenzial der internen Ressourcen zunehmend kritisch hinterfragt wird, anders als früher, als viele Unternehmen sich stark auf die eigenen Ingenieure verlassen und dabei die Möglichkeit von Know-how-Transfers aus externen Forschungseinrichtungen und anderen institutionellen Systemen mit technischen Kompetenzen vernachlässigt hatten.
- Letztlich haben die Unternehmen auch organisatorische Voraussetzungen dafür geschaffen, um Prioritätenkonflikte zwischen längerfristig angelegten Vorhaben und dem Druck des Tagesgeschäfts (ein typischer »Kontinuitätskiller« bei der Verfolgung von Innovationschancen) zu vermeiden.

Weiterhin soll im Rückblick auf unsere Studie hervorgehoben werden, dass wir zahlreiche engagierte und hochqualifizierte Manager getroffen haben, die sich für spektakuläre Projekte mit interessantem Ertragspotenzial begeistern.

Allerdings dürften die damit geschaffenen Voraussetzungen vielerorts nicht ausreichen, um den Erfolg mit Innovationsvorhaben nachhaltig zu verbessern. Dabei ist es in erster Linie die Art, wie die Veränderungen eingeleitet wurden und heute praktiziert werden, die einer positiven Entwicklung entgegenstehen kann:

- Das gegenwärtig priorisierte System der kurzfristigen Kundenorientierung führt bei vielen Firmen zu einer riskanten Dominanz inkrementeller Innovationen.
- Die Aktivitäten zu »Open Innovation« stehen teilweise in Konkurrenz zu internen Prioritäten und Prozessen in den Konzernen und führen letztlich in der Konsequenz zu keinen grundlegenden Veränderungen.
- Der oben beschriebene Konflikt wurde mit der Schaffung zentraler Instanzen für die Entwicklung neuer Geschäftsfelder zwar zunächst einmal vermieden, letztlich aber nicht gelöst. Diese Konstellation erscheint besonders problematisch: Je später man einen Konflikt zu bewältigen versucht, desto höher ist meist der bis dahin eingetretene Schaden und desto größer werden die erforderlichen Anstrengungen zur Findung einer vernünftigen Lösung.

Viele Innovationen mit historischer Bedeutung sind durch Zufall entdeckt bzw. kommerzialisiert worden. Daran dürfte sich auch in Zukunft nichts ändern. Allerdings sollte dies niemanden dazu anhalten, Innovationsmöglichkeiten künftig bewusst oder gar gezielt Zufälligkeiten zu überlassen. Nun wird mit den bestehenden Systemen, charakterisiert durch eine strikte institutionelle Trennung zwischen strategischer Geschäftsentwicklung auf der einen und der darauf folgenden Kommerzialisierung auf der anderen Seite, genau dies riskiert. Wenn ein strategisches Innovationsvorhaben reif erscheint, um von einer operativen Einheit inkorporiert und kommerziell umgesetzt zu werden, dann spielen in diesem Prozess bei den bestehenden Strukturen erst einmal verschiedene Aspekte eine wichtige Rolle, wie die gegenwärtige Auftragslage, damit verbunden die Verfügbarkeit adäquater Ressourcen und auch gerade aktuell vorhandene Interessen bei Managern und Mitarbeitern. Die jeweiligen Ausprägungen lassen sich oft schwer antizipieren, hängen mitunter auch von momentanen Stimmungslagen ab und damit vielleicht auch von punktuellen Ereignissen mit vorübergehend bedeutsamen emotionalen Auswirkungen. All dies verkörpert ein System von Zufälligkeiten.

Was bedeutet dies konkret für die Aufstellung im Innovationsmanagement? Trotz umfassender Investitionen in ambitionierte Projekte ist es für viele Konzerne nicht leichter geworden, strategische Innovationsvorhaben (erfolgreich) in die Vermarktungsphase zu führen. Die Probleme und Risiken liegen allerdings weniger auf der Ebene der Kundenorientierung als vielmehr im internen Organisationssystem der Konzerne. Angesichts deren aktueller Tragweite darf stark bezweifelt werden, ob der bisherige Output zu strategischen Innovationsprojekten die in jüngster Zeit geleisteten investiven Anstrengungen ausreichend rechtfertigen kann und wird. Je höher die daraus resultierende Unzufriedenheit wird, desto mehr könnten sich viele Konzerne gehalten sehen, sich künftig mit weiteren Investitionen für strategische Innovationsvorhaben stärker zurückzuhalten.

Was kann ein Unternehmen tun, um aus diesem Teufelskreis auszubrechen? Ein Patentrezept gibt es sicher nicht und komplexe Modelle würden vermutlich nur wieder zu dem bereits angeführten Transferproblem führen.[108] Zumindest ist überdies fraglich, ob ein Leistungssystem mit dem anspruchsvollen Titel »Innovationsmanagement der Zukunft« wirklich selbst sehr innovativ sein muss; je weiter sich die angestrebten Veränderungen vom Status quo entfernen, desto geringer wird die Chance sein, das System in überschaubarer Zeit nachhaltig zu verbessern. Für viele Unternehmen würde es schon reichen, wenn sie an sich richtige Neuorientierungen, die sie ohnehin bereits in Angriff genommen haben, künftig etwas anders angehen bzw. umsetzen. Dabei geht es auch nicht zwingend um komplexe Veränderungen, häufig sind es gerade die einfachen Dinge, die in einem sozialen System nicht korrekt praktiziert werden. Bezogen auf das betriebliche Innovationsmanagement sehen wir nun am Ende dieses Buches vor allem folgende zehn Punkte, bei denen uns Verbesserungen notwendig und auch mit relativ geringem Aufwand umsetzbar erscheinen (vgl. Tab. 15). Keinesfalls ist es erforderlich, gleich alle der dafür vorgeschlagenen Initiativen synchron anzugehen. Positive Effekte erscheinen schon dann denkbar, wenn ein Unternehmen das bisherige System auch nur in Bezug auf die eine oder andere der dargestellten Anforderungen kritisch hinterfragt. Wir haben uns in diesem Zusammenhang bewusst sehr knapp gefasst. Eine weitaus differenziertere Betrachtungsweise wird in den vorhergehenden Kapiteln vermittelt.

---

108 Selbst in einem Artikel eines Vertreters von McKinsey wird darauf hingewiesen, dass für ein erfolgreiches Innovationsmanagement in erster Linie einfach strukturierte Regeln helfen (Sull, 2015).

Handlungsebene	Bestehende Praktiken	Folge	Alternative
Kundenorientierung	starke Ausrichtung an aktuellen Kundenwünschen	Dominanz inkrementeller Innovationen	stärkere Berücksichtigung latenter Bedarfskategorien auf Basis von Zielgruppensegmenten auch jenseits aktueller Kundensysteme
Organisation	strikte institutionelle Trennung von Verantwortlichkeiten für strategische und inkrementelle Innovationen	geringe Umsetzungsquote für strategische Vorhaben	Schaffung operativer Bindeglieder zwischen den beiden bisherigen Welten (über »kollaborative Innovationen«)
Kultur	Dominanz von Effizienzaspekten	hohe Risikoaversion gegenüber strategischen Innovationen	Substitution des innovationsfeindlichen Anreizsystems
Personal	Mitwirkung an Innovationsprojekten oft Eigeninitiative	erhebliche Prioritätenkonflikte mit Tagesgeschäft	Veränderung im Rollen- und Verantwortungssystem
Scouting	oft zu stark von internen Prioritäten abgeleitet	Vernachlässigung zahlreicher Chancenpotenziale	systematischer Outside-In-Ansatz
Wertschöpfungssystem	hohe Binnenorientierung	fehlende Fokussierung auf eigene Stärken	Ecosystem an Wertschöpfungspartnerschaften mit Simultaneous Engineering
Geschäftsfeldorganisation	Abhängigkeit von internen operativen Einheiten	Steuerungsdefizite in der adäquaten Ressourcenallokation	Kombination aus internen und externen Varianten
Verständnis über den Zielmarkt im Vorfeld der Kommerzialisierung	oft an bestehenden Attributen ausgerichtet	geringe Innovationshöhe	bessere Vertrautheit mit den Pain Points der Zielgruppen
Kommerzialisierungsplanung	technische Fertigstellung bestimmt Markteintritt	Innovation wird auf unreifen Märkten »verbrannt«	Ausrichtung des Timings an der Absorptionsfähigkeit des Markts
Markteintritt	Vision von globalen Potenzialen	Verzettelung in der Kommunikation	Konzentration auf wenige Lead Customers mit hohem Margenpotenzial

Tab. 15: Handlungsfelder zur erfolgreichen Kommerzialisierung von Innovationen

Ein »Innovationsmanagement der Zukunft« muss daher auf sehr unterschiedlichen Ebenen ansetzen, um einen höheren Leistungsoutput der maßgeblichen Akteure zu gewährleisten. Im Bereich der Kommerzialisierung treten gegenwärtig die größten Schwierigkeiten auf. Dies darf jedoch nicht dazu führen, dass man erst bei Beginn dieser Etappe im Innovationsprozess über neue Maßnahmen zu reflektieren beginnt. Letztlich sind die hier wirksamen Barrieren eine Konsequenz gewisser organisatorischer Defizite, die aus dem Gesamtgefüge des Innovationssystems und den davon abgeleiteten Prozessen für Neuerungsprojekte resultieren. Der Markteintritt ist für das betreffende Unternehmen eine Art Examen zu der Frage, wie es im Innovationsmanagement generell aufgestellt ist. Bei Bewältigung dieser Prüfung helfen auch die besten technischen Hilfsmittel nichts, wenn der vorausgehende Prozess der Vorbereitung und das dabei zugrundeliegende Gesamtsystem des Leistungsaufbaus erhebliche Defizite aufweisen.

Eine erfolgreiche Kommerzialisierung von Innovationen ist letztlich ein Spiegelbild der Funktionsweise des Gesamtsystems in aufbau- wie ablauforganisatorischer Hinsicht, wobei bereits in frühen Phasen des Innovationsprozesses, sogar noch vor der Ideenfindung, die Fundamente für die Perspektiven des geschäftlichen Erfolgs gelegt werden. In Kapitel 4 mit den Handlungsempfehlungen für ein leistungsfähiges Innovationsmanagement werden daher dementsprechend zunächst Aspekte der Gesamtorganisation (inkl. der Marktorientierung) und des Scoutings (inkl. der Gesamtschau zum Wertschöpfungssystem) in den Vordergrund gestellt, bevor der Blick auf die Phase der Kommerzialisierung gerichtet wird. Eine vergleichbare Sequenz dürfte sicher für viele Unternehmen in dem Bestreben hilfreich sein, das bestehende Innovationssystem so zu verbessern, dass letztlich mehr Projekte erfolgreich in die Vermarktungsphase geführt werden können.

Literaturverzeichnis

Achilladelis, B. et al. (1971): A study of success and failure in industrial innovation, Sussex.

Ahmed, P. K. (1998): Culture and climate for innovation. In: European Journal of Innovation Management, Jg. 1, Heft 1, S. 30—43.

Alcover de la Hera, C. M. et al. (2012): Psicología del Trabajo, Madrid.

Amberg, M. et al. (2003): DART — Ein Ansatz zur Analyse und Bewertung der Benutzerakzeptanz. In: Uhr, W. et al. (Hrsg.): Wirtschaftsinformatik 2003/Band I, Dresden, S. 573—592.

Anand, E. et al. (2015): Knowledge Management implementation: A predictive model using an analytical hierarchical process. In: Journal of Knowledge Economy, Jg. 6, Heft 1, S. 48—71.

Andrew, J. P./Sirkin, H. L. (2007): Payback: Reaping the rewards of innovation, Harvard Business School Press.

Ansoff, H. I. (1965): Checklist for competitive and competence profiles, N.Y.

Anthony, S. D. et al. (2008), Institutionalizing innovation: In: MIT Sloan Management Review, Jg. 49, Heft 2, S. 45—53.

Anthony, S. D. et al. (2014): Build an Innovation Engine in 90 days. In: Harvard Business Review, Dezember-Ausgabe, S. 61—69.

Arthur D. Little (2005): Innovation Excellence, o. O.

Arvanitis, S. et al. (2015): Impact of external knowledge acquisition strategies on innovation: A comparative study based on Dutch and Swiss Panel Data. In: Review of Industrial Organization, Jg. 46, Heft 4, S. 259—382.

Augustine, S. et al. (2005): Agile Project Management: Steering from the edges. In: Communications of the ACM, Jg. 48, Heft 12, S. 85—89.

Aydin, B./Ceylan, A. (2009): The role of organizational culture on effectiveness. In: Economika & Management, Heft 3, S. 33—49.

Bagnoli, C./Vedovato, M. (2014): The impact of knowledge management and strategy configuration coherence on SME performance. In: Journal of Management & Governance, Jg. 18, Heft 2, S. 615—647.

Barsh, J. et al. (2008): Leadership and Innovation. In: McKinsey Quarterly, Januar-Ausgabe.

Barney, J. B./Hesterly, W. S. (2010): Strategic Management and Competitive Advantage Concepts, N.J. Pearson.

Bartel, J./Baeyens, J.-P. (2014): Marketing as an evolving discipline: emerging paradigms and managerial implications, CEB Working Paper Nr. 14/023.

Bartel-Radic, A. (2006): Intercultural Learning in Global Teams. In: Management International Review, Jg. 46, Heft 6, S. 647—677.

Beamish, M./Lupton, N. C. (2009): Managing Joint Ventures, Academy of Management, S. 75—94.

Bessant, J./Davies, A. (2007): Managing service innovation. In: DTI, Innovation in Services, Occasional Paper No. 9, London, S. 61—96.

Bettencourt, L. A. et al. (2013): The secret to true service innovation. In: Business Horizons, Jg. 56, Heft 1, S. 13—22.

Bartsch, K./Ross, J.-M. (2009): CargoLifter — Ein Misserfolg mit schlummerndem Technologiepotential. In: Fisch, J. H./Ross, J-M. (Hrsg.): Fallstudien zum Innovationsmanagement, Wiesbaden, S. 29—50.

Beamish, P. W. et al. (2003): International Management, 4. Auflg., McGraw Hill.

Bitzer, B. (1990): Innovationshemmnisse im Unternehmen, Wiesbaden.

Bitzer, B./Poppe, P. (1993): Strategisches Innovationsmanagement. In: Betriebswirtschaftliche Forschung und Praxis, Jg. 16, Heft 2, S. 309—324.

Blichfeldt, B. S./Eskerod, P. (2008): Project Portfolio Management. In: International

Journal of Project Management, Jg. 26, Heft 4, S. 357—365.

Bohinc, T. (2012): Führung im Projekt, Heidelberg.

Bonner, J. M. et al. (2002): Upper management control of new product development and project performance. In: Journal of Product Innovation Management, Jg. 19, Heft 3, S. 233—245.

Booz, Allen & Hamilton (1991): Integriertes Technologie- und Innovationsmanagement, Erich Schmidt Verlag, Berlin.

Brenke, K. (2015): Die große Mehrzahl der Beschäftigten in Deutschland ist mit ihrer Arbeit zufrieden. In: DIW-Wochenbericht 32+33, S. 715—722.

Brown, R./Anthony, S. D. (2011): How P&G tripled its innovation success rate. In: Harvard Business Review, Jg. 89, Heft 6, S. 64—72.

Brückl, S. S. (2011): Erfolgsfaktoren nachhaltiger Innovationen, Augsburg (Diss.).

Buchner, D./Schmelzer, J. A. (2003): Führen und Coachen, Wiesbaden.

Bullinger, H.-J./Seidel, U. A. (1994): Einführung in das Technologiemanagement: Modelle, Methoden, Praxisbeispiele, Stuttgart.

Bullinger, H.-J. et al. (2004): Managing innovation networks in the knowledge driven economy. In: International Journal of Product Research, Jg. 42, Heft 17, S. 3337—3353.

Burns, T./Stalker, J. M. (1961): The Management of Innovation, Oxford.

Camelo-Ordaz, C. et al. (2015): Influence of top management team vision and work team characteristics on innovation: the Spanish case. In: European Journal of Innovation Management, Jg. 9, Heft 2, S. 179—201.

Campo González, C. H./Hurtado Ayala, A. (2014): Propuesta de un indicator de capacidad de absorcíon del conocimiento (ICACCOL): Evidencia para el sector servicios en Columbia. In: Rev.fac.cienc.econ., Jg. 22, Heft 2, S. 29—46.

Cap Gemini (2009): Dienstleistungsinnovationen, Berlin.

Cassiman, B./Veugelers, R. (2002): R&D cooperations and spillover: Some empirical evidence from Belgium. In: American Economic Review, Jg. 92, Heft 4, S. 1169—1184.

Chandler, A. D. Jr. (1962): Strategy and Structure: Chapters in the history of the American industrial enterprise, Cambridge/Mass.

Chang, S./Lee, M. (2007): The effects of organizational culture and knowledge management mechanisms on organizational innovation: An empirical study in Taiwan. In: The Business Review, Jg. 7, Heft 1, S. 295—301.

Chesbrough, H. W. (2003): Open Innovation: The New Imperative for Creating and Profiting from Technology, HBS Press.

Chin, G. (2004): Agile Project Management, N.Y. etc.

Chiu, C.-Y./Kwan, L. Y. Y. (2010): Culture and creativity: A process model. In: Management and Organization Review, Jg. 6, Heft 3, S. 447—461.

Christensen, J. F./Maskell, P. (2003): The industrial dynamics of the new digital economy, Edward Elgar.

Christensen, C. M. et al. (2007): Finding the right job for your product. In: Sloan Management Review, Jg. 48, Heft 3, S. 38—47.

Christensen, C. M. et al. (2011): Disrupting Class, McGraw Hill.

Chua, R. Y. J. et al. (2015): The Impact of Culture on Creativity: How Cultural Tightness and Cultural Distance Affect Global Innovation Crowdsourcing Work. In: Administrative Science Quarterly, Jg. 60, Heft 2, S. 189—227.

Cooper, R. G. (1975): Why new industrial products fail. In: Industrial Marketing Management, Jg. 4, Heft 6, S. 315—326.

Cooper, R. G. (1984): The performance impact of product innovation strategies. In: European Journal of Marketing, Jg. 18, Heft 5, S. 5—54.

Cooper, R. G. et al. (1998): Best practices for managing R&D portfolios. In: Research-Technology Management, Jg. 41, Heft 4, S. 20—33.

Cooper, R. G. (1999): The invisible success factors in product innovation. In: Journal of Product Innovation Management, Jg. 16, Heft 2, S. 115—133.

Cooper, R. G. (1999a): Product Leadership: Creating and launching superior new products, Cambridge/Mass.

Cooper, R.G. (2011): The Innovation Dilemma: How to Innovate When the Market is Mature. In: Journal of Product Innovation Management, Jg. 28, Heft 1, S. 2—27.

Dachs, B./Pyka, A. (2010): What drives the internationalisation of innovation? Evidence from European patent data. In: Economics of Innovation and New Technology, Jg. 19, Heft 1, S. 71—86.

Daecke, J. (2009): Nutzung virtueller Welten zur Kundenintegration in die Neuproduktentwicklung, Wiesbaden.

Dension, D. R./Mishra, A. K. (1995): Toward a theory of organizational culture and effectiveness. In: Organization Science, Jg. 6, Heft 2, S. 204—223.

Dension, D. R./Neale, W. (1996): Denison organizational culture survey, Ann Arbor.

De Dreu, C. K. W. (2010): Human creativity: Reflections on the role of culture. In: Management and Organization Review, Jg. 6, Heft 3, S. 437—446.

Deutsche Bundesbank (2014): Monatsbericht September.

Dobny, C. B. (2008): Measuring innovation culture in organizations: the development of a generalized innovation culture construct using exploratory factor analysis. In: European Journal of Innovation Management, Jg. 11, Heft 4, S. 539—559.

Dodourova, M./Bevis, K. (2014): Networking in the European car industry: Does the open innovation model fit? In: Transportation Research Part A, Jg. 69, November-Ausgabe, S. 252—271.

Dörner, N. et al. (2011): Service Innovation: why it is so difficult to accomplish? In: Journal of Business Strategy, Jg. 32, Heft 3, S. 37—46.

Dougherty, D.G./Hardy, C. (1996): Sustained Product Innovation in Large, Mature Organizations: Overcoming Organization-to-Innovation Problems, Academy of Management Journal, Jg. 39, Heft 5, S. 1120-1153.

DTI (Hg., 2007): Innovation in Services, Occasional Paper No. 9, London.

Egbu, C. (2004): Managing knowledge and intellectual capital for improved organizational innovations in the construction industry: an examination of critical success factors. In: Engineering, Construction and Architectural Management, Jg. 11 Heft 5.

Eisenhardt, K. M. (2013): Top management teams and the performance of entrepreneurial firms. In: Small Business Economics, Jg. 40, Heft 4, S. 805—816.

Ernst, H. (2002): Successful factors of new product development. In: International Journal of Management Reviews, Jg. 4, Heft 1, S. 1—40.

Ernst & Young (2012): Deutschland und Europa im Urteil chinesischer Investoren Befragung chinesischer Unternehmer im April und Mai 2012.

Faure, C. (2006): Excellence of innovation in German industries, Oestrich-Winkel.

Fayol, H. (1966): Administration industrielle et générale, Paris.

Fernandez, D. J./Fernandez, J. D. (2008): Agile Project Management. In: Journal of Computer Information Systems, Jg. 49, Heft 2, S. 10—17.

Fey, C./Dension, D. R. (2003): Organizational culture and effectiveness: Can an American theory be applied in Russia? In: Organization Science, Jg. 14, Heft 6, S. 686—706.

Fitjar, R. D./Rodriguez-Pose, A. (2014): The Geographical Dimension of Innovation Collaboration: Networking and Innovation in Norway. In: Urban Studies, Jg. 51, Heft 12, S. 2572—2595.

Fichter, K. (2012): Innovation communities: a new concept for new challenges. In: Ders./Beucker, S. (Hrsg.): Innovation Communities, Heidelberg etc., S. 1—16.

Fichter, K./Beucker, S. (Hrsg., 2012): Innovation Communities, Heidelberg etc.

Ford, D. et al. (2013): Managing Business Relationships, 2. Aufl., Chichester.

Foschiani, S./Scheurer, S. (2013): Strategische Planung macht in der heutigen Zeit keinen Sinn mehr. In: Fakultät für Wirtschaft und Recht der Hochschule Pforzheim (Hrsg.): 50 Jahre — 50 Thesen, Band 4: Marketing und Management, S. 87—92.

Freund, D. (2013): Wertschöpfende und innovationsorientierte Unternehmensführung, Berlin/Heidelberg.

Friedlander, F. (1987): The ecology of work groups. In: Lorsch, W. (Hrsg.): Handbook of organizational behaviour, Prentice Hall, S. 301—314.

Gärtner, C./Duschek, S. (2011): Kollektive Intelligenz in Netzwerken, Zeitschrift Führung + Organisation (zfo), Jg. 80, Heft 6, S. 387—393.

Gassmann, O./Enkel, E. (2006): Open Innovation, zfo, Jg. 75, Heft 3, S. 132—138

Gassmann, O. et al. (2013): Geschäftsmodelle entwickeln, München.

Gelfand, M. J. et al. (2006): On the nature and importance of cultural tightness—looseness. In: Journal of Applied Psychology, Jg. 91, Heft 6, S. 1225—1244.

Gerybadze, A. (2004): Technologie- und Innovationsmanagement. Strategie, Organisation und Implementierung, München.

Gesteland, R. G. (2012): Cross-Cultural Business Behavior, Copenhagen Business School Press.

Geulen, E. (2006): Innovationsstrategie im Wandel der Zeit. In: Dietrich, L. et al: Innovationen durch IT, Berlin/Heidelberg.

Glaser, L. et al. (2015): Achieving strategic renewal: the multi-level influences of top and middle managers' boundary-spanning. In: Small Business Economics, Jg. 45, Heft 2, S. 305—327.

Ginter, T./Steinmann, R. (2009): Aufbau und Implementierung einer internationalen Service Organisation. In: Keuper, F./Schunk, H. A. (Hrsg.): Internationalisierung deutscher Unternehmen, Wiesbaden.

Goffin, K./Mitchell, R. (2010): Innovation Management, 7. Aufl., N.Y.

Gomeringer, A./Auernhammer, K. (2003): Innovation — the key factor for success. In: Engineers Journal — Journal of the Institution of Engineers in Ireland, Jg. 57, S. 22—24.

González Campo, C. H./Ayala, A. (2014): Influencia de la capacidad de absorbción sobre la innovación: un análysis empírico en las mipymes columbianas. In: Estudios Generenciales, Jg. 30, S. 277—286.

Govindarajan, V. (2011): Innovation's Nine Critical Success Factors. In: Harvard Business Review, Juli-Ausgabe.

Govindarajan, V./Timble, C. (2013): Reverse Innovation, HBR Press.

Gross, B. M. (1964): The Managing of Organizations: The Administrative Struggle. Free Press of Glencoe.

Guserl, R. (1973): Das Harzburger Modell: Idee u. Wirklichkeit. Wiesbaden.

Hage, J./Aiken, M. (1970): Social change in complex organizations, New York.

Hakansson, H. et al. (2009): Business in Networks, Chichester/Wiley.

Hasenauer, R./Schildberger, W. (2014): Vom Innovationsimpuls zum Markteintritt, Wien.

Helm, R. et al. (2007): Systematisierung der Erfolgsfaktoren von Wissensmanagement auf Basis der bisherigen empirischen Forschung. In: Zeitschrift für Betriebswirtschaft, Jg. 77, Heft 2, S. 211—241.

Hendeler, E. (2013): Die langen Wellen der Konjunktur: Nicolai Kondratieffs Aufsätze 1926 und 1928, Moers.

Henkel, J./Sander, J. G. (2003): Identifikation innovativer Nutzer in virtuellen Communities. In: Herstatt, C./Verworn, B. (Hrsg.): Management der frühen Innovationsphasen, Wiesbaden, S. 77—110.

Herstatt, C./Lettl, C. (2006): Marktorientierte Erfolgsfaktoren
technologiegetriebener Entwicklungsprojekte. In: Gassman, O./Kobe, C. (Hrsg.): Management von Innovation und Risiko, Heidelberg etc., S. 145—169.

Herzberg, F. (1968): One more time: how do you motivate employees? In: Harvard Business Review, Jg. 46, Heft 1, S. 53—62.

Highsmith, J. (2003): Cutter Consortium Reports: Agile Project Management, Arlington.

Hochmeier, A. (2012): Kritische Erfolgsfaktoren im Innovationsmanagement: aktuelle Handlungspraxis und Werkzeuge zur Identifikation von Handlungsbedarfen, Heidelberg etc.

Hofstede, G. (2001): Culture's Consequences: Comparing Values, Behaviors, Institutions and Organizations Across Nations, 2. Aufl., Thousand Oaks CA: Sage Publications.

Högl, G./Gemünden, H.-G.(2001): Teamwork quality and the success of innovative projects: a theoretical concept and empirical evidence. In: Organization Science, Jg. 12, Heft 4, S. 435—449.

Höhn, R. (1967): Das Harzburger Modell in der Praxis, Wiesbaden.

Hofstede, G. (2001): Culture's Consequences: Comparing Values, Behaviors, Institutions and Organizations Across Nations, 2. Aufl., Thousand Oaks CA: Sage Publications.

Holzmann, T. et al. (2014): Match-Making as a multi-sided market for Open Innovation. In: Technology Analysis and Strategic Management, Jg. 26, Heft 6, S. 601—615.

Homburg, C./Gruner, K. (1996): Kundenorientiertes Innovationsmanagement: Bestandsaufnahme, Erfolgsfaktoren, Methoden, Management Know-how, Koblenz.

Hope, J. et al. (2011): The Leader's Dilemma, Jossey Bass.

Horsch, J. (2003): Innovations- und Projektmanagement, Wiesbaden.

Hotz-Hart, B. (2012): Innovations-Netzwerke, Regionen und Globalisierung am Beispiel der Schweiz. In: Wirtschaftspolitische Blätter, Jg. 59, Heft 3, S. 477—88.

Van Houten, R. (1982): The requirements for specialized information in an innovative process: research and technical applications. In: Stern, B. T. (Hrsg.): Information and Innovation, Amsterdam, S. 63—81.

Iacocca, L. (1995): Iacocca, 25. Aufl., Düsseldorf.

Ili, S. et al. (2010): Open innovation in the automotive industry. In: R&D Management, Jg. 40, Heft 11.

Irle, M. (1971): Macht und Entscheidungen in Organisationen, Frankfurt am Main.

Janovsky, J. (1985): Das Innovationspotential mittelständischer Industrieunternehmen in der Bundesrepublik Deutschland und Frankreich unter dem Gesichtspunkt der Informationsversorgung, Konstanz.

Janovsky, J. (1986): Les parcs technologiques en France, au Royaume-Uni et en RFA, Paris.

Janovsky, J. et al. (2011): Marktexpansion in Schwellenländer, Wiesbaden.

Janovsky, J./Pilarek, D. (2014): Innovationshemmnis Globalisierung. In: WIST, Heft 4, S. 478—483.

Janovsky, J./Sander, F. (2016): Kreativitätsrisiko Globalisierung. In: WIST, Heft 3.

De Jong, M. et al. (2015): The eight essentials of innovation, McKinsey Quarterly, April-Ausgabe.

Karagozoglo, N./Brown, W. B. (1993): Time based management of the new product development process. In: Journal of Product Innovation Management, Jg. 10, Heft 3, S. 204—215.

Katila, R. (2002): New product search over time: Past ideas in their prime? In: Academy of Management Journal, Jg. 45, Heft 5, S. 995—1010.

Katila, R./Ahuja, G. (2002): Something old, something new: A longitudinal study of research behaviour and new product introduction. In: Academy of Management Journal, Jg. 45, Heft 6, S. 1183—1194.

Kanter, R. M. (1988): When a thousand flowers bloom. In: Research in organizational behavior, Jg. 10, S. 169—211

Keller, S. (1997): Wirkungspotentiale von Prozessinnovationen, Wiesbaden.

Kessler, E. H./Chakrabarti, A. K. (1996): Innovation speed: a conceptual model of context, antecedents, and outcome. In: The Academy of Management Review, Jg. 21, Heft 4, S. 1143—1191.

Kieser, A./Kubicek, H. (1978): Organisationstheorien II, Stuttgart etc.

Kim, H. K. (2011): The Creativity Crisis: The Decrease in Creative Thinking Scores on the Torrance Tests of Creative Thinking. In: Creativity Research Journal, Jg. 23, Heft 4, S. 285—295.

Kirchner, M. et al (2009): Die Entscheidung zum Projektabbruch im strukturierten Innovationsprozess. In: Fisch, J. H./Ross, J.-M. (Hrsg.): Fallstudien zum Innovationsmanagement, Wiesbaden, S. 359—382.

Klausegger, C. et al., (2007): Information overload: a cross-national investigation of influence factors and effects. In: Marketing Intelligence & Planning, Jg. 25, Heft 7, S. 691—718.

Kocjancic, J./Bojnec, S. (2013): The innovative power of (industrial) commons in managing creativity to support network-economics. In: Managing Global Transitions, Jg. 11, Heft 2, S. 161—180.

Kouba, S. (2014): Management stratégique des connaissances et capacité d'absorption dans le contexte des relations interentreprises. In: La revue de sciences de gestion, Jg. 266, S. 109—121.

KPMG (2015): KPMG Technology Innovation Survey.

Kreditanstalt für Wiederaufbau (KfW, 2011): Weniger Marktneuheiten im Mittelstand, Frankfurt am Main.

Kuhlen, R. (1982): Informationsvermittlung und Information Management, Nachrichten für Dokumentation, S. 103—108.

Kullmann, G. et al. (2013): Agiles Projektmanagement in der Praxis der Produktentwicklung, Ergebnisbericht zum Verbundprojekt »StabiFlex-3D Systemvertrauen und Innovationsfähigkeit durch stabil-flexible Systemstandards und partizipatives Change Management«, Teil 3 von 3, Chemnitz.

Kundernatsch, D./Fleschhut, P. (2005): Management Excellence, Stuttgart.

Labeaga, J. M./Martinez Ros, E. (2009): Product and Process Innovations: Persistence and complementarities. In: European Management Review, Jg. 6, Heft 1, S. 64—75.

Lager, T./Hörte, S.-A. (2002): Success factors for improvement and innovation of process technology in process industry. In: Integrated Manufacturing Systems, Jg. 13, Heft 3.

Laurence, J. P./Hull, R. (1972): Das Peter-Prinzip oder die Hierarchie der Unfähigen, Reinbek bei Hamburg.

Laursen, K./Salter, A. (2006): Open for innovation: the role of openness in explaining innovation performance among UK manufacturing firms. In: Strategy Management Journal, Jg. 27, Heft 2, S. 131—150.

Lazzarotti, V. et al. (2013): Open innovation in the automotive industry: Why and how? In: International Journal of Technology Intelligence and Planning, Jg. 9, Heft 1, S. 37—56.

Leiponen, A. (2005): Core complementarities if the corporation: Organization of an innovating firm. In: Managerial and Decision Economics, Jg. 26, Heft 6, S. 351—365.

Li, C.-R. et al. (2014): Top management team social capital, exploration-based innovation, and exploitations-based innovation in SMEs. In: Technology Analysis and Strategic Management, Jg. 26, Heft 1, S. 69—85.

Li, Q. et al. (2013): Top Management Attention to Innovation: The Role of Search Selection and Intensity in New Product Introductions. In: Academy of Management Journal, Jg. 56, S. 893—916.

Lin, C. A. (2003): An Interactive Communication Technology Model. In: Communication Theory, Jg. 13, Heft 4, S. 345—365.

Lubart, T. I. (2009): Creativity across cultures. In: R. J. Sternberg (Hrsg.): Handbook of creativity, 12. Aufl., Cambridge, S. 339—350.

Luthans, F. et al. (1988): Real Managers, Cambridge/Mass.

Manyika, J. et al. (2013): Disruptive technologies: Advances that will transform life, business, and the global economy, McKinsey Global Institute.

McDonough, E. F./Spittal, F. C. (2003): Managing Project Portfolios. In: Research, Technology, Management, Jg. 46, Heft 3, S. 40—46.

Maggitti, P. G. et al. (2013): The complex search process of invention. In: Research Policy, Jg. 42, Heft 1, S. 90—100.

Maloney, M. M./Zellmer-Bruhn, M. (2006): Building Bridges, Windows and Cultures: Mediating Mechanisms between Team Heterogeneity and Performance in Global Teams. In: Management International Review, Jg. 46, Heft 6, S. 697—720.

March, J. G./Simon, H. A. (1958): Organizations, N.Y.

De Massis, E. et al. (2012): Open innovation in the automotive industry: A multiple case-study, Management of Technological Innovation in developing and developed countries, Ed. H. Sun.

Matta, M. F./Ashkenas, R. N. (2003): Why good projects fail anyway. In: Harvard Business Review, Jg. 81, Heft 9, S. 109—114.

McLaughlin, P. et al. (2008): Developing an organizational culture that facilitates radical innovation. In. International Journal of Technology Management, Jg. 44, Heft 4, S. 298—232.

Meier, M./Weller, I. (2012): Hat Wissensmanagement eine Zukunft? In. Schmalenbachs Zeitschrift für betriebswirtschaftliche Forschung, Jg. 64, Heft 1, S. 114—35.

Mendonca, V. (2015): Application of storytelling in organizations: A review of latest literature with implications for India. In: Prabandhan: Indian Journal of Management, Jg. 8, Heft 6, S. 17—25.

Mensch, G. (1979): Beobachtungen zum Innovationsverhalten kleinerer, mittlerer und mittelgroßer Unternehmen. In: Zeitschrift für Betriebswirtschaft, Jg. 49, S. 72—78.

Meyer, D. (1980): L'impact économique des banques de données. In: Association pour le Développement de Etudes sur la Firme et l'Industrie, Paris, S. 59—67.

Microsoft Canada, (2015): How does Digital Affect Canadian Attention Spans, internal paper.

Miller, J. G. (1960): Information input overload and psychopathology. In: American Journal of Psychiatry, Februar-Ausgabe, S. 695—704.

Mintzberg, H. (1994): Rethinking strategic planning Part I: Pitfalls and fallacies. In: Long Range Panning, Jg. 27, Heft 3, S. 12—21.

Mirow, C. et al. (2007): Systematisierung, Erklärungsbeiträge und Effekte von Innovationsbarrieren. In: Journal für Betriebswirtschaft, Jg. 57, S. 101—134.

Mirow, C. (2010): Innovationsbarrieren, Wiesbaden.

Moser, K. et al., (2002): Steigende Informationsflut am Arbeitsplatz: belastungsgünstiger Umgang mit elektronischen Medien (E-Mail, Internet), Schriftenreihe der Bundesanstalt für Arbeitsschutz und Arbeitsmedizin, Dortmund.

Nambisan, S./Sawhney, M. (2007): A buyer's guide to the innovation bazar. In: Harvard Business Review, Juni-Ausgabe, S. 109—118.

Nambisan, S./Sawhney, M. (2008): Making the most of the global brain for innovation. In: International Commerce Review, Jg. 8, Winter-Ausgabe, S. 129—135.

Naqshbandi, M. M. et al. (2015): What organizational culture types enable and retard open innovation? In: Quality & Quantity, Jg. 49, Heft 5, S. 2123—2144.

Naranjo-Valencia, J. C. et al. (2011): Innovation or imitation? The role of organizational culture. In: Management Decision, Jg. 49, Heft 1, S. 55—72.

Naranjo-Valencia, J. C./Calderón-Hernández, G. (2015): Construyendo una cultura de innovacíon. In. Estudios Gerenciales, Jg. 31, S. 223—236.

Neurath, W./Katzmair, H. (2003): Innovations-Netzwerke in Österreich: Potenziale und Anwendungen der Sozialen Netzwerkanalyse im Kontext der österreichischen F&E-Politik. In: Wirtschaftspolitische Blätter, Jg. 50, Heft 3, S. 353—365.

NORAD (1999): The Logical Framework Approach, 4. Aufl., Oslo.

Noriko, S. et al. (2001): A comparative study of creative thinking of American and Japanese college students. In: Journal of Creative Behavior, Jg. 35, Heft 1, S. 24—36.

Niu, W./Sternberg, R. J.(2003): Societal and school influences on student creativity: The case of China. In: Psychology in the Schools, Jg. 40, Heft 1, S. 103—114.

O'Connor, G. et al. (2008): Organisational approaches to building a radical innovation capability. In: International Journal of Technology, Jg. 44, Heft 1/2, S. 179—205.

OECD (2001): Perspectives de l'emploi de l'OCDE, Paris.

OECD (2007): Competitive regional clusters, Paris.

OECD (2013): Regions and innovations, Paris.

Palacios, D. et al. (2009): The impact of knowledge management on innovation and entrepreneurship in the biotechnology and telecommunications industry. In: Small Business Economics, Jg. 32, S. 291—301.

Patzak, G./Rattay, G. (2008): Projektmanagement, 5. Aufl., Wien.

Peters, T./Waterman, R. H. (1982): In search of excellence, N.Y./London.

Pettersen, J. (2009): Defining lean production: Some conceptual and practical issues. In: The TQM Journal, Jg. 21, Heft 2, S. 127—142.

Pfeiffer, W. et al. (1991): Technologie-Portfolio zum Management strategischer Zukunftsgeschäftsfelder, 6. Aufl., Göttingen.
Pilat, D./Wölfl, A. (2005): Measuring the Interaction Between Manufacturing and Services. OECD Science, Technology and Industry Working Papers 2005/5, OECD Publishing.
Pleschak, F./Sabisch, H. (1996): Innovationsmanagement, Stuttgart.
Porter, M. (1985): Competitive Advantage, N.Y.
Porter, M. (1986): Competition in global industries, Boston/Mass.
PWC Global (2013): Unleashing the power of innovation.

Quintas, M. A. et al. (2008): Geographical amplitude in the international generation of technology. In: Research policy, Jg. 37, S. 1371—1381.
Quirin, O. (2006): Methodische Aspekte der Akzeptanzforschung bei interaktiven Medientechnologien, München.

Rachfall, T. (2010): Information Overload, Global Research Journal Special Edition.
Rammer, C. et al. (2015): Indikatorenbericht zur Innovationserhebung 2014, Mannheim.
Reichwald, R./Piller, F. (2009): Interaktive Wertschöpfung, 2.Aufl., Wiesbaden.
Rese, A./Baier. D. (2012): Networks of promotors as success factor for radical innovations: theoretical considerations and empirical findings. In: Fichter, K./Beucker, S. (Hrsg.): Innovation Communities, Heidelberg etc., S. 17—56.
Ricciardi, F. (2014): Innovation processes in business networks, Wiesbaden.
Richtnér, A./Aalström, P. (2010): Top Management control and knowledge creation in new product development. In: International Journal of Operations and Production Management, Jg. 30, Heft 10, S. 1006—1031.
Ritchel, M. (2010): Attached to Technology and Paying a Price, New York Times vom 6.6.2010.
Rogers, E.M. (2003): Diffusion of innovations, 5. Aufl., N.Y. etc.
Roland Berger Strategy Consultants (2010): Studie zur Restrukturierung in Deutschland, München.

Von Saldern, A. (2008): Netzwerke und Unternehmensentwicklung im frühen 19. Jahrundert: Das Beispiel der Schoeller-Hauser. In. Zeitschrift für Unternehmensgeschichte, Jg. 53, Heft 2, S. 147—176.
Sander, F./Janovsky, J. (2016): Globalization as a risk factor for creativity and innovativeness. In. Ekonomski Vjesnik/Econviews: Review of Contemporary Entrepreneurship, Business, and Economic Issues, Jg. 28, Heft 1.
Sauter, W./Scholz, C. (2015): Kompetenzorientiertes Wissensmanagement, Wiesbaden.
Schaufeld, J. (2015): Commercializing Innovation, Apress.
Schein, E. (2003): Organisationskultur, Bergisch Gladbach.
Schlicksupp, H. (1981): Innovation, Kreativität & Ideenfindung, Würzburg.
Schmidt, K. et al. (Hg.): Innovationsmanagement in der Serviceindustrie, Freiburg etc.
Schuh, G./Kampker, A. (2011): Strategie und Management produzierender Unternehmen, Heidelberg.
Sharifirad, M. S./Atael, V. (2012): Organizational culture and innovation culture: exploring the relationships between constructs. In: Leadership & Organization Development Journal, Jg. 33, Heft 5, S. 494—517.
Shenkar, O. (2010): Imitation is more valuable than innovation. Copycats are getting speedier. In: Harvard Business Review, April-Ausgabe, S. 28—29.
Shenar, A. J./Dvir, D. (2007): Reinventing Project Management, HBS Press.
Silberer, G. et al. (2002): Der Einfluss von Emotionen auf das Blick- und Klick-Verhalten, Göttingen.
Simester, D./Zhang, J. (2010): Why are bad products so hard to kill. In: Management Science, Jg. 56, Heft 7, S. 1161—1179.
Skyrme D./Amidon, D. (1997): The knowledge agenda. In: Journal of Knowledge Management, Jg. 1, Heft 1, S. 27—37.
Smith, W. K./Tushman, M. L., (2005): Managing strategic contradictions: A top management model for managing innovation streams. In: Organization Science, Jg. 16, Heft 5, S. 522—536.

Spath, D. et al. (2003): Integriertes Innovationsmanagement, Stuttgart (Studie von Fraunhofer IAO).
Spielkamp, A./Rammer, C. (2006): Balanceakt Innovation, Mannheim.
Spira, J. B./Burk, C. (2009): Intel's War on Information Overload: A Case Study, Basex.
Springer, R. (2004): Wettbewerbsfähigkeit durch Innovation, Heidelberg etc.
Srivastava, A./Lee, H. (2005): Predicting order and timing in new product moves: The role of top management in corporate entrepreneurship. In: Journal of Business Venturing, Jg. 20, Heft 4, S. 459—481.
Stampfl, G. (2016): The Process of Business Model Innovation, Wiesbaden.
Steinmann, H./Schreyögg, G. (2000): Management, 4. Aufl., Wiesbaden.
Stern, T./Jaberg, H. (2007): Erfolgreiches Innovationsmanagement, 3. Aufl., Wiesbaden.
Stewart, I./Fenn, P. (2006): Strategy: The motivation for innovation. In: Construction Innovation, Jg. 6, Heft 3, S. 173—185.
Sull, D. (2015): The simple rules of disciplined innovation, McKinsey Quarterly, April-Ausgabe.
Szymanski, D. M./Henard, D. H. (2001): Customer satisfaction: a meta-analysis of the empirical evidence. In: Journal of the Academy of Marketing Science, Jg. 29, Heft 1, S. 16—35.

Tapie, B. (1986): Gagner, Paris.
Tellis, G. J. et al. (2009): Radical innovations across nations: The preeminence of corporate culture. In. Journal of Marketing, Jg. 73, Heft 1, S. 3—23.
Tidd, J. et al. (2005): Managing innovation: Integrating technological, market and organizational change, 3. Aufl., Chichester/J. Wiley & Sons.
Trías de Bes, F./Kotler, P. (2011): Winning at innovation: The A-to-F-Model, Palgrave, MacMillan.
Trommsdorf, V. (1990): Innovationsmanagement, München.
Trott, P. (2008): Innovation Management and New Product Development, 4. Aufl., Prentice Hall.
Tushman, M. L./Nadler, D. A. (1978): Information processing as an integrated concept in organizational design. In: Academy of Management Journal, Jg. 3, S. 613—624.
Tushman, M. L./Scanlan, T. J. (1981): Boundary Spanning Individuals: Their Role in Information Transfer and Their Antecedents. In: The Academy of Management Journal, Jg. 24, Heft 2, S. 289—305.

Un, C.A. et al. (2010): R&D collaborations and product innovation. In: Journal of Product Innovation Management, Jg. 27, Heft 5, S. 673—689.

Vargas-Hernández, J. G./García-Sántillan, A. (2011): Management in the innovation project. In: Journal of Knowledge Management, Economics and Information Technology, Jg. 7, Heft 1, S. 1—24.

Warschat, J. et al. (2015): Technologiepotentiale frühzeitig erkennen, Nutzenpotentiale systematisch zu bewerten, Stuttgart.
Welch, J. (2003): Was zählt, Berlin.
Wild, J. (1974): Grundlagen der Unternehmensplanung, Reinbek bei Hamburg.
Wilde, T. et al. (2008): Akzeptanzforschung bei nicht marktreifen Technologien: typische methodische Probleme und deren Auswirkungen. In: Proceedings der Multikonferenz Wirtschaftsinformatik 2008, München, S. 1031—1043.
Witte, E. (1972): Das Informationsverhalten in Entscheidungsprozessen, Tübingen.
Winkelhofer, G. (2005): Management- und Projekt-Methoden, 3. Aufl., Wiesbaden.
Wolf, J./Egelhoff, W. G. (2013): Grenzen der Netzwerkorganisation, zfo, Jg. 82, Heft 1, S. 4—8.
Womack, J. et al. (1990): The machine that changed the world: The story of lean production, N.Y.
Wong, S. K. S. (2013): The role of management involvement in innovation. In: Management Decision, Jg. 51, Heft 4, S. 709—729.

Yaghoubi-Farani, A. et al. (2014): The Role of Organizational Culture and Management Behavior in Organizational Innovation: A Case Study of the Agricultural Extension Organization (AEO) in Iran. In: Public Administration and Policy in the Middle East,

Jg. 9 of the series Public Administration, Governance and Globalization, S. 163—171.

Zott, C./Amit, R. (2010). Business model design: An activity system perspective. In. Long Range Planning, Jg. 43, Heft 2-3, S. 216—226.

Online-Quellen

Amabile, T. M. (2002): Time Pressure and Creativity in Organizations: A Longitudinal Field Study, HBS Working Paper # 02-073, 2002, URL: http://www.hbs.edu/faculty/Publication%20Files/02-073_03f1ece-a-789d-4ce1-b594-e74aa4057e22.pdf, Abrufdatum: 29.07.2015

DETECON (2014): Der steinige Weg von der Idee zur Implementierung, DETECON Management Report Blue 1/2014, URL: https://www.detecon.com/sites/default/files/DMR_blue_Alive_Innovationsmanagement_1_01_2014_D.pdf, Abrufdatum: 20.12.2015

Institut für angewandte Innovationsforschung e. V. (2007): Innovationsflops kosten viel Zeit und Geld: 9 von 10 Produktinnovationen scheitern, URL: http://www.uni-protokolle.de/nachrichten/id/130217/, Abrufdatum: 20.12.2015

Kirsner, S. (2013): 11 ways big companies undermine innovation, HBR vom 21.10.2013, https://hbr.org/2013/10/11-ways-big-companies-undermine-innovation/, Abrufdatum: 20.12.2015

Knauß, F. (2014): Warum Innovationen scheitern, Wirtschaftswoche vom 30.10.2014, URL: http://www.wiwo.de/erfolg/management/psychologie-der-kunden-warum-innovationen-scheitern/10910856.html http://www.uni-protokolle.de/nachrichten/id/130217/, Abrufdatum: 20.12.2015

Mavriqi, E. (2008): Suchverhalten der Google Nutzer, URL: http://seo.de/303/suchverhalten-der-google-nutzer/, Abrufdatum: 29.07.2015

PMH (2012-15): Erfolgsfaktoren von Projektmanagement, http://www.projektmanagementhandbuch.de/projektinitiierung/erfolgsfaktoren-von-projektmanagement/, Abrufdatum: 20.12.2015

Priebe, A. (2014): Google Eye-Tracking Studie: Die Evolution der Suchenden, URL: http://onlinemarketing.de/news/google-eye-tracking-studie-die-evolution-der-suchenden, Abrufdatum: 29.07.2015

Zollinger, M. (2008): Woran Innovationen am häufigsten scheitern, Handelsblatt vom 04.03.2008, URL: http://www.handelszeitung.ch/unternehmen/woran-innovationen-am-haeufigsten-scheitern/, Abrufdatum: 20.12.2015

Stichwortverzeichnis

Accelerator 176
agiles Projektmanagement 22
Akzeptanz 32, 48, 51, 72, 74, 90, 102, 112, 143
Akzeptanzprobleme 53
Anwendungskomplexität 59
Anwendungsmärkte 191
Application Scouting 150, 155
Auslizensierung 188

Belastungen 74
Boundary Spanning Individuals 24
Business Design 161, 169
Business Development 96, 97, 109, 134, 144
Business Innovation 103
Business-Launch 185
Business Opportunities 158, 160, 169
Business Plan 75, 185
Business Scouting 151, 155

Centralization 42
Chancenfelder 158
Complexity 42
Cross-Industry-Projekte 110

Demand Pull 76
Differenzierung 59
Diffusion 33
Digitalisierung 162
disruptive Innovation 5
disruptive Technologien 176

Efficiency 42
Einflussfaktoren 10, 72

Engpässe 74
Entscheidungsflexibilität 43
erfolgreiche Kommerzialisierung 7
Erfolgsbedingungen 43
Erfolgsbeteiligung 55
Erfolgsfaktoren 12, 44, 67, 71, 98, 115, 160
Erfolgskriterien 102
Erfolgsquote 1
Exklusivität 181
Expertengespräche 156, 163
Experteninterviews 166, 169

Fact Book 185
Fähigkeitsprofil 154
Fehlerkultur 100
Fehlertoleranz 43, 73, 102
Fehlschläge 60, 73, 99, 108, 186
Finanzen 10
Formalization 42
Forschung & Entwicklung 96
Frustrationspotenzial 78
FuE 1, 5, 13, 25, 31, 39, 47, 50, 74, 76, 79, 82, 90, 96, 102, 145, 148
Führungsstil 41, 43, 69, 73, 107
Future Forum 169, 183

Geschäftsfeldorganisation 198
Geschäftsfeld-Scouting 149, 154
Geschäftsmodelle 25, 75, 79, 84, 99, 102, 162, 176, 177
Geschäftsmodellinnovationen 4, 6, 12

Gestaltungsansätze 14, 19, 22, 26, 31, 41

Herausforderungen 14

Ideen 21
Ideenentwicklung 40
Ideenmanagement 40, 137
Image-Effekt 7
Implementierung 183
individual-blame bias 51
Information Overload 52, 70, 93
Information Processing Approach 36
Informationsüberlastung 52
Informationsverarbeitung 13, 30, 36, 53
Informationsversorgung 30, 51, 70, 82, 83
inkrementelle Innovation 5, 47, 73, 75, 76, 90, 95, 98, 124, 133, 143, 174
Inkubator 113, 176
Innovation Funnel 40, 148
Innovation Intermediary 28
Innovation Seeker 28
Innovation Provider 28
Innovationsabteilung 69, 74, 88, 116, 144, 148
Innovationsakzeptanz 112
Innovationsarten 5
Innovationsbegriff 4
Innovationsbereitschaft 93
Innovationseffizienz 109
Innovationserfolg 8, 10, 41, 71
Innovationsfähigkeit 1, 13, 31, 87, 106, 142

Innovationsführer 95
Innovationshemmnisse 60
Innovationskultur 7, 11, 41, 103, 111
Innovationsmanagement 6, 9, 30, 63, 73, 84, 87, 101, 106, 111, 112, 134, 140, 195
Innovationsnetzwerke 50
Innovationspotenzial 13, 25, 30, 42, 48
Innovationsprozess 21, 22
Innovationsstrategie 11, 111, 117
Innovationsteam 145
Innovationsverantwortung 142
Innovationsworkshops 100
Inspiration 17
Integration 18
Interaktionsmodelle 130
Interaktionsstil 40
Interessenkonflikt 40
Intrapreneurship 137

Job Satisfaction 42
Joint Ventures 78

Knowledge Management 24, 30, 70
kollaborative Innovationen 124
Kommerzialisierung 13, 75, 87, 119, 170, 187, 196
Kommerzialisierungsphase 7, 75, 143
Kommerzialisierungsplanung 184, 198
Kommunikationsqualität 43
Konfliktmanagement 43
Konfliktpotenzial 59, 76, 78
Konfliktsituationen 59
Kooperationen 18
Kooperationsformen 133

Kooperationsnetzwerk 110
KPI-System 138
Kreativität 39, 40, 48, 56, 74
Kultur 54, 72, 82, 102, 107, 112, 117, 136, 198
kulturelle Distanz 56
Kultursysteme 54, 72
Kultursysteme, autoritäre 54
Kultursysteme, demokratische 54
Kulturwandel 72, 78
Kundenakzeptanz 32, 119, 145
Kundenanforderung 115
Kundenbedürfnisse 16, 76, 123
Kundenbindung 127, 166, 167
Kundeneinbindung 99, 145
Kundennutzen 100, 115
Kundenorientierung 12, 76, 77, 85, 89, 92, 94, 119, 121, 122, 133, 196, 198

Lead-User-Konzept 69
Lean Management 24
Legitimation 18
Legitimationsfaktor 21
Lizenzeinnahmen 171
Lizenznehmer 192
Lizenzvereinbarung 192
Lizenzvertrag 78, 193

Macht-Distanz-Index 43, 57
Market Launch 141
Market Pull 98
Marketinginnovationen 4
Markteinführung 99
Markteintritt 6, 13, 49, 66, 76, 82, 85, 119, 172, 184, 186, 187, 198
Markteintrittsplanung 172
Marktorientierung 121, 133
Markt-Scouting 149

Match-Making-Modell 28
Mehrwertpotenziale 168
Milestone Plan 185
Misserfolg 60, 61, 73, 94
Mitarbeiter 141, 179

Networking 82, 83
Netzwerke 23, 25, 27, 49, 70, 96
Netzwerke, funktionale 23
Netzwerke, geografische 23
Netzwerke, institutionelle 23
Netzwerke, soziale 24
Neuheitsgrad 153
Not-invented-here-Syndrom 76, 77, 112

Open Innovation 21, 24, 49, 69, 75, 90, 105, 111, 117, 146, 196
Organisationskultur 11, 37, 40, 42, 66, 99, 136
organisatorisches Dilemma 55, 88
Output 2
Outside-in 155

Pain Points 3, 71, 94, 119, 120, 124, 127, 133, 157, 159, 168, 182, 187
Pain Point Driven Innovation Management 119
Pareto-Optimum 77, 113
Patente 1, 188
Patentierung 188
Personal 9, 117, 135, 198
Portfolio-Techniken 15
Priorisierung 40, 149, 182
Prioritätenkonflikte 46, 48, 60, 66, 75, 196
Prioritätensetzung 76
pro-innovation bias 51
Problemdruck 158
Problemfelder 66

Produktinnovationen 4, 6, 12, 13, 128, 195
Produktionsleiter 147, 148
Projektmanagement 20, 48, 71, 82, 111, 144
Projektmanagementsysteme 22
Projektmanager 144
Projektphilosophie 140
Prozessinnovationen 4, 12
Prozessoptimierung 117

radikale Innovation 5, 174, 176
Realisierung 18
Rentabilität 75
Ressourcen 5, 49, 165
Ressourcenallokation 21, 48, 107
Ressourcenausstattung 80, 134
Ressourcenkonflikte 109, 133
Risiko 171
Risikoabschätzung 160
Risikobereitschaft 90
Risikodiversifikation 177
Risikofreude 73
Roadmapping 15, 26
Round Table 169, 183

Scheitern 44, 61, 73, 108
Schnittstellenproblematik 79
Scouting 149, 153, 198

Serviceinnovationen 4, 6, 14, 128, 163
Soziale Innovationen 4
Spannungsfeld 45, 87, 88
Spannungspotenziale 39
Specialization 42
Stab-Linien-Konflikt 74
Stage-Gate-Modell 71, 87, 96, 109, 117
Start-up 78, 96, 102, 143, 174, 179
Strategie 12, 45, 68, 82, 97
strategische Innovationen 125, 140, 143
Stratification 42
Suchprofil 152
Supply Chain Management 91
Systemgeschäft 166

Teamkomposition 56, 99
Technologiediversifizierung 177
Technologieinnovationen 176
Technology Push 76, 98
Time-to-Market 84, 109, 153, 158, 184
Timing 81, 106, 189
Tools 22
Topmanagement 17, 19, 68, 72, 88, 99, 135, 138, 142, 148
Topmanagement-Support 16, 46, 82

Transferdefizite 58
Transferproblem 197
Trend Scouting 131
Trendforschung 131
Two-Tier-System 146

Überforderung 55
Überlastung 186
Unternehmenskultur 107

Value-Chain Analysis 15
Value Capture 167
Value Pricing 167
Vermarktung 114, 171, 191
Vernetzung 69, 182
Vertrieb 90, 165, 179
Vertriebsmitarbeiter 146, 148
VRIO 15

Wertermittlung 192
Wertschöpfungssystem 179, 198
Widerstand der Mitarbeiter 50, 75, 174, 190
Wirtschaftlichkeit 116
Wissensmanagement 34, 52
Work-Life-Balance 55

Zeit 10, 77, 78, 95, 107
Zeitaufwand 69, 174
Zeitpunkt 81, 94
Zielgruppenorientierung 125, 133
Zufriedenheit 81

Über die Autoren

Jürgen Janovsky ist Professor und Studien-Dekan an der Hochschule Pforzheim. Er hat seit mehr als 25 Jahren internationale Projekte in den Bereichen Wirtschaftsförderung und Unternehmensentwicklung in etwa 40 Ländern durchgeführt.

E-Mail: juergen.janovsky@hs-pforzheim.de

Carsten Gerlach, Diplom-Kaufmann, Partner bei der MANAGEMENT BUSINESS GROUP, mit den Schwerpunkten strategisches Business Development, Marketing- und Vertriebsstrategie, Geschäftsprozessmanagement, Internationales Management. Er verfügt neben 15 Jahren Beratungserfahrung über 15 Jahre internationale Management- und Business-Development-Erfahrung in Großverlagen, u. a. in den USA und Osteuropa, zuletzt auf Geschäftsführungsebene.

E-Mail: cg@management-bg.com

Thomas Müller-Schwemer, Diplom-Kaufmann und Master of Science, Geschäftsführender Partner der MANAGEMENT BUSINESS GROUP, mit den Schwerpunkten strategisches Innovationsmanagement und Business Development, Geschäftsmodellentwicklung. Nach seinem Studium arbeitete er zunächst bei einer führenden internationalen Strategie- und Managementberatung und anschließend als Marketing- und Vertriebsleiter bei O2.

E-Mail: ms@management-bg.com

Ihr Feedback ist uns wichtig!
Bitte nehmen Sie sich eine Minute Zeit

https://www.schaeffer-poeschel.de/umfrage/bwl2/

Warum Kunden kaufen

Kunden wollen einen klaren Nutzen – einen echten Value – für sich erkennen. Doch den meisten Unternehmen gelingt es in der Praxis nicht, die wirklich wichtigen Produktvorteile für den Kunden sichtbar zu machen – mit erheblichen Folgen für den Umsatz. »Value Selling« zeigt Unternehmen im B2B-Bereich, welche Produkteigenschaften tatsächlich einen Wert für Kunden darstellen. Und wie Marketing und Vertrieb sie verkaufsfördernd einsetzen können.

Belz u.a.
VALUE SELLING
Kundennutzen sichtbar machen –
Interaktion gestalten –
Wertschöpfung optimieren
2016. 224 S. Geb. € 49,95
ISBN 978-3-7910-3606-9
eBook 978-3-7910-3607-6

Bequem online bestellen:
www.schaeffer-poeschel.de/shop

SCHÄFFER POESCHEL